文
景

Horizon

社 科 新 知　文 艺 新 潮

地区研究丛书 · 拉美系列
刘东 · 主编

Goods, Power, History

Latin America's Material Culture

物品、权力与历史

拉丁美洲的物质文化

Arnold J. Bauer

[美] 阿诺德 · 鲍尔 —— 著 | 周燕 —— 译

上海人民出版社

总　序

展开地区研究的三根主轴

首先要说明的是，这套丛书是在一种并存着刺激与困扰的张力中产生的。它既是以在中国尚属“新兴”的学科来命名，那么顾名思义，当然是顺应了“地区研究”在中国的发展，而这项研究在中国的应运而生，则又肯定是顺应了全球化的迅猛势头。——正是在这种方兴未艾的势头中，中国不光是被动卷进了全球化的进程，还进而要主动成为更大规模的“全球性存在”。就此而言，收进这套丛书中的著作，虽然将视线聚焦在了地球上的某一“地区”，但那都要隶属于环球视界中的特定“视域”。

不过，正如罗兰·罗伯逊所指出的，经常要与“全球化”（globalization）相伴生的，竟又是所谓的“全球在地化”（glocalization）。这不光从文化上喻指着，一旦遭遇到“麦当劳化”的夷平，就会激发与强化地方的认同：还更从经济上喻指着，由跨国生产与流通带来的重新洗牌，无论在一个社会的内部还是外部，都会造成新的失衡、落差、不公与愤懑。——正因为这样，反倒是全球化的这一波高潮中，人们才大概是不无意外地看到了，这个世界竟又以原以为“过了时”的民族国家为框架，利用着人类最基本的自卫本能，而煽起了民族主义的普遍排外逆流。

其次又要说明的是，这套丛书也是在一种“学科自觉”的批判意识中产生的。这种批判意识的头一层含义是，正是成为“全球性存在”的迫切要求，才使我们眼下更加警觉地意识到，再像传统学科那样去瓜分豆剖，把知识限定得“井水不犯河水”，就会对亟欲掌握的外部世界，继续造成“盲人摸象”式的误解。正因为这样，我们想借这套丛书引进的，就不光是一些孤零零的研究结论，还更是一整套获致这类结论的研究方法。这样的方法告诉我们，如果不能相对集中优势研究资源，来对一个相对独立的地理区域，几乎是“无所不用其极”地调动各门学科，并且尽量促成彼此间的科际整合，我们就无从对于任何复杂的外部区域，获得相对完整而融汇的有用知识。——不言而喻，也正是在这样的理解中，“地区研究”既将会属于人文学科，也将会属于社会科学，却还可能更溢出了上述学科，此正乃这种研究方法的“题中应有之意”。

接下来，这种批判意识的第二层含义又是，尽管“地区研究”的初始宗旨，当然在于有关外部世界的“有用知识”，而一俟这种知识落熟敲定，当然也可以服务于人类的实践目的，包括作为出资人的国家的发展目标，不过与此同时，既然它意欲的东西堪称“知识”，那么，它从萌生到发育到落熟的过程，就必须独立于和区隔开浅近的功用。无论如何，越是能争取到和维护住这样的独立性，学术研究的成果就越是客观和可靠，越足以令读者信服，从而也才能更有效地服务于社会。——不言而喻，又是在这样的理解中，率先在中国顶尖大学中建立起来的“地区研究”，虽则在研究的国别、项目和内容上，当然也可以部分地与“智库”之类的机构重叠；然而，它在知识的兴趣、理想的宗旨、研究的广度、思考的深度、论证的独立上，又必须跟对策性的“智库”拉开距离，否则也就找不到本学科的生存理由了。

正是基于上述的权衡，我在清华大学地区研究院的第一次理事会上，就向各位同行当面提出了这样的考虑——我们的“地区研究”应当围绕着

"三根主轴"：第一，本土的历史经验与文化价值；第二，在地的语言训练与田野调查；第三，与国际"地区研究"的即时对话。毋庸置疑，这"三根主轴"对我们是缺一不可的。比如，一旦缺少了对于本国文化的了解与认同，从而无法建立起自身的文化主体性，那么，就不仅缺乏学力去同外部"地区"进行文明对话，甚至还有可能被其他文化给简单地"归化"。再如，一旦缺乏对于国际"地区研究"的广阔视野，那么，就会沦入以往那种"土对土"的简陋局面，即先在本国学会了某一个"小语种"，再到相应的"地区"去进行综述性的报道，以至于这种类似新闻分析的雏形报告，由于缺乏相应的学术资源、知识厚度与论证质量，在整个大学体系中总是处于边缘地带，很难"登堂入室"地获得广泛的认可。关于这种所谓"小语种"的学科设置，究竟给我们的知识生产带来了哪些被动，我此前在为"西方日本研究丛书"作序时，就已经以"日本研究"为例讲过一回了：

> 从知识生产的脉络来分析，我们在这方面的盲点与被动，至少在相当大的程度上，是由长期政治挂帅的部颁教育内容所引起的。正如五十年代的外语教学，曾经一边倒地拥抱"老大哥"一样，自从六十年代中苏分裂以来，它又不假思索地倒向了据说代表着全球化的英语，认定了这才是"走遍天下都不怕"的"国际普通话"。由此，国内从事日本研究的学者，以及从事所有其他非英语国家研究的学者，就基本上只能来自被称作"小语种"的相关冷门专业，从而只属于某些学外语出身的小圈子，其经费来源不是来自国内政府，就是来自被研究国度的官方或财团。[1]

[1]　刘东：《"西方日本研究丛书"总序》。

有鉴于此，为了能让我们蓄势待发的“地区研究”，真正能摆脱以往那种被动的局面，既不再是过去那种边边角角的、聊备一格的国别史，也不会是当下这种单纯对策性、工具性的咨询机构，也为了能够让它所获得的学术成果，最终能被纳入到公认的学术主流，进而成为人们必备和必读的文化修养之一，我才提出再来创办一套“地区研究丛书”。当然，如果从学科划分的角度来看，我以往主编的“海外中国研究丛书”和“西方日本研究丛书”，也都属于海外，特别是美国的“地区研究”，具体而言，是属于“地区研究”中的“东亚研究”。于是，如果从这个角度来看，本套丛书亦正乃以往努力的延续。另外，考虑到美国的“地区研究”虽说无所不包，甚至还包括哈佛设立的“美国文明”项目，也即还要包括用来反观自身的“本国研究”，可毕竟它那些最富成果也最具功力的领域，还要首推其中的“东亚研究”“中东研究”和“拉美研究”。既然如此，我们这次就先行推出两个“子系列”，即“地区研究丛书·中东系列”和“地区研究丛书·拉美系列”。——如果再算上我以往主编的两套“东亚研究”，那么或许也可以说，这大概是美国“地区研究”的主要精华所在了。

最后，尽管在前文中已经述及了，但行文至此还是要再次强调：在我们规划与期望中的，既有中国特色又有全球关怀的“地区研究”，必须围绕缺一不可的“三根主轴”，即第一，本土的历史经验与文化价值；第二，在地的语言训练与田野调查；第三，与国际“地区研究”的即时对话。从这个意义来讲，我们在这套丛书中引进的，就属于对于那“第三根主轴”的打造，也就是说，它既会形成学术对话的基础，也将构成理论创新的对手。也就是说，一旦真正展开了这种学理形态的对话，那么，“前两根主轴”也势必要被充分调动起来，既要求本土经验与价值的参与，也要求在地调查的核实与验证。由此一来，也就逻辑地意味着，对于既具有强大主体性又具有亲切体验性的，因而真正够格的“地区研究家”来说，无论这些著作写得多么匠心独运、论证绵密、学殖深厚、选点巧妙，也都不可能被他们不假思索地“照单全收”了，否则，人类知识就无从继续谋求增长了，而学术事业也将就此停滞不前了。

不过话说回来，不会去“照单全收”，并不意味着不能“择优吸收”。恰恰相反，至少从我个人的角度来看，从这套书逐渐开始的、逐字逐句和恭恭敬敬的迻译，恰恰意味着在起步阶段的、心怀诚敬和踏踏实实的奠基。也就是说，从这里一砖一瓦缓缓堆积起来的，也正是这个学科之标准、资格与威望的基础——当然与此同时，也将会是我们今后再跟国际同行去进行平等对话的基础。

刘东
2019 年 8 月 28 日于青岛海之韵

献给

Rebecca、Lucy、Colby、Colton、Jonah

和

Macarena Gómez-Barris

目　录

地图及插图目录

地图

插图

序　言

大约两千年前，一部著名的书籍中曾有这样的警告——骆驼穿过针眼比富人进入天堂更容易；更糟糕的是，该书中的主人公甚至把做生意牟利之人赶出了圣殿。在第三个千年之初，当我们的消费商业中心坚定地把金钱和商品奉为神圣时，我们已对这种令人痛心的告诫不屑一顾。 [xiii]

在这两千年间，更不用说之前的千年了，大多数人每天都在为获得最基本的食物、衣服和住所进行一场通常不成功的战斗，以使自己能够繁衍生息。他们使植物适应环境，制作工具，并试图生产更多的东西来抵御厄运。只有相对少数的人拥有好运气，发明了更好的捕鼠器，或者更常见的是，设法说服或迫使他人交出可能创造更多舒适或奢侈的剩余物品。最近，地球上有更多人（但占比依然很小）能够在匆忙偿还抵押贷款和信用卡账单的同时，用消费品塞满房子和车库。

在 2000 年的前夕，计算机计算出在地球上生活的人口已经达到 60 亿，如果不发生全球性灾难的话，那么在未来 50 年内这一数字将增长到大约 90 亿。除非我们的价值观发生不太可能的变化，我们的后代将不会满足于大米和手工棉布，他们更有可能向往北美和欧洲所热衷提倡的高能耗、密集型的消费主义。大多数人可能会想要各种各样的商品，包括电视机、收音机、冰箱、加工过的食品和饮料，甚至可能是一辆汽车，这是我们迄今

[xiv] 生产出来的最具破坏性的消费品。坏消息是，如果我们得到这些东西，对环境的影响可能是毁灭性的；如果我们得不到这些东西，或者商品的分配继续如此不平等，那么可以想象会发生前所未有的阶级或种族冲突。这样的前景可能有助于解释为什么会爆发出大量关于消费的研究。尽管本书不会解决任何全球性的问题，但它可能会引发读者更多的思考：为什么我们（或者更恰当地说，拉丁美洲人）在过去 500 年左右的时间里获得了我们所拥有的东西？

如果非要解释的话，我们大多数人可能会说，我们买东西是因为它们有用，当我们有更多的收入时，我们会买得更多。这个解释非常直接，而且在很大程度上是准确的，但是我们越仔细观察，就越能发现几乎所有的商品都充满各种各样的意义。最不起眼的稀粥和王子的披风，它们不仅仅是营养品和衣服，而解释人们为何要获得它们也不仅仅涉及传统意义上的效用。

我们对自己获得的东西也不是没有矛盾的感觉；当然，对于别人的财产，我们会变得更情绪化，经常会进行谴责。至少在西方，人们在不同时期对占有物质实体感到既狂喜又苦恼。我们也智慧地意识到这一点并因而担忧财富的不平等分配是社会动荡的根源。这不仅仅是因为一些人有财产而另一些人没有，或者说是过分的炫耀或剥夺感导致了嫉妒、怨恨、蔑视和战争。那些设法获得衣服和马车、一辆兰博基尼或一家互联网公司的人，有时会对自己积累的物品感到不舒服，甚至感到内疚。这或许反映了前面提到的两千年前的教义的影响，一方面是克制的“体面”的得体举止，另一方面是炫耀惊人财富的欲望，两者之间的矛盾情绪贯穿了整个欧洲历史及其跨越大西洋的延伸地区。

穿越时间和地点的随机之旅揭示了这种矛盾性。在 15 世纪的托斯卡纳（Tuscany），当方济会修道士吉拉洛莫·萨沃纳罗拉（Giralomo Savonarola）告诉佛罗伦萨人应该摘下自己的珠宝和丝绸献给上帝时，人们称赞他为圣人，并向他献上红衣主教的帽子；而当他坚持要人们真的这么做时，他们把他当作公害烧死了。在 **20 世纪的墨西哥**，当辛祖坦（Tzintzuntzan）社区的某些成员获得了比其他人更多的动物和土地时，他们被选举出来举办一年一度的庆典。在为期一周的食物、饮料和烟火展示中，他们多余的财 [xv]
富被烧掉，村子恢复到相对平等的和谐状态。在**如今的里约热内卢**，当巴西白人对山坡上**贫民窟人群**（*favelados*）的铺张行为嗤之以鼻，嘲笑他们在狂欢节期间奢侈地使用亮片和服装，几乎花光了全年的收入时，他们自己却也被桑巴彩车的设计者若昂兹尼奥·特林塔（Joaozinho Trinta）嘲笑了，他说："只有知识分子才喜欢苦难，穷人追求的是奢侈。"[1] 在**工业化的西方**，如今，高消费工业国家的人们出于高尚的道德或审美冲动（甚至是由于他们更热衷的环境问题关切）给自己的奢侈品之一，就是感叹较贫穷的国家中不那么幸运的人们为达到西方国家的生活水平（或者更准确地说是消费模式）而做出的努力。

这些问题和其他许多问题以及大量迷人的故事都围绕着物质文化的历史盘旋。物品、商品、事物存在于数以千计的书籍、图片和画作中，但对于世界上那个被不完美地称为拉丁美洲的地方，其实很少有人试图解释人们为什么会获得他们得到的东西，或者追问某些消费模式的含义。[2] 本书并不追求填补历史学家永远在试图填补的那些空白之一，而是小心地回避记

[1] 尖锐的解释详见：George Bernard Shaw, *Androcles and the Lion*, in *Collected Plays with Their Prefaces* (London: Max Reinhardt, 1972), 4:467; George Foster, *Tzintzuntzan: Mexican Peasants in a Changing World* (Boston: Little Brown, 1967); Alma Guillermoprieto, *Samba* (New York: Random House, 1991), p. 90。

[2] Sidney Mintz, *Sweetness and Power* (New York: Viking Penguin, 1985)，这部作品展示了欧洲对于甜的品味是如何与加勒比地区种植园里数以百万计的工人的奴役相联系起来的；Eric Van Young, "Material Life," in Louisa Shell Huberman and Susan Socolow, eds., *The Countryside in Colonial Latin America* (Albuquerque: University of New Mexico Press, 1996), pp. 49–74；以及 Benjamin Orlove, ed., *The Allure of the Foreign: Imported Goods in Postcolonial Latin America* (Ann Arbor: University of Michigan Press, 1997)。以上这些作品都是例外。

录中的缝隙。当然，对我们获得什么事物以及为何获得它们的研究是一个广阔而迷人的主题，在本书里很难解决——事实上，也难以进行介绍。但还是有一些故事可以讲，我尽量以一种或许能使感兴趣的读者更深刻地理解物质文化这一主题的方式来述说。

本书强调物质生活的核心项目——食物、衣着、住所以及公共空间的组
[xvi] 织，包括它们最基本的和最复杂的表现形式。本书从前哥伦布时代的实践开始，然后讨论 16 世纪以来欧洲入侵的影响，之后讲到 19 世纪 70 年代至 20 世纪 20 年代第一波古典自由主义浪潮的后果，再讲到 20 世纪 30 年代至 70 年代向内转向一种消费民族主义，最后讨论当前的新自由主义时代。

四个主要的解释方案交织在一起，贯穿本书的整体叙述，其中包括：供求关系（或者说相对价格）、消费与身份的关系、古代和现代的仪式在消费中的重要性以及“使物品文明化”的理念。其中最后一点指的是殖民和后殖民时期权力与消费的关系。“权力”指的不仅是王室关于服装的指令、现代国家的税收和关税政策、知识的主导地位或是资本赤裸裸的力量，而且包括外部参照群体的吸引力或是国内外权贵所设定的时尚力量。所有这些都带来了模仿、抵抗、谈判和修正，从这些混合的结果中，我们可以看到（或者至少我希望这本书能帮助读者看到）拉丁美洲物质文化的持续实践。

关于术语的说明

人们用来描述地理或他们自己和他人的术语充满了含义，这些含义有时不自觉地背叛了文化偏见，或暗示了冒犯当前敏感性的观点。“命名”意

味着权力，由于我们面对的是一个殖民世界，因此我们使用的许多术语最初都是由如今拉丁美洲的征服者或入侵者所强加的。哥伦布对在他出现之前就有地名的事实漠不关心，他声称在1492年北半球秋天的头几天里，他“命名”了200多个岛屿和定居点。他把这种做法推广到了人身上。他的第一个错误是把当地居民称为“印第安人”（Indians），后来欧洲殖民者和“印第安人”自己延续了这个错误，这个名字至今仍在沿用。说西班牙语的人也使用“**自然人**”（*naturales*）一词，后来用过“**土著人**”（*gente indígena*）一词，但这些词在翻译时都比较尴尬。由于如今北美大学里的美洲原住民研究专业的许多老师和学生通常用哥伦布最初的错误称呼来描述自己，所以本书中用“印第安人”一词表示那些自认为是印第安人或被别人认为是印 [xvii]
第安人的人。这两种用法都是存在问题的。

诸如黑人、白人、梅斯蒂索人（mestizo）、乔洛人（cholo）和穆拉托人（mulatto）等其他术语，经常被用于贬义，但对现代作家而言，使用这些术语是不可避免的。对特定原住民的称呼也同样麻烦。1519年11月，当埃尔南·科尔特斯（Hernán Cortés）在通往特诺奇提特兰（Tenochtitlan）的主干道上见到蒙特祖马（Moctezuma）时，他的译者将当地人描述为“库尔瓦人”（Culhua）、“墨西加人”（Mexica）或“纳瓦人”（Nahua）。“阿兹特克人”（Aztec）一词是在三个世纪后才开始广泛使用的。然而，我们如今还是无法摆脱这个词，我也使用它。“印加”（Inca）在16世纪时指的是安第斯山脉中部居民中的一个特定社会阶层；“克丘亚”（Quechua）则原本指的是一个以地形区分的族群。今天，“印加人”一词通常用来指称欧洲人进入秘鲁时已经生活在当地的人们。

一般来说，我尽量使用生活在我所写的那个时期的人们所说的或所写的术语，以避免突兀的时代错误。因此，我使用“印度群岛”（the Indies）这个词，这是16、17和18世纪许多欧洲人用来指代现在的“拉丁美洲”

（Latin America）的词，因为那里（仍然是想象中的地方）还不存在。同时期的英国人效仿德国地理学家的做法，倾向于用“美洲”（America）来表示整个西半球，拉丁美洲人也是如此，有些人至今仍然这样做。例如，“我们的美洲”在19世纪古巴伟大作家何塞·马蒂（José Martí）的心目中，从格兰德河（Rio Grande）一直延伸到了巴塔哥尼亚地区（Patagonia）。但这让美国的一些学生感到困惑，因为近年来，我们的领导人又未经思考地将“America”一词专用来指代美国。

对于西（另一个富有内涵的术语）半球的两大前哥伦布时期的文化高度发达地区而言，没有完全令人满意的词汇。我用中部美洲（Mesoamerica）或墨西哥来代表其中一个高度发达文化地区，用安第斯或安第斯山脉地区来代表另一个地区，也许我本应该使用阿纳瓦克（Anáhuac）和塔万廷苏尤（Tawantinsuyo）这两个词。然而，我使用了当前流行的术语，这是因为我想它们会比纳瓦特尔语（Náhautl）或克丘亚语的术语更为我的读者所熟悉，这两种语言的术语只适用于更大的核心地区中的特定区域。由于我几乎完全地（令人羞愧地）忽略了巴西，所以我经常用“西属”（Spanish）美洲来概称，但有时如果包括巴西在内的话，我便会试着用更具包容性的形容词“伊比利亚”（Iberian）或“拉丁”美洲。

入侵者的名字本身就存在着一定的问题。我们通常认为，我也通常写
[xviii] 道，“西班牙人”或“葡萄牙人”征服并殖民了拉丁美洲。但事实上，殖民者中有一小部分人来自地中海沿岸的克里特岛、热那亚、法国、托斯卡纳等各个地方，还有人来自荷兰、大西洋群岛等地，当然还有非洲，这些人都参与了进来。

“拉丁美洲”一词是邪恶的法国人在19世纪50年代发明的，一个世纪后，他们又提出了毫无助益的“第三世界”（Third World）一词。拉丁美洲一词直到19世纪末才成为常规用法。这是一个令人不满意的、极不准确的

术语，但却很难被忽视。在 19 世纪初新的共和国出现之后，我在适当的时候会使用智利人、哥伦比亚人、墨西哥人、古巴人等词。

自我辩护

在讨论不可避免地带有主观色彩的品位和价值观时，或许我应该试着说清楚我自己的出身和离奇的成长轨迹。我是在堪萨斯州的一个正规农场长大的，它位于令人生畏的大都市中心克莱中心（Clay Center）以东 5 英里（约 8 公里）、以北 10 英里（约 16 公里）的地势起伏、树木繁茂的乡村地带。夏天的星期六晚上，我们全家都会“进城”，母亲和姐妹们在“五号”和“十号”逛街，而父亲则在街边的农机店里倚靠着新的收割机，和其他农民们严肃地谈论着天气和土壤。偶尔，我们会在加油站旁的一个小角落吃到 5 美分的汉堡，这与家里的日常饮食新鲜炸鸡和嫩玉米穗相比是一个受欢迎的变化。如今，我不会去碰巨无霸汉堡了，但那些 5 美分汉堡的气味和味道，以及柜台凳子上破损的塑料盖的触感，仍然在召唤着我。我很庆幸，那些年没有文化评论家谴责我那难以形容的快乐是庸俗的。

几年后的我成了一个年轻人，去墨西哥城学习了两年经济学。我在一个受人尊敬的墨西哥家庭里找了一间房，被这家大儿子的学生朋友们温和而认真地检验了一番。到了适当的时候，我得到了他们的认可，接着被邀请参加周末的家庭聚会，和女伴们一起跳舞，我跳得很糟糕。我应邀参加了在塔库巴街（Tacuba Street）旧矿业大厦（Minería Building）举行的工程专业学生的年度正式舞会，并在老城中心聆听了最初几支古巴恰恰恰

（chachacha）乐队的演出。我们在街边的小摊上吃玉米饼和烤洋葱，从唐突的加泰罗尼亚人那里买了面包和橄榄，镇上所有的熟食店似乎都是他们
[xix] 的。这里没有沃尔玛（Wal-Mart）或开市客（Costco）等超市，没有一家汉堡王（Burger King），整个城区都没有番茄酱。在后来的几年里再回到这里时，我所想象的"真正的墨西哥"几乎消失了。

在卡萨布兰卡（Casablanca）之外的地方生活了两年后，我对不同寻常的地方并不会感到不习惯，但即便如此，20 世纪 50 年代中期的墨西哥仍然是一个不折不扣的外国。我当然有些天真地认为，我有幸在那里生活过，至少是体验到了一点后来被吉列尔莫·邦菲尔·巴塔拉（Guillermo Bonfil Batalla）称为"深邃的墨西哥"（*México profundo*）的感觉，也就是深沉的、真实的墨西哥。相比之下，近年来的墨西哥似乎失去了它的独特性，像其他地方一样美国化了。当然，我知道，在埃尔南·科尔特斯之后的每一个认真的来访者都会认为自己看到了真实的东西。而那些经历过 20 世纪 20 年代峥嵘岁月的作家和艺术家回来时，肯定会觉得我关于 50 年代"正宗"墨西哥的想法是令人难以忍受地肤浅的。我相信，今天的年轻人会觉得这个伟大的首都很迷人。我并不是在为自己的自负辩护，而是提出警示：在塔库巴亚地区（Tacubaya）对于巨无霸汉堡、肯德基上校和他的鸡块、牛仔或某个朋友有线电视上的 MTV 具有任何挥之不去的偏执情绪，都可能用一种失落感来解释。

20 世纪 60 年代的古巴革命和在加州大学伯克利分校受到的教育，激发了我的反帝国主义思想和对美国的拉丁美洲相关政策的愤怒；人民团结联盟（Popular Unity）灾难发生前后我在智利的生活，也对我产生了令人警醒的影响。在此后的 25 年里，我变得更加谨慎，或许也变得更加乏味。

我承认私有财产和物质激励会产生财富，但我无法忍受来自四面八方的对于消费的不断强调，仿佛购物是我们活着的唯一理由。我喜欢好吃的

普通食物，尤其是圣地亚哥一家实惠的餐馆“老房子”（Casa Vieja）的无骨鸡与大蒜（*pollo deshuesado al ajo arriero*）。我认为罐装和瓶装软饮料应该在地球上被禁止。我对智利、尼加拉瓜和古巴的社会主义者没能为他们的公民创造足够的物质生活感到遗憾，但如果菲德尔（Fidel）去世了，我感觉就像家中有人去世一样。我明白，当今的资本主义全球市场为数百万人提供了成千上万以前无法想象的东西，但我认为这个系统目前的运作机制对环境的影响是灾难性的，会使人精神麻木，而且很可能是不可持续的。但是，在我们目前的哲学中，“天地间有许多事情是我们无法想象的”（《哈姆雷特》）。我希望现在这一代学生能够在人文文化和物质文化之间找到平衡。

致 谢

我对物质文化的兴趣最初是由我的人类学研究者同事本杰明·奥洛夫 [xx]
（Benjamin Orlove）激发的，他一直是我思想的源泉，并给予我温和的告诫。都灵大学的马尔切洛·卡尔马尼亚尼（Marcello Carmagnani）邀请我为《为了一个美洲的故事》（*Para una historia de América*, Mexico City: Fondo de Cultura Economica, 1999）一书撰写了本书早期版本的一部分，并让我受益于他广博的知识。我要感谢我亲爱的朋友大卫·斯威特（David Sweet）、路易斯·西格尔（Louis Segal）、理查德·柯利（Richard Curley）、特德·玛格丹特（Ted Margadant）与乔·伯尔·玛格丹特（Jo Burr Margadant）的批判性意见和热情鼓励。旧金山的默克尔（M. Merker）给了我一生的关爱支持。查尔斯·沃克（Charles Walker），一位不可多得的同事，阅读了我书稿的每一个字，并以看似毫不费力的方式，提供了聪明而富有建设性的意见。克里斯托弗·罗德里格斯（Christopher Rodríguez）是一位堪称典范的研究助手；加利福尼亚州立理工大学洪堡分校（原称洪堡州立大学）的塞巴斯蒂安·阿拉亚（Sebastián Araya）绘制了地图，我感谢他和玛丽·库尼亚（Mary Cunha）教授的友善协助。加布里埃尔·昂达（Gabriel Unda）为绘制插图提供了他的专业知识。托比亚·沃尔德隆（Tobiah Waldron）先生编制了索引。

耶鲁大学的斯图尔特·施瓦兹（Stuart Schwartz）建议我撰写本书。出版社的匿名读者们提供了敏锐而明智的意见。剑桥大学出版社的弗兰克·史密斯（Frank Smith）和布莱恩·麦克唐纳（Brian MacDonald）始终是耐心、敏锐和有助益的编辑。我还要感谢加州大学戴维斯分校的研究委员会、文理学院院长以及研究办公室的财政资助。

最后，一开始的文化冲突在温暖和谐中结束了，在这场斗争的过程中，丹妮尔·格林伍德（Danielle Greenwood）成功地撬开了我坚硬的脑袋，让两三个新想法涌入这个真空中。她的影响贯穿全书。

第一章　导　论

为什么要获得那些我们想要的东西？这个看似直白的问题背后有几个 [1]
答案，其中一些简单明了，而另一些则更有趣。养活自己可能是第一个回答，因为很容易能看到的是，我们花在寻求食物上的精力几乎与性需求一样多，这都是我们繁衍所必需的。衣物和住所也排在最基本的物质需求清单的前列，尽管在热带海拔较低的地方，这类需求相比高纬度地区没有那么紧急。因此，食物、衣物和住所似乎构成了人类生存的基本**需求**（needs），这些是物品的基本类别，并且它们的复杂性在不断增强，我们将在本书中进行介绍。不过，我们需要再想一想。经济学家倾向于讨论普遍的、无限的“欲望”（wants），而不是实际上几乎无法定义的“需求”。我们很快能看到，从一开始，即使在伊甸园中，人们“想要”的比他们“需要”的更多。这种简单的冲动创造了不断增长的、我们习惯称之为进步的物质财富，同时也带来了这个星球上几乎所有接踵而来的麻烦。

在我们故事的开始，尤其在16世纪欧洲人入侵如今所谓的拉丁美洲并为后者带去意想不到的新物品之前，普通民众的食物、衣物和住所的数量与质量取决于家庭的生产能力。人们对物品的选择受限于运输成本，或简单来说，就是是否可获得，并且毫无疑问地受到对构成需求或被认为是欲望的适度观念的限制。随着社会地位的升高，专业工匠或组织贸易的人们

[2] 能获得更多精制的布或陶器；而在这些阶层之上是占统治地位的前哥伦布时期的精英阶层，他们通过控制劳动力或贡品以获取物品的盈余，这些物品可能使早期的西班牙人叹为观止。

人们仅依靠一般性的工具或知识，就可以在既定的经济和政治环境的约束下工作，生产出一系列物品，并反过来影响他们的消费。在最简朴的人群中，这些物品的范围包括仙人掌梨、粗糙的石头工具或简单的凉鞋。因此，“生产地理”影响了选择。[1]15 世纪的墨西哥战士即便有能力憧憬一把钢制刀剑，但出再高的价钱也买不到。后来，在殖民时期的拉丁美洲，进口欧洲葡萄酒或小麦粉的高昂运输费用使这些商品无法进入除富人以外的其他人手中。因此，人口变化、运输和交易成本、市场和商人等都是决定我们饮食和穿衣的基础。

在某些情况下，我们星球上的所有事物都具有价值，甚至地球外的“月球岩石”亦如此。在工具稀缺的地区，人们珍视一块躺在河床上被磨光滑的手掌大小的石头，或是一块锋利的黑曜石。在旧世界和新世界的很长一段时间里，这些普通的东西以及诸如绵羊毛或玉米篮之类的更复杂的物品都被直接用于交换咸鱼或屋顶电线杆。毫无疑问，人们很快就确立了相对价值，并倾向于根据自身利益讨价还价。然而，与此同时，许多物品在产生针对它们的需求或市场之前并没有交换价值。例如，阿冈昆人（Algonquin）曾经无法想象高木耸立的森林会被标价，直到他们看到英国的造船厂为了制造桅杆而将目光投向树木。西班牙人将牛和羊赶到“印度群岛”后，立刻对原先闲置的草原进行了估价，这些草原现在变成了商品，可以被买卖、占有或租用。如今每时每刻被买卖的、作为有价商品的时间，就其本身而言曾对社会有着非常不同的价值，这些社会围绕着要完成的任

[1] Fernand Braudel, *The Structures of Everyday Life*, trans. Sian Reynolds from the French (New York: Harper and Row, 1981), p. 324.

务而不是所需的工时或时薪来组织其工作。

在过去的几个世纪中，“价格”（一种为物品或服务所支付的报酬）的
概念以及更加抽象和具有象征性的标记“金钱”，已经代表了所有事物和所
有人的价值：没有“免费的午餐”，而且众所周知的是，每个人都“有其价 [3]
值”。然而，在前哥伦布时期的美洲原住民中，价格和金钱仍然是未充分发展的概念，而入侵该地区的欧洲人则想不到除此以外的其他东西。但即便相接触的不同社会的许多文化特征是难以相互理解的，两个世界的居民们很快就弄清楚了相对于可可豆而言的一件卡斯蒂利亚（Castilian）衬衫之类的物品的成本，然后甚至在货币还未被广泛运用的地方采用了金钱的**象征性体系**（symbolic system）。因此，从第一个方面回答人们为何获取物品时，我们始终要记住，在拉丁美洲过去五百多年的历史中，经济学家们有一个基本观点：相对价格和供求关系对于解释人们为什么要获取物品是至关重要的。但是，有一些其他要素嵌入了我们称为“价格”的代码中，有助于决定我们为何获取物品。否则我们很难解释为什么如今“当你在同一条街的两边出售两杯相同的卡布奇诺咖啡时，一杯卖 6 美元，另一杯卖 2 美元，而你会看到人们互相挤撞着蜂拥去买 6 美元那杯咖啡”。[1]

看看青少年的牛仔裤或是高管的游艇，或者更接近本书所涉及的诸如印加的贝类装饰品或里约热内卢“美好年代”（*belle époque*）的法式豪宅，使我们想起了普遍现象，即许多人获取物品是为了展示，以此标记身份及提振自尊。有些人（不是所有人，也不是任何时候）有意识地饮食、穿衣或居住在某些住所里，以此彰显个性或身份。甚至我们食用某种菜肴和饮料或是穿戴特定帽子和制服的**方式**（way）都可能被设计为是为了产生一种独特感，或是一种群体意识，甚至是民族凝聚力。

---

[1] Adam Gopnik, *New Yorker*, April 26, 1999.

使问题进一步复杂化的是，我们赋予一个物体的价值可能在很大程度上取决于**它对我们意味着什么**，取决于它在多大程度上“与我们自身想法中的关联和意义产生共鸣”。更复杂的是，我们以及本书所述历史时期的消费者通常会在不知不觉中接受某些物品的客观“价格”，而实际上我们的主观愿望在一开始就确定了价格。我们倾向于认为，自己购买的物品或商品“从天堂掉下来或从宙斯的头颅飞出，完全成形”，它们的价格标签已经像“原始附属物”一样悬挂在上面；而实际上，对于某个物体的价值是否等于
[4] 2 盎司（约 57 克）的黄金或 40 美元或一块面包的讨论，严格来说都是人为的假想投射在正被讨论的物体上”。[1]

当一名 16 世纪住在墨西哥的西班牙女人恳求哥哥在下一次随舰队前往一个盛产猪的国家时带回“来自隆达（Ronda）的四根腌制火腿”，或是当一名被派遣到亚马孙河上游偏远村庄里的腐化的方济各会牧师请求波旁州长专门给他送一些布拉曼特（Bramante）布料时，我们有证据表明人们如何赋予特定物品以主观意义。[2] 我们可以轻易地想到，一旦这位好牧师逝世，他珍视的布料将失去他所灌输的价值，躺在教堂的灰尘里，被其他人忽视。这就像我书房里那张无法估量价值的窄床，它是我亲手在父亲的磨坊里用车床和刨子加工胡桃木而制成的。毫无疑问的是，它最终在一次家庭义卖中仅售得几美元。无论是布还是床，它们的价值在客观上都非常真实，尤其是相比葡萄牙人在西非海岸发现的人们脖子上挂着的备受敬奉的粗糙雕制的木头来说，葡萄牙人将其称为**恋物**（*feitico*），即我们所用恋物

[1] Thorstein Veblen, *The Theory of the Leisure Class* (1899; reprint, New York: Penguin, 1994), 本书提出了关于“炫耀性”消费的经典观点。有关现今实践的现代且通常诗意的反思，请参阅 Leah Hager Cohen, *Glass, Paper, Beans: Revelations on the Nature and Value of Ordinary Things* (New York: Doubleday, 1997), pp. 205–207。

[2] James Lockhart and Enrique Otte, eds., *Letters and People of the Spanish Indies* (Cambridge: Cambridge University Press, 1976), p. 136; Archivo general de Indias, Charcas, leg. 623.

（fetish）一词的起源。[1]

话虽如此，在过去的500年里，对许多墨西哥人、秘鲁人、古巴人或智利人而言，日常使用的基本物品几乎很少被视为个人身份的体现，或者他们根本没太考虑这个问题。普通的锄头、陶土锅或羊毛披肩通常都不出售，甚至其价值也不曾被考虑过。当它们损坏或磨损时，人们只是简单地继续使用或更换，通常在家里自制。我们必须认识到，衡量普通人对普通物品的态度是很困难的。安第斯牧民难道对他的羊驼群漠不关心吗？16世纪的铁匠是否比现在郊区家庭里的丈夫对其自制工具更加珍视？也许相比我们今天的“家园”，草草制成的简易土坯和茅草屋顶的房屋对整个墨西哥和安第斯山脉的人们而言更加无足轻重？[2]也许答案是否定的。也许爱、死 [5]
亡、降生、孩童嬉耍的记忆和欢乐层叠交织的联系为房屋灌入了价值，这是现代住房市场上冷淡计算平方英尺的方式所无法衡量的。

除了生存需要、相对价格，甚至是为了炫耀或体现身份的需要之外，还有其他可能更不明显的对获得物品的解释。对日常生活的第三种观察表明，商品还有其他重要的用途。例如，它们提供了仪式中的物质内容，有助于建立和维持社会关系——或者，换句话说，物品“决定了公共意义”。但什么是“意义”？用一位杰出的人类学家的话来说，社会意义“流动着且漂移着，很难把握……但正如在部落社会中一样，对我们来说也是如此：仪式的作用是遏制意义的漂移”。玛丽·道格拉斯（Mary Douglas）接着说道：“更有效的仪式使用实物，仪式的装饰越昂贵，我们就能认为决定意义的意图越强烈。”人类的理性迫使我们赋予世界以意义。例如，社会万象需要在时间维度上进行标记，“日历必须为年度、季度、月、周、日和更短的

[1] Cohen, *Glass, Paper, Beans*, pp. 208, 199.

[2] Van Young, “Material Life,” in Huberman and Socolow, *The Countryside in Colonial Latin America*, pp. 51–52.

周期做标记……这样，时间的流逝就充满了意义”。因此，我们纪念新年、生日、第一次圣餐礼、婚礼、银婚纪念日、千禧年、“生的时刻、死的时刻、爱的时刻”等。[1] 事实上，近年来，聪明的推销员为我们提供了便利，他们会向我们推荐适合某些结婚纪念日的物品——纸、玻璃、银器、金器等。而且，正如我们都敏锐觉察的那样，消费品，甚至包括早上喝咖啡的日常仪式，都是庆祝这些点缀我们社会万象、划定社会关系界限的时刻所不可缺少的。

此外，我们经常无意识地遵守仪式或习俗，并因此影响我们的消费方式，这在我们的私人和公共行为中都可以看到。玛丽·道格拉斯让我们想象一个孤独的用餐者，他随意地站在冰箱门前，伸手去拿晚餐。“他不假
[6] 思索地接受了更广泛社会的顺序规则和类别……他绝不会颠倒传统的顺序，从布丁开始，以喝汤收尾，或者吃芥末配羊肉、薄荷配牛肉。”[2] 即使是在殖民时期的墨西哥和秘鲁，在最简陋的土坯房和茅草屋里，普通人也坚持他们的“晚餐仪式”形式。

物品的消费也与统治交织在一起。例如，国家若要塑造消费，可以通过禁奢法令，坚持要求士兵或学童穿制服、征收关税或禁止某些商品，或者通过控制 16 世纪利马的粮食价格或直到最近才支付给墨西哥玉米饼生产者的补贴。物质政治还有一个互惠的特点。在 19 世纪的新国家里，人们通过消费获得公民权：购买进口的、城市的或“西方的”服装或食物等商品；参加国家法定假日（*fiestas patrias*）等公共仪式；或者获得私有财产——这通常是投票的必要条件。这些购买行为将人们带入当地和全国性的市场，或者通过征税将他们卷入新的财政机制，将其列入财产册或纳税册，使他

[1] Mary Douglas and Baron Isherwood, *The World of Goods* (New York: Basic Books, 1979), pp. 60–64.

[2] 同上。（一位同事指出，匆匆忙忙的学生可能构成此论述的例外情况。）

们在国家的眼中“清晰可辨”。[1] 所有这些都有助于构建新的身份，使以前被边缘化的人们在社会和政治层面上被接受为公民。

我也希望这段对物质文化的简单回顾能鼓励读者不要将我们今天消费的物品和商品看作家得宝家居（Home Depots）飞机库一般的货架上堆放着的毫无生气的工具或瓷砖，或是在新奥特莱斯商店里乱七八糟地堆着的天知道来自何处的冰冷聚酯，而是去想象所有这些东西的制造者，也许最好像诗人想象马丘比丘（Machu Picchu）的建设者们一样，“是田地的耕耘者、织工、沉默寡言的牧羊人、高高站立在不牢靠的脚手架上的泥瓦匠、手指被压碎的珠宝商、在秧苗地间焦虑不安的农夫”。[2] 在我们的大部分故事里，大多数人其实都是自己生产脚犁或锄头，自己搭棚子或小屋，并且自己织布。其他人通常直接从卖家那里买东西，亲手检查农民的洋葱，责骂工资过低的建筑工人，仔细检查女裁缝的肩膀。因此，当地物品和当地生产者 [7]
之间的联系是显而易见的，这在今天简直难以想象。随着远距离贸易和世界市场的出现，从 16 世纪商品的涓涓细流开始，到 19 世纪的不均衡扩张，再到如今从地球上最遥远的角落匿名涌入我们的市场，生产者和消费者之间的断裂几乎已经完成。

我们的研究包括现在通常意义上被称为是拉丁美洲（但并不准确）的那些地区，时间段跨越过去的几个世纪，尤其关注早期殖民时期里中部美洲和安第斯的核心地区。这些地区是前哥伦布时代的高级文化所在地，后来成为殖民政权的中心，时至今日仍很重要。对于 18 世纪、19 世纪和 20 世纪，我们的讨论围绕着欧洲移民向智利和阿根廷南锥地区的扩张，以及

[1] James Scott, *Seeing Like the State: How Certain Schemes to Improve the Human Condition Have Failed* (New Haven, Conn.: Yale University Press, 1998)；中译本参《国家的视角：那些试图改善人类状况的项目是如何失败的》，王晓毅译，北京：社会科学文献出版社，2019。

[2] Pablo Neruda, *The Heights of Macchu Picchu*, trans. Nathaniel Tarn from the Spanish (New York: Farrar, Straus and Giroux, 1974), canto xii.

非洲人被迫向加勒比地区的流散。巴西虽然拥有迷人的文化，但在本书的讨论中得到了不公平的对待。众所周知，在这么广泛的时间和空间里，阶级、性别、种族分化以及明显的区域或本地差异曾经存在，现在也依然存在。我不主张对此进行详尽论述，更不主张给出确定解释。许多专家可能会对我的疏漏和粗暴的概括感到惊讶。

就像地球上的其他地方一样，从人类在该半球定居的最开始，或多或少的离散群体就不断地与具有其他文化和物品的人接触。例如，有证据表明，公元 9 世纪，“浅橘色陶器”从墨西哥高原交换到美洲中部的热带低地；在 11 世纪的后古典时期，绿松石贸易横跨墨西哥北部干旱地区；甚至可能在 2500 年前，中部美洲和安第斯之间已开始交换玉雕。但从 16 世纪至今，现在被称为拉丁美洲地区的人民开始受制于西班牙和葡萄牙帝国完全不同的物质制度，从 19 世纪初开始，他们又依附于西欧和美国等强大的工业国家。

大家都承认美洲的银、玉米、巧克力、马铃薯、西红柿，甚至剑麻和奎宁对全球社会的巨大贡献，但除了这些和其他食物、纤维或矿物外，拉丁美洲对全球物质文化的贡献是不足的。无论是安第斯的脚踏犁
[8] （*chaquitaclla*）、三石吊索、精美的陶器、银匠或金匠的精美作品，甚至是凶猛的美洲驼，都没有传到西欧。后来，在工业时代，19 世纪和 20 世纪的大量全球制造业产品被进口到拉丁美洲，但没有任何产品，甚至没有缰绳、鞋子或羊毛披肩反方向输出。就这一点而言，烹饪菜肴或加工饮料也没有从西边传递到东边。此前无法（至少直到 21 世纪初依然无法）在马德里找到万卡约马铃薯沙拉（*papas a la huancaína*）或瓦哈卡莫莱酱（*mole oaxaqueño*），无法在芝加哥找到普奎酒（*pulque*），无法在加利西亚找到耶巴马黛茶（*yerba mate*）。直到 20 世纪中叶，美国除了有墨西哥血统的人口以外的地方也没有玉米粽子（tamales）或玉米卷饼（enchiladas）。如果古

代秘鲁人以某种方式到达了西班牙的格拉纳达（Granada），并将他们的统治强加于斐迪南（Ferdinand）和伊莎贝拉（Isabella），那么从马德里到塞维利亚的厨房里是不是很有可能会出现烤豚鼠（*cuy*）和奇恰酒（*chicha*）？也许现在在卡斯蒂利亚，美洲驼和羊驼会与美利奴羊一起吃草，而后者很快被西班牙人引入美洲。

在当时的物质文化领域中，拉丁美洲的人们在过去500年中从国外得到了比在他们从自己土地上得到的数量更多、范围更广的物品，特别是制成品。除了少数例外，新物品一般都是流入而不是流出拉丁美洲。然而，这不是一个简单的供求关系或产品质量的问题。物质制度的建立是在权力领域进行的。这有时是正式和直接的，例如，殖民时期禁奢法令的目的是控制消费（不是很有效），或者王室官员和殖民商人之间经常勾结以迫使印第安村民购买来自欧洲的商品。殖民权力的影响还体现在对新身份或地位的无休止的、非正式的和自发的操纵上。在新时尚、新“参照群体”或消费模式的框架内，或在使殖民和后殖民社会中似乎变得特别重要的文化类别愈发明显和稳定的需要下，每个人都在这样做。

那么，我们的故事从这里讲起：近乎无穷的交易如何造就了我们今天在拉丁美洲看到的那种本质上是西方的但仍具有混合性质的物品和商品制度？我在认识到价格和市场的重要性的同时又超越了过度经济学的情节，我借鉴了社会学家诺贝特·埃利亚斯（Norbert Elias）的观点，他将欧洲礼 [9]
仪（manners）的变化解释为不可阻挡的“文明化进程”的一部分。在这里，我想说明的是，拉丁美洲物质文化的变化，在一定程度上是由过去500年来对各种殖民和新殖民政权的“文明化物品”（civilizing goods）的强制接受和（往往是）急于接受所驱动的。

从伊比利亚人入侵开始，一直到法国、英国和今天美国的物质制度，那些试图在拉丁美洲**强制**（impose）消费的人以及那些**自发地**（voluntarily）

获得某些物品的拉丁美洲居民，常常把自己当成西方化进程的一部分。对16和17世纪的入侵者西班牙人来说，这是一个在新殖民地强加“好警察”（*buena policía*）角色的问题；到了18世纪，他们实施了一个“文明化进程”；再到后来的19世纪，自由主义者推动了“现代性”计划。例如，西班牙人坚持按照严格的格状布局布置城镇，或者要求印第安人穿裤子，颁布各种反对“不体面服饰”的法令，以及18世纪强迫安第斯和墨西哥村民购买铁器、布料或骡子的做法，都是为了“文明化”并从中盈利而实行强迫的例子。然而，更重要的是，用鞋子代替拖鞋，用小麦面包代替玉米，用马尼拉大帆船上的亚洲丝绸代替当地的粗棉布，还有钢琴、有双重斜坡屋顶的豪宅、达拉斯牛仔队的运动衫以及其他百余种人们为确立自身在社会等级中的地位自发做出的且仍在做的选择，并在不同世纪里被视为不那么“野蛮”、更“文明”、更“现代”、更符合潮流（*de onda*）或更“时髦”。

这些做法并非拉丁美洲独有。但是，在殖民和后殖民社会中，对身份的争夺以及对通过可见的消费行为重新划定或跨越社会关系界限的需要也许更为强烈。因为在这些社会中，权力和时尚的参照物往往是由外国人确立的，殖民地或国家内人们的地位和声望则受到阶级和种族拼图的强烈影响，而阶级和种族的磋商由于其模糊性而变得更加重要。

当然，强加和接受“文明化物品”并不是拉丁美洲物质文化的全部故事。在这段历史中，接连不断的外来者或不同国家内部的小型统治集团，
[10] 都努力把一层层与深层文化不相称的商品和实践压在大众身上。因此，在这五个世纪中，我们看到男男女女都在抵制对改变文化的物品的强制使用。事实上，普通生活中的许多元素在这几个世纪里都保持着显著的不变性，并形成了日常生活的深层实践。成千上万的女性继续一个一个地将传统的玉米饼拍进烤盘（*comal*）；古柯叶在安第斯地区仍然是不可或缺的；土坯和茅草仍然为人们提供着遮风挡雨之所。但更普遍的情况是，在接受或抵

制的同时，我们也看到了无数应用、修改和调整新物品以适应当地条件的案例。这种情况未曾间断，但自 16 世纪欧洲人入侵以来变得尤其剧烈。

如今，个体的玉米饼制造者或玉米饼店（*tortillera*）已经很少见了；乡村女性把她们的湿面粉带到本地的机器处，支付一定的费用，让人把玉米饼烙出来，或者更常见的做法是在超市（*supermercados*）里直接购买面皮（*masa*）。同样的古老食物，不同的技术。在秘鲁库斯科（Cuzco）机场，古柯叶如今被装在立顿茶大小的多孔袋里，这样的话，在 11,000 英尺（约 3 千米）高空喘息的旅客就可以喝上一杯用泡沫塑料杯装着的热乎乎的古柯茶（*mate de coca*）。在每一个地方，地中海的瓦片或波纹金属板都已取代了土坯棚屋上的茅草。最终，我们形成了一种经过协商的混合物质文化，但进口元素显然占主导地位。

我将在此阐述拉丁美洲物质文化发展的六个主要阶段。第一个阶段始于 16 世纪之前（即欧洲人入侵前）的几个世纪，当时大部分本地人口已经围绕着小村庄、大村庄甚至是当时的城市中心定居下来从事农业劳作。在几千年的复杂历史中，这里的大量人口（可能有 85% 到 90%），就像在当代欧洲或亚洲一样，基本上过着乡村生活。除了一些显著的例外，这是一个自给自足的世界，在很小的范围内进行物品和服务的物物交换。大多数在所谓的后古典时期（约公元 1000—1492 年）可获得的物品，其实在更早的时候就已经出现了，也许早于 1500 年，那时中部美洲和安第斯地区人们的饮食、服饰、住所和工具等方面的基本要素就已经确立了。前哥伦布时代的生活既不是与世隔绝的，也不是一成不变的。在每一个考古地层（archaeological horizon），即连续的征服、破坏和建设浪潮的残留物中，考古学家们都发现了不同的物品组合和饮食变化的证据。

考古记录证实了物品的存在，但对物品流通的情况却不甚明了。虽然 [11]
大多数物品都是在当地交换的，但很明显的是，食物、布料、建筑材料、宝石、金属、贝壳和羽毛等都是通过朝贡体系和市场在中部美洲各地流动的，并由男人、女人和美洲驼驮着穿过广袤的安第斯地区。当然，这些物品的使用从来都不是一成不变的：男人和女人根据环境改变他们的饮食、服饰和住所，并接受新的材料和技术。在中部美洲和安第斯地区，帝国和宗教仪式推动了物品的消费，就像需要巩固联盟和巴结人情一样。赠送礼物在前西班牙文化中是一种根深蒂固的实践，对未来入侵者而言也是如此。

第二个阶段是 16 世纪欧洲人的入侵，打碎了美洲原住民社会，截断了其物质文化的有机发展。在最初的几十年里，参与征服及其巩固的西班牙人相对较少，他们坚持自己熟悉的物质制度，并努力为他们早期的定居点提供物资，如葡萄酒、小麦面粉、干鳕鱼和进口布料。然而，欧洲动植物的引进，加上各类手工业的迅速发展，很快就使欧洲物品不仅为他们自己所用，当地居民及其后代也使用并选择性地占有了外国物品。这个过程是渐进的。欧洲人的征服和定居首先影响了当地精英和更加城市化的普通人口，此后新的货物和商品开始在城镇、传教区、矿山和大庄园中传播。

到了 16 世纪 70 年代，武装征服的暴力事件减少了，人口灾难的影响席卷了整个美洲。西班牙人对土地进行了彻底的重组，将剩余的原住民聚集到规划好的村庄，实行西班牙式的政府管理。第一代混血儿几乎立刻就出现了。在新的殖民权力等级体系中，出现了对阶级和种族身份或政治和社会地位的关注，这导致了对生存和地位的争夺，从而鼓励了对各种商品的消费。大西洋护航队、驮着货物的骡子和带轮子的车辆把难以想象的货物送到了当地消费者触手可及的地方。犁、役畜、滑轮、绞盘、铁制工具
[12] 以及新的植物和动物改变了新旧物品的供求关系。有用性和相对价格有助于解释对某些商品的接受或拒绝，但在地位不确定、价值模糊的新兴殖民世界，消费的社会和文化决定因素也是存在的。但我们不要夸大其词。有些东西根本没有变化，或者变化很小。在整个殖民时期以及之后的岁月里，

数量不断减少的原住民男女继续穿着土布和自制的衣服，并主要依靠祖传的原住民食物生活。

我们的第四个分水岭，承载着国外商品的大量涌入，始于拉丁美洲大部分地区脱离西班牙独立（1808—1825 年），并在 19 世纪的最后三分之一的时间里达到高潮，粮食、纤维和矿物的出口使拉丁美洲各个共和国能够从大西洋盆地的诸多工业国家进口各种各样的商品。新共和国的有钱人很快就接受了英国和法国的艺术、时尚和高级制造品。进口的机械、钢轨和蒸汽机使拉丁美洲的政治和社会领导人们能够引进电灯、电车、发动机、步枪和机器以实现国家的现代化，同时购买食品、衣服和建筑服务等，使自己与肤色更暗和文化程度更低的同胞们区别开来。社会上层人士们的消费参照群体主要是外国人。按照法兰西第二帝国的风格建造的房屋在新的大道上鳞次栉比，英国的皮革和棉布以及法国的高级纺织品和葡萄酒成为时尚。

物品因此与“现代性”产生了关系。这一点变得很明显，因为 19 世纪的拉丁美洲人在对殖民传统保持着脆弱的坚持的同时，也渴望成为新兴的西方资产阶级的一部分。对欧洲商品的狂热消费，前往巴黎和伦敦的旅行，与知识分子、艺术家和工程师的接触，“不仅仅是虚荣的姿态或追随最新的时尚”，这是将自己置于历史时刻的巅峰，这将是**现代的**（modern）。[1] 例如，新兴的中产阶级成员可以在相似和熟悉的环境中欣赏歌剧，如斯卡拉歌剧院（La Scala）、考文特花园（Covent Gardens）、大都会歌剧院（the Met）、马瑙斯歌剧院（Manaos，也称亚马逊剧院）或圣地亚哥的市政剧院。通过进入更大的时尚世界，购买查尔斯·弗雷德里克·沃斯（Charles Frederick Worth）的礼服或英国羊毛织品，各地的新精英们可以**感受**（feel） [13]

[1] Sergio Villalobos, *Origen y ascenso de la burguesía chilena* (Santiago: Editorial Universitaria, 1987), pp. 78–79.

到欧洲的气息，或者，再次感受到**现代的**气息。也许在我们这个时代，我们可以看到一个类似的例子，那就是使用手动打字机的老一辈人，不想让人觉得自己过时或“落伍”，于是买电脑、上网，从而**感受**到和快节奏的年轻人一样与时俱进。然而，我们今天注意到，随着技术的发展超过了文化的发展，出现了一种代际倒置，即成年人不再把经验传授给他们的子女，而是努力向自己的后代学习。

到了20世纪的头几年，人口增长加上大体上是人为创造的“美好年代”辉煌的破灭，逐渐把混血政治和文化带到了关于现代性适当道路的激烈辩论的中心舞台上。这个过程也就是我们的第五个阶段，它从19世纪末20世纪初开始，不可避免地充满了模糊性，涉及到向消费民族主义断断续续的转向。这导致了民族价值观的推广、对外国模式和物品的正式否定（但继续使用）、进口替代工业的逐步发展以及民族文化的推广。在土著主义（*indigenismo*）的名义下，20世纪20年代的墨西哥、20世纪30年代的秘鲁、20世纪40年代和50年代的危地马拉和玻利维亚的城市领导人们不断试图使原住民西方化，使被视为印第安人的人们融入国家政治和物质文化，而农村人口向城市的加速迁移使这种做法更加可行。

最后一个阶段是现在。从20世纪70年代到今天，各国政府都在毫不犹豫地抛弃以前的模式，转而回到19世纪末完全实现的出口导向的发展和自由市场的做法。进口只受制于狂热消费者的购买能力。尽管19世纪最后三分之一时间里的第一波自由资本主义浪潮有力地影响了拉丁美洲精英阶层的文化和消费，但当人们走出城市进入社会下层时，这种影响就减弱了。在当前新自由主义时代的过去二三十年里，消费仍然集中在拉丁美洲社会的上层，那里明显有大量的新财富阶层落脚。但是，自由贸易的新正统观念也创造了一个相对廉价的、普通人曾无法想象的新物品的海洋，它们如今已冲进了奥特莱斯商店、庞大的沃尔玛和家得宝，甚至进入

最偏远的家庭。对一些人来说，华而不实的商场、快餐专营店的油腻和臭
味、俗气的 T 恤衫、好莱坞电影的庸俗，一定会让人觉得一场全球性的 [14]
“不文明化”进程终于到来，扫除了伴随着最初的、不那么野蛮的自由主义而来的体面和礼仪。对另一些长期被剥夺了最基本物品的人而言，货架上的胶带、工具、钢锅、设计师品牌的“原色牛仔裤”（bluyeanes）、廉价鞋子，以及服装和食品的民主化非正式性，看上去一定像是消费者的人间天堂。

第二章　前哥伦布时代美洲的物质图景

这些纳瓦人是有经验的食客，他们有供给，拥有饮料和可食用的 [15]
东西。[1]

从库斯科（Cuzco）到基多（Quito）有一条人工修筑的宽阔道路，横贯了整片土地，全长300多里格（*leguas*）；这条道路非常宽阔，六个骑马的人可以并排骑行而不相碰。[2]

日常生活的物品

一切都源于粮食生产。男人和女人从改良的植物或可食用的生物中生

[1] 引自 Salvador Novo, *Historia gastronómica de la ciudad de México* (Mexico City: Editorial Porrua, 1997), p. 4。

[2] 来自1532年的亲历记录：Francisco de Xerez, *Verdadera relación de la conquista del Perú y provincia del Cuzco, llamada Nueva Castilla* (Seville, 1534), 再版收于 *Cronistas de las culturas preco-lombinas* (Mexico City: Fondo de Cultura Económica, 1963), p. 436。1里格约5.6公里。

产出的额外食物，或者他们对新工具的使用及辛勤的劳作，使其他人（如陶工、士兵、牧师或大学教授等）能够从事他们的专长而不用自己在地里刨食，也不用担心下一顿饭从哪里来。全球粮食生产的根本性变化开始于大约 14,000 年前，人们慢慢地开始开发各种谷物，使之成为地球上所有人
[16] 热量摄入的主要来源，并驯养了少量的动物供家庭使用。谷类作物生长迅速，产量相当高。如今，小麦、玉米、水稻、大麦、高粱等占据了地球上人类一半以上的热量消费。欧亚大陆，尤其是美索不达米亚，被幸运所眷顾，有着特别丰富的天然草资源，其中就包括地球上数千种野生草中 56 种最重要的能衍生出高产谷物的草种里的 32 种，尤其是大麦和二粒小麦。

美索不达米亚还盛产最实用、最容易驯化的动物的野生祖先。例如，今天世界上有 148 种被认为有驯化可能的大型食草哺乳动物。然而，事实上，在 20 世纪以前只有 14 种被驯化。其中 4 种（绵羊、山羊、牛和猪）的野生祖先从一开始就存在于欧亚大陆。另一种是马，被驯化后用于战争和牵引，对欧亚大陆社会产生了长期的影响。根据贾雷德·戴蒙德（Jared Diamond）精彩的描述，这一先发优势对后来全球社会的不平衡发展起到了决定性作用。早在欧洲人与美洲接触之前，地中海东部地区产生的粮食盈余就促成了大型帝国的建立、铁制品和车轮的发明以及火药和火器的使用，等等。[1]

西半球也有自己的野草。其中一种野草类蜀黍（*teocinte*），现在被认为在公元前 6000 至公元前 5000 年就已经存在于南美洲和墨西哥，并开始缓慢地发展为玉米（*zea mays*）——西班牙语称为 maíz，克丘亚语称为 choclo，美国英语将其称为 maize 或 corn。它成了西半球的基本谷物，这种

[1] Jared Diamond, *Guns, Germs, and Steel: The Fates of Human Societies* (New York: Norton, 1997), pp. 125–142, 158–164；中译本参《枪炮、病菌与钢铁：人类社会的命运》，谢延光译，上海：上海译文出版社，2016。

植物产生的丰富粮食盈余奠定了所有伟大的安第斯和中部美洲文明的基础。此外，在整个安第斯山脉，从今天的哥伦比亚到智利，一系列的块茎，也就是我们马铃薯的祖先们，提供了更基本的食物来源，就像热带低地的木薯的作用一样。在墨西哥或秘鲁的市场上，我们只要瞥一眼，就能看到种类繁多的可食用豆类和水果，这些都是很久以前的成果。美洲原住民是技艺高超的种植专家。

可惜的是，西半球只有很少的潜在可驯化的大型哺乳动物。脾气暴躁的羊驼和美洲驼可以提供很好的羊毛，也能产出一些肉，但不能提供牵引力。[17]
此外，它们拒绝载人，也不愿搬运货物。再往北，水牛是当地最好的产肉或产奶的大型动物，但这种动物此前一直是野生的，事实上直到最近才与家牛杂交，产生了不一定好的“皮弗娄牛”（beefalo）。史前马在大约 13,000 年前就已经灭绝了，那时美洲的发展还没有真正开始。所有这一切都意味着，在 1492 年之后的重大遭遇战中，欧洲入侵者是骑着马并带着钢铁和武器而来的。对当地居民而言更糟糕的是，入侵的猪、牛、羊等把致命的病原体带进了一个人数众多且颇有成就的民族，然而，这些人还没有足够的破坏性手段来保护自己。现在，让我们把注意力转到这个物质世界在欧洲人入侵前夕的主要特征上，这出现在考古记录中，也出现在入侵者自身不可避免的特殊印象中。食物、衣物和住所仍然为这项探究提供了主要方向。

中部美洲

数十年前，一位具有独创精神的人文地理学家卡尔·索尔（Carl

Sauer）勾勒出了美洲食物制度的大致轮廓，首先是区分了种子种植者和那些通过扦插进行营养繁殖的人。新的研究对他的方案进行了轻微的修正，但他的方案作为一个出发点，对于理解前哥伦布时代的生产地理、种植技术和性别分工的一些特性仍然是有用的。索尔注意到，在一条穿过佛罗里达海峡，再向南穿过墨西哥湾，然后穿过现在的洪都拉斯的界线之上，种子植物的种植在其农业体系中占据了绝对优势。这条界线把如今的危地马拉和墨西哥与西印度群岛和南美洲分隔开来。界线以南的土地以生长营养繁殖的植物为特征，如热带地区的木薯和安第斯山脉较高海拔地区的几种块茎植物。[1]

[19] 对于中部美洲（今墨西哥中部、危地马拉和萨尔瓦多），我们现在可以比索尔更详细地了解男人和女人通过选种将各种植物驯化的漫长过程，其中最重要的是南瓜、豆类、辣椒等，尤其是玉米。到了公元前3000至公元前2000年左右，这些植物加上仙人掌多汁的叶子和刺梨、野禽以及驯养的狗、鹿和小型野生动物等，为定居和人口增长提供了基础。当这一体系在丰塞卡湾（Gulf of Fonseca）西北的高海拔地区（今尼加拉瓜）发展成熟时，一大片的种子植物种植园从危地马拉延伸到今天的美国西南部。它们养活了越来越多的人，这些人基本以素食为主，其中各种形式的玉米是总热量摄入的重要部分。

回望欧洲人入侵前的几个世纪，墨西哥中部的人们已经摸索出一套复杂的饮食方式，以玉米、豆类、南瓜、辣椒和苋菜为主，辅以湖泊中的藻类、无刺蜜蜂的蜂蜜、大量鸭子、家养的火鸡、为吃肉而饲养的狗，以及各种小型哺乳动物、鸟类、鱼类、爬行动物、两栖动物、甲壳类动物、昆

[1] Carl Ortwin Sauer, *Agricultural Origins and Dispersals* (Cambridge, Mass.: MIT Press, 1952). 相关内容的另一个不同版本以及随后章节的部分内容出版于 Arnold J. Bauer, “La cultura material,” in Marcello Carmagnini, Alicia Hernández Chávez, and Ruggiero Romano, eds., *Para una historia de América: Las estructuras* (Mexico City: Fondo de Cultura Económica, 1999), pp. 404–497。

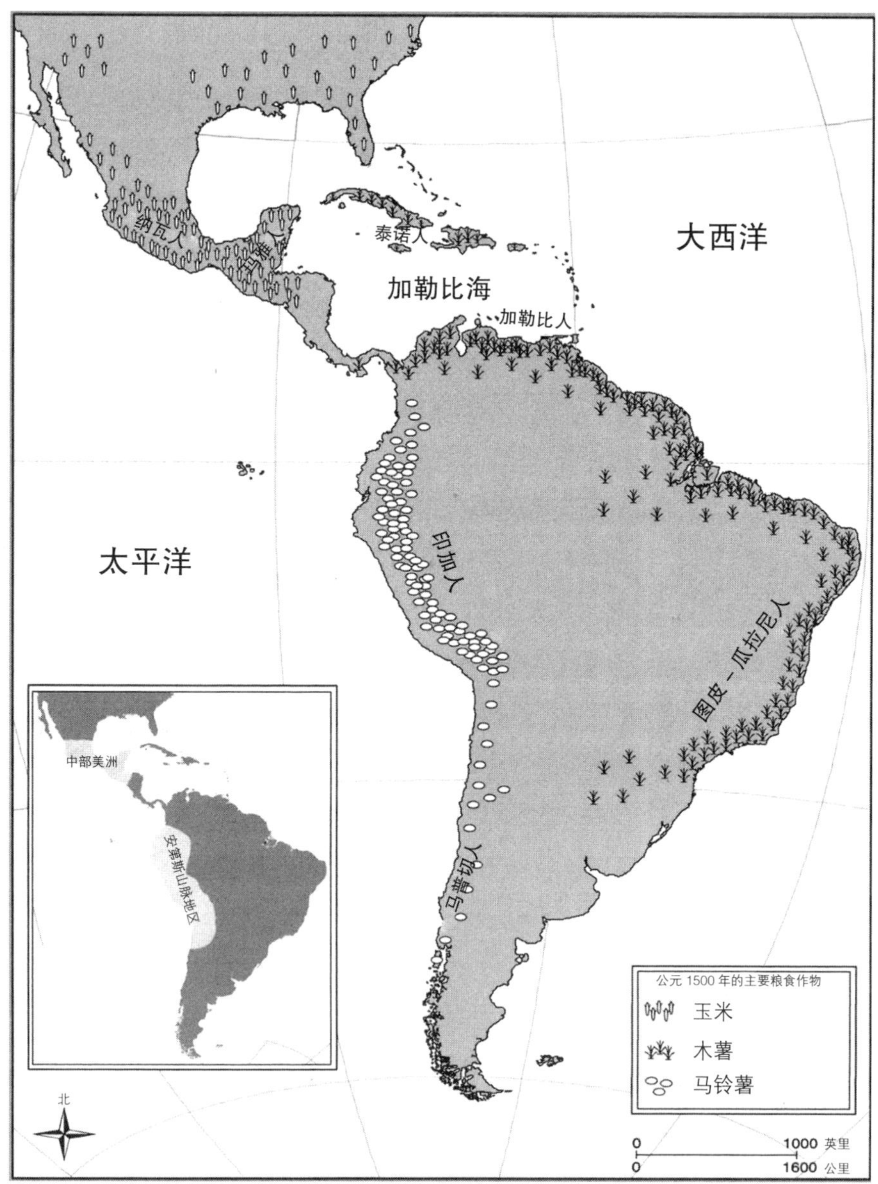

地图 2.1　前西班牙时代美洲的主要粮食作物

本书地图系原文插附地图。资料来源：塞巴斯蒂安 · 阿拉亚提供，加州州立理工大学洪堡分校

虫、蠕虫等，事实上包括任何可以吃的东西——这些食物构成了“丰富多样的饮食”的基础。[1] 普奎酒（*pulque*）是一种流行的酒精饮料，是龙舌兰纤维的发酵汁液。虽然墨西哥政府努力限制这种酒的饮用，但并不比同时期印加人限制安第斯山脉的玉米啤酒奇恰酒的饮用更成功，也不比许多现代国家在限制饮酒或毒品方面的类似的、堂·吉诃德式的努力更成功。[2] 当然，这里没有役用动物。石斧、锄头和不可忽视的挖土木棍（*coa*）是仅有的农耕工具。

欧洲入侵者对当地人用在他们看来如此原始的方法获得巨大的物质盈余感到惊讶，这是可以理解的。秘密在于玉米，它们通常在有灌溉和覆盖物的田地里大量种植。这种谷物，尤其是做成玉米饼（tortillas）时，至今
[20] 仍然是中部美洲饮食的基本元素。大约从公元前 2000 年起的地层中就出现了用于烘烤玉米饼的磨石和烤盘，但玉米在早期的整体饮食中仍然只占相对较小的比例，也许不超过 15% 到 20%。[3] 从那时起，随着驯化的推进和定居固定性的增加，玉米在各种菜肴中变得越来越重要。人们用玉米来制作玉米面糊（*atole*）、玉米粽子（*tamal*）和玉米肉汤（*pozole*），但薄薄的玉米糕饼（或者是西班牙人所说的玉米薄饼）成了最重要的营养来源。由于中部美洲人几乎没有食用油和油脂来煎炸，所以他们主要用煮锅和鏊子做饭。玉米薄饼不可避免地配有辣椒，因此要“放入辣椒里”（*enchilada*），这种烹饪方法在 14 世纪已与其在 20 世纪时一样普遍；当时，墨西哥奥里萨巴（Orizaba）附近的一名妇女对美国访客查尔斯·弗兰德劳（Charles

[1] Sherburne F. Cook and Woodrow Borah, “Indian Food Production and Consumption in Central Mexico before and after the Conquest (1550–1650),” in Cook and Borah, *Essays in Population History: Mexico and California* (Berkeley: University of California Press, 1979), 3:134–140.

[2] William Taylor, *Drinking, Homicide and Rebellion in Colonial Mexican Villages* (Stanford, Calif.: Stanford University Press, 1979), pp. 29–72.

[3] William McNeish, “The Origins of New World Civilization,” *Scientific American* 211, no. 5 (Nov. 1964): 10.

图 2.1　16 世纪中后期的手抄本中描绘的两个种植玉米的男人

第一个人用的是挖土木棍；第二名原住民男子穿着欧式长裤。资料来源：《佛罗伦萨手抄本》（*Florentino Codex*），佛罗伦萨洛伦佐图书馆（Biblioteca Medicea Laurenziana）提供

Flandrau）说："我的小儿子（年仅三岁）如果玉米薄饼上没有覆盖辣椒的话，他看都不愿意看一眼。"[1]

声称亲眼见证了中部美洲社会之摧毁的匿名征服者写道："这些人的衣 [21]
着由一些类似床单的斗篷组成并且……他们用像大手帕一样的漂亮毛巾遮住前后的羞耻部位。"女性的服装由披肩、裙子和长及膝盖的外衫（*huipil*）组成。粗纺织品是用龙舌兰纤维织成的，上等纺织品用棉花织成，棉花是炎热的东南部国家的产品，也是墨西哥高谷地区（high valley of Mexico）非常需要的贡品。人们不戴帽子。"他们头上除了最漂亮的长发外，什么都

[1]　Charles Flandrau, *Viva Mexico!* (Urbana: University of Illinois Press, 1964), p. 44.

不戴。”[1]在没有充足的皮革的情况下，只有一些男女用鹿皮裹脚，大多数人都穿龙舌兰纤维制成的凉鞋。

墨西哥高原上的普通住宅是一间一室的土坯小屋，只有一扇开着的小门；用顶着茅草或平板木瓦的柱子构成了平屋顶。它们通常由一户以上的家庭居住，主要是吃饭和睡觉的地方；普通人大部分时间都在户外度过。例如，在被征服前的特波兹特兰（Tepoztlán，今墨西哥城以南），“490 户人家中有 253 户……是由两对或两对以上的有血缘关系的夫妇组成的”。小木屋周围有一堵墙，只有一个入口；一些这样的院落组成了一个小村庄。人们睡在垫子上，吃饭时没有椅子或桌子。磨石和鏊子、少数土罐和锅，以及篮子和扫帚是“劳动者家庭的主要家具，往往也是仅有的家具”。[2]大多数观察者都会注意到墨西哥人的生活中不同寻常地有着大量鲜花，这一特点一直延续到现在，不仅体现在装饰上，而且体现在无数的地名和歌曲中。

安第斯地区

虽然播种机和玉米薄饼在中部美洲的农业和粮食体系中占主导地位，

[1] El Conquistador Anónimo, *Relación de algunas cosas de la Nueva España y de la gran ciudad de Temestitan, México* (Mexico City: Editorial América, 1941), pp. 26–27, 47–48; Frederick Hicks, “Cloth in the Political Economy of the Aztec State,” in Mary Hodge and Michael Smith, eds., *Economies and Polities in the Aztec Realm* (Austin: University of Texas Press, 1994), pp. 89–90; see also Ross Hassig, *Trade, Tribute and Transportation: The Sixteenth Century Political Economy of the Valley of Mexico* (Norman: University of Oklahoma Press, 1985).

[2] Carrasco citation in Friedrich Katz, *The Ancient American Civilizations* (New York: Praeger, 1972), p. 222.

但营养性繁殖的根茎作物（主要是木薯和甘薯）是西印度群岛和南美洲热带沿海地区的主要粮食作物。这让16世纪的欧洲人感到困惑，因为在1492年之前，地处温带的欧洲没有一种根茎类作物是热量的主要来源。块茎属于“卑微且受人鄙视的一类蔬菜”。[1] 这些岛上的主要食物是早在公元前3000年就生长在西班牙大陆低地的苦丝兰（bitter yucca）。岛上的居民“把有毒的根磨碎，沥干汁液”，然后把残渣烤成未发酵的面饼，这在美洲热带地区很常见。这种面饼味道可口，营养丰富，即使在潮湿的天气里也可以保存好几个月而不会变质。玉米在欧洲人到来之前就存在于加勒比地区，但它不是岛上的主要食品，也没有被磨成粉。玉米也没有被发酵成酒精；事实上，在中美洲和南美洲的美洲原住民中，只有加勒比人显然是没 [22]

图2.2　20世纪80年代，图卡诺（Tukano）妇女在剥木薯块茎

除了使用钢刀之外，自16世纪以来几乎没有什么变化。资料来源：Linda Mowat, *Cassaba and Chicha Bread and Beer of the Amazon Indians* (Aylesbury, Bucks: Shire Publications, 1989)。照片由唐纳德·泰勒（Donald Taylor）和布莱恩·莫瑟（Brian Moser）提供

[1] Sofie Coe, *America's First Cuisines* (Austin: University of Texas Press, 1994), p. 16.

有酒精饮料的。[1] 在加勒比海沿岸或奥里诺科河（Orinoco）、亚马孙河流域的森林居民中，鱼类、龟类和软体动物是除木薯外的补充食物。这些居民穿得很少，适合热带地区，在来自寒冷地带的欧洲人眼里，与其说是可耻的，不如说是令人好奇的。

在安第斯山脉海拔更高的地区，木薯就让位给了其他种类多样的块根作物，这些作物为大量人口提供了基本的食物。马铃薯在至少 7000 年前就被培育了，它只是安第斯地区几种根茎作物中的一种。马铃薯最终遍布各地，如今是世界上最重要的根茎类作物。大多数马铃薯可以被冷冻干燥成马铃薯干（*chuño*）来保存，尽管在高海拔地区，苦味品种的保存时间更长。根茎类作物仍然是普通安第斯人的基本主食。[2] 与中部美洲的居民一
[24] 样，安第斯人的饮食以素食为主。在墨西哥已知的一些植物，如辣椒（这里称为 *ají*）、西葫芦、几个品种的豆类和鳄梨（*palta*）等，在如今的厄瓜多尔、秘鲁和玻利维亚等国都存在，但藜麦（*quínoa*，一种颇似小米的谷物）、酢浆薯（*oca*）、乌卢库薯（*ullucu*）、块茎金莲花（*anu* 或 *mashua*）、羽扇豆及白马铃薯等只存在于安第斯地区。

玉米曾经被认为是较晚（约公元前 1500 年）才从墨西哥传来的，但现在有大量的证据表明，玉米在查文时代（Chavin Period）之前就已经出现了，事实上这种谷物在公元前 4000 至公元前 3000 年就已经在秘鲁的沿海和内陆沿海谷地产生了一定的影响。然而，它在安第斯山脉高山间谷地的梯田上的种植显然并不广泛，直到伴随着印加时期政府主导的灌溉工

[1] Carl Sauer, *The Early Spanish Main* (Berkeley: University of California Press, 1966), pp. 53–54; 也可参见 Irving Rouse, *The Tainos: Rise and Decline of the People Who Greeted Columbus* (New Haven, Conn.: Yale University Press, 1992), pp. 12–13. 在被西班牙征服之后，泰诺语中的玉米（maíz）一词在整个中部美洲传播开来。

[2] J. Alden Mason, *The Ancient Civilizations of Peru, rev. ed.* (New York: Penguin, 1968), p. 141；参见 Stephen B. Brush 的专业论述 , “Potato,” in Barbara A. Tennenbaum, ed., *Encyclopedia of Latin American History and Culture* (New York: Simon and Schuster Macmillan, 1996), 4:459–461.

程而得以推广。这里的人们吃的不是玉米饼，他们将还在玉米棒子上的青玉米做成烤玉米粒，或者煮熟后做成类似于墨西哥玉米粽子形式的乌米塔（*humitas*）。动物脂肪显然不是用来油炸的；美洲驼的肉被晒干，或者偶尔煮成一种炖肉，奇怪的干鱼也是这样处理。耶稣会士贝尔纳维・科博（Bernabé Cobo）在 17 世纪上半叶的大部分时间里生活在秘鲁，他认为普通安第斯居民的食物“朴素而粗糙”（*rústico i grosero*）。当地人主要通过煮沸或烧烤的方式来烹饪偶尔吃到的鱼或豚鼠。最重要的是，玉米是发酵奇恰酒的基础原料，当时和现在的整个安第斯地区都广泛饮用这种酒。[1]

最后是古柯。它的使用范围是一个长期争论的话题，早期记录者们的观点已有分歧。现在看来很清楚的是，在印加人到来之前和之后，来自东部亚热带山坡的种植者与高地居民社区进行了古柯贸易，因此古柯叶并不像以前认为的那样是由印加国控制的。加尔西拉索・德拉维加（Garcilaso de la Vega，也被称为“印加人”）等记录者希望将印加人描绘成英明温和的领导人，华曼・波马（Huamán Poma）等作家倾向于谴责西班牙的征服是对当地秩序的破坏，他们都不约而同地认为印加人已经建立了国家垄断，因此古柯的使用仅限于王室集团。最近对民族志资料的研究推翻了这一观点，事实上，正如安第斯地区最重要的民族历史学家所指出的那样：“没有任何证据可以证实这一广泛持有的信念。”[2] 随着欧洲人的占领，尽管殖民 [25]
官员和不止一名本土精英时不时提出抱怨和道貌岸然的谴责，但咀嚼古柯的行为仍在继续，而且可能有所增加。当然，这种做法一直延续到了今天，

[1] 关于近期研究的概要，参见 Karen Olsenk Bruhns, *Ancient South America* (Cambridge: Cambridge University Press, 1994), pp. 89–96; *Obras del P. Bernabé Cobo*. Biblioteca de Autores Españoles, vol. 92 (Madrid, 1956), p. 245。

[2] John V. Murra, “Notes on Pre-Columbian Cultivation of Coca Leaf,” in Deborah Pacini and Christine Franquemont, eds., *Coca and Cocaine: Effects on People and Policy in Latin America*, Cultural Survival Report, June 23, 1986, pp. 49–52.

这是美洲物质文化中的另一个元素，它经受住了几个世纪以来的反对，在混合物质文化的覆盖之下继续存在。

安第斯地区与中部美洲主要的不同是前者存在骆驼科动物。驯养的美洲驼和羊驼提供肉、皮毛和马车拉力。在海拔较高的地区，它们的毛为男人和女人带来了受欢迎的舒适感，以抵御安第斯地区夜晚的严寒。然而，纤维是如何从动物身上分离出来的，这难以想象。大概是人们用锋利的黑曜石从这些动物身上割下了一把把毛，或者安第斯的男女牧人将动物脱落的毛发梳理出来。在这件事上，入侵的欧洲人无疑带来了一种受欢迎的设备。金属剪刀从古代就已存在于旧大陆（Old World），事实上，1500 年佛兰芒人的一对剪子的图片看上去几乎完全复制了罗马人的设计。长期以来熟悉羊毛和羊的西班牙人很快就把剪子带到了安第斯地区；然而，直到 19 世纪 20 年代，秘鲁中部高地的英国商人们还认为那里有一个可观的市场，因为“当地人不熟悉英国使用的那种剪子”。[1] 美洲驼和羊驼在这个没有轮子、没有犁的世界里从来没有提供过牵引力，但无论多么不情愿，它们都能够把货物运送到很远的地方。骆驼科动物使安第斯居民能够跨越困难的干旱地带和连绵的山区，并最终将安第斯地区各个相距遥远的生态“岛屿”连接成连通的社区。[2] 畜牧经验还使安第斯地区的原住民能够比同时代的中美洲人更容易接受欧洲牲畜的意外入侵。绵羊、骡子、毛驴，甚至是牛，都相当舒适地在印第安人的土地上定居下来。

[26] 如果一个 15 世纪的墨西加人（Mexica）能够窥视当代秘鲁农民的房子，她会发现许多熟悉的东西，但毫无疑问地也会被突然蹦出来的家

[1] Thomas Kruggler, “Changing Consumption Patterns and Everyday Life in Two Peruvian Regions: Food, Dress, and Housing in the Central and Southern Highlands, 1820–1920,” in Orlove, *The Allure of the Foreign*, p. 51.

[2] 约翰·穆拉（John V. Murra）的想法在许多出版物中都有提到，包括 *Formaciones económicas y políticas del mundo andino* (Lima: Institute of Peruvian Studies, 1975)。

养小豚鼠（*cuyes*）吓到，西班牙人称之为“印第安小豚鼠”（*conejillo de Indias*）。它们被架在烤肉扦上烤或炖煮，为安第斯家庭提供足够一顿饭的动物蛋白来源，而这种便利在欧洲鸡肉到来之前在墨西哥并不为人所知。

安第斯地区普通人的服装与中部美洲的相似。棉花在秘鲁太平洋沿岸很常见，很早就出现在考古记录中，但随着时间的推移，在整个高地都发现了动物毛、棉花和韧皮纤维。“普遍可见的土腰布”、无袖束腰外衣和简单的斗篷是男人的服饰；女人一般穿一件式的连身裙，即裙子和上衣相结合，裙子到脚踝，腰间束有宽大的腰带。在没有剪刀的情况下，“和所有的服装一样，这种衣服也是一大块长方形的织布，只是缠绕在身上”。中部美洲人（或者至少是他们中的一部分人）用鹿皮做衣服，而安第斯居民则用美洲驼皮做凉鞋，当然也用驼毛做衣服。在最寒冷的高海拔地区，艾马拉人（Aymara）戴着编织的羊毛帽，“就像如今的大多数高地人一样”。[1] 记录中几乎没有提及男女的内衣，这说明要么没有内衣，要么相关记载会导致令人不适的猜测。在贸易将棉花带到大部分人居住的高地地区之前，人们除了赤身裸体外，只能选择难洗且扎人的羊毛。至于更贴身的衣物，尤其是女性的这类衣物，记录中没有任何记载。

一名普通的墨西加农民如果置身于安第斯高地的房子里，不会感到不自在。两地的房子通常都只有一个房间，用土坯砌成，偶尔也使用粗糙的石头，配有茅草屋顶。房子里都没有桌椅，普通人在地上吃饭和睡觉，西班牙人认为这种做法不雅，甚至是“野蛮的”。社会地位较高的官员“库拉卡”（Kurakas）会在地上铺一块布。每家每户都有一个小小的土灶，火槽可以调节，非常节省燃料。贝尔纳维·科博（Bernabé Cobo）写道：“西班牙人的炉子里一天所燃烧的燃料，比印第安人一个月消耗的还要多。”这呼

[1] Mason, *Ancient Civilizations*, pp. 147–149.

[27] 应了加尔西拉索所说的印加人“对燃料很吝啬，他们对西班牙人浪费燃料的方式感到惊讶”。[1] 原住民的房子围绕着一个中央庭院排列，几户有亲属关系的家庭都住在这里。

这里列举的是欧洲人入侵之前的几十年里美洲广大普通居民的饮食、衣着和住所的部分基本要素。大多数食物都是在当地生产的，供当地人食用，用陶土盘或木盘盛装。衣服是自制的，棉花或羊驼毛是由数百万农民亲手纺织和编织的。他们用当地的材料建造了简陋的房屋；石制、木制或有色金属制成的工具也是自制的，外部具有长期磨损的痕迹。这些物品中的一部分在社区内进行交易，或者放置于垫子上在无数的当地市场上进行交换，代表了普通物品使用的层次，在这之上是阿兹特克人征用的贡品或印加人对安第斯地区劳动服务的需求。在对这些发展进行讨论之前，让我们来关注一下中部美洲和安第斯地区之间的一些显著差异，特别是在食物和布料生产的性别分工方面，因为早期的模式会延续到后来的几个世纪。这些也许最终在部分程度上也是由我们所看到的种子植物种植和营养繁殖之间的分野所形成的。

中部美洲和安第斯地区的食物制度

生活在今天的大多数人，经过层层的包装、加工、商店和广告，与实

[1] *Obras del P. Bernabé Cobo*, p. 243; *Obras completas del Inca Garcilaso de la Vega*. Biblioteca de Autores Españoles, vol. 133 (Madrid, 1960), p. 134. 加尔西拉索是西班牙征服者与印加公主所生的混血儿，在征服早期的库斯科地区长大。

际的物品生产相隔绝；他们不得不提醒自己，就在不久前，男人、女人和孩子每天还在花费很大一部分时间生产自己每日所需要的消费品。古代欧洲人说“男人从日出工作到日落，但女人的工作永远做不完”，这种说法在墨西哥和安第斯地区农民的世界里甚至更为恰当。在关注性别分工的前提下考察食物和衣物的准备工作，可以发现中部美洲和安第斯地区之间的有趣差异。

玉米培育的漫长历程沿着不稳定且无疑是不连续的道路，从五六千年 [28]
前的细小谷物演化到大约 3000 年前更易辨认的手掌大小的玉米穗；伴随着这一过程，以玉米饼或玉米薄饼的形式食用玉米的做法显然在今天的墨西哥和危地马拉间的广大地区蔓延开来。这也许是一个经过几个世纪的观察（人们发现，虽然多吃玉米的饮食方式似乎与疾病有关，一些妇女不管

图 2.3　带着孩子在臼石上劳作的前西班牙时代墨西哥妇女陶俑

对比上一幅图中的食物准备与儿童看护

出于什么原因开始用石灰煮玉米粒，在马鞍石或臼石［*metate*］上磨成湿面团，然后拍出小饼，这样她们的家人就不太会患病）后做出的具有重大影响的决定。他们不可能知道糙皮病（一种全世界范围内玉米食用者易患的瘟疫），也不可能知道浸泡石灰水会去掉玉米粒的外皮，从而提高了烟酸的含量，而烟酸可以对抗这种疾病。也许古代墨西哥人只是喜欢用这种方法制作的小玉米饼的特殊味道。

我们也不知道为什么在古代墨西哥几乎只有男人在种植这种植物，而只有女人制作玉米薄饼。我们将看到，在安第斯地区，食物生产的分工是完全不同的。但在数以百计的前哥伦布时期的墨西哥陶俑中，以及在墨西哥被征服前和征服后的抄本中，只有在磨石上弯着腰的女性形象。更晚一些时，几乎所有 20 世纪的旅行家和重要的墨西哥艺术家都会通过印刷品或画作表达出女性们对自己状态的描述——“受臼石的奴役”。可以肯定地说，很少有男人在过去的两千年里碰过臼石；据我所知，只有一份男性的自白书（由非墨西哥人撰写）承认从事臼石相关的工作。16 世纪的旅行家吉罗拉莫·本佐尼（Girolamo Benzoni）尝试用几分钟准备自己的食物。他发现“研磨是最困难的工作……我也没有磨得很用力，因为我的手臂因饥饿而无力、非常虚弱”。[1] 那么，这就存在一个残酷的悖论：当中部美洲人越来越多地将简单的玉米薄饼作为食物时，他们开始依赖一种容易种植的植物，但这种食物却需要投入大量的时间来准备，而且几乎全靠女性劳力。每天在臼石上弯腰研磨的几个小时也决定了女性在食品生产中的角色，使
[30] 她们成为家庭中不可或缺的中心。她们的重要性体现在母亲将臼石传给女儿的象征性交接（儿子得到的则是挖土木棍），或是将新生女婴的脐带埋在

[1] 引自 Coe, *First Cuisines*, p. 130; Oscar Lewis, *Tepoztlan: Village in Mexico* (New York: Holt, Rinehart and Winston, 1960), p. 25。

臼石下的做法。[1]

中部美洲几乎完全没有家畜，这进一步强化了农业中明显的性别界限。在欧洲的畜牧业中，女性通常照看羊群、喂养鸡和猪，不可避免地也要挤牛奶，甚至在我们将要说到的安第斯地区，女性是家养骆驼科动物的主要放牧人；而前哥伦布时期中部美洲的农业机制没有为畜牧工作提供这样的机会或责任。中部美洲的女性与安第斯地区的女性相比，其生活明显更贴近炉灶，这种安排一直持续到了 20 世纪。

与中部美洲以玉米饼为主的食物体系不同，安第斯地区的食物准备工作似乎更简单，至少粗看上去是如此。女人们将未去皮的马铃薯煮熟，用烤或煮的方式烹制玉米。这样，她们就得到了主要的热量来源，而不需要费力的手剥壳、手磨等过程，也不需要使用在墨西哥和危地马拉等地典型的燃烧木炭的鏊子。安第斯地区的女性与北部种子植物种植区的女性相比，更少“受臼石奴役”，更多参与田间工作。男人们通常用查基塔克拉脚犁开垦土地，女人们则将切好的马铃薯片放入犁沟中。收获的过程则与此相反：男人们挖出堆积成山的块茎，女人们则把它们装进篮子里。

本土编年史家华曼·波马·德阿亚拉（Huamán Poma de Ayala）根据 17 世纪初可观察到的做法（也许与前欧洲时代变化不大）提供了性别融合的农业模式中男女并肩在田间劳作的生动证据。[2] 西班牙的编年史家在很少或根本没有参照女性在中部美洲农业中角色的情况下，对安第斯地区女性的活动感到惊讶。西扎·德莱昂（Cieza de León）在写到卡纳里人（Cañari）时说：“这些妇女善于辛勤工作，正是她们负责开地、种田、收

[1] James Lockhart, *The Nahuas after the Conquest* (Stanford, Calif.: Stanford University Press, 1992), p. 92; Arnold J. Bauer, “Millers and Grinders: Technology and Household Economy in Mesoamerica.” *Agricultural History* 64, no. 1 (Winter 1990): 1–17.

[2] Felipe Huamán Poma de Ayala, *El primer nueva coronica [sic] y buen gobierno*, ed. John V. Murra and Rolena Adorno (Mexico: Siglo XXI, 1980); see, e.g., folios 1033, 1044, 1047, 1050, 1062.

图 2.4　男人和女人们在收获马铃薯

这幅画由 17 世纪初的一位原住民编年史家创作，用西班牙语和克丘亚语混合书写，意在描绘前西班牙时期的秘鲁。资料来源：Felipe Guaman Poma de Ayala, *El primer nueva coronica [sic] y buen gobierno* (Mexico City: Siglo Veintiuno Editores, 1980)

割，而许多丈夫则在家中纺纱、织布、修理武器和衣服、保养他们的脸和 [32]
做其他娘娘腔的事情。”这里的女人们也是搬运工：“他们给我们提供了大量为我们搬运行李的女性。”[1]

加尔西拉索·德拉维加在后来的写作中也提到了类似的观点：“男人和女人都到田里去工作，互相帮忙。”也许，他事实上是借鉴了西扎的说法：“在离库斯科很远的、印加国王们还没有充分开发的一些省份，妇女去田里工作，而她们的丈夫留在家里纺纱和织布。”但他很快补充道，这种做法既野蛮又不寻常，“理应被遗忘”。保罗·德·昂德戈多（Polo de Ondegardo）将这些妻子与财富和地位等同起来，因为妇女“为丈夫织布和耕地”。[2]17 世纪中期，科博神父（Father Cobo）也对秘鲁农业中妇女承担的劳动量感到震惊：“妇女像奴隶一样服侍她们的丈夫，承担了全部的工作，因为除了养育孩子之外，她们还要烹饪食物、制作奇恰酒、制作她们自己和丈夫及孩子要穿的所有衣服，她们在田里的工作也比男人多。”一个世纪后，胡安（Juan）和乌洛亚（Ulloa）也指责了殖民时期厄瓜多尔的大庄园里男人们的懒惰。没有什么能促使男人们工作，“他们把一切都交给女人来照看。她们纺纱、准备食物、制作奇恰酒……如果地主不强迫男人工作，他们就蹲坐着，这是他们所有人的正常姿势，喝酒或惬意地坐在小火炉旁，看着女人工作”。男人唯一的任务是“耕种他必须要种的那一小块土地，田里其他的工作都由女人来做”。[3]

那时中部美洲食物制度中的性别界限似乎比安第斯地区的要严格得多，
事实上，两者大相径庭。为什么会这样呢？我们永远不可能知道最初的原 [33]

[1] Pedro Cieza de León, *La crónica del Peru* (Madrid, 1922), p. 156. 西扎提到，这可能部分是由于最近的内战造成男人稀缺。

[2] *Obras completas del Inca Garcilaso*, p. 133; 保罗的话引自 Karen Spalding, *Huarochirí: Na Andean Society under Inca and Spanish Rule* (Stanford, Calif.: Stanford University Press, 1984), p. 86.

[3] *Obras del P. Bernabé Cobo*, p. 22; Jorge Juan and Antonio de Ulloa, *Relación histórica del viaje a la América meridional,* vol. 1, introd. and ed. José P. Merino Navarro and Miguel Rodríguez San Vicente (Madrid: Fundación Universitaria Espanõla, 1978), p.545.

因，只能观察手头的少量证据并进行推测。不论是出于健康还是口味的缘故，一旦玉米饼的主食地位及其异常繁重的厨房劳动要求在墨西哥和危地马拉的饮食中得到确立，也许长期的隐性协商就已经达成了，即男人们接受田间劳动的责任，以换取不可或缺的玉米饼。一开始的间歇性和自愿性慢慢变成了习惯和义务。也许在安第斯地区，煮熟的块茎和炖菜的准备工作更为简单，使女人们有更多时间从事户外工作。也可能是该地区极端残酷的气候变化使得种植和收获具有紧迫性，要求女性在田间的工作参与度比在中部美洲低海拔地区更高，而这种最初的必要性已固化为长期的文化实践。

仪式和权力中的物品与商品

我们看到的丰富的、不均衡的普通物品的等级分布包含了饮食、服饰和住房的基本要素。用布罗代尔（Braudel）的话说，它们构成了广大民众的“日常生活结构”。这些物品通常是在附近或在家里种植或制造，供家庭成员使用。它们被摆放在众多当地市场摊位的上千张垫子上进行以物易物的交易，或者在社区成员之间进行交换，有时候这些成员在空间上相隔很远。这些物品非常普遍和普通，以至于几乎没有人会特意提起它们。此类日常用品在后来的欧洲记述中也没有出现：“印第安人的住房、衣服和食物，无处不在的印第安物品，西班牙人很少使用的臼石和草席，廉价市场上简单材料的交换，所有这些都是殖民者注意不到的本土底层的特征。”[1]

[1] Charles Gibson, *The Aztecs under Spanish Rule* (Stanford, Calif.: Stanford University Press, 1964), p.335.

除了这些肯定占用了人们大部分时间和精力（尽管他们的工作一定没有以这种方式感受或表达）的普通物品之外，甚至最早的考古记录中的物品就揭示了社会和政治地位的差异。虽然这些物品曾经可以被认为是“农业生产过剩的一种自动结果”，但最近的研究表明它们在巩固早期美洲原住民国家的权力关系以及建立和维持社会关系方面十分重要。[1]长期以来，前 [34]
哥伦布时代的美洲人一直在表达社会和政治地位的差异。此外，各个城邦的精英阶层在几个世纪以来一直都能把自己的要求强加给从属的人群。我们在这里关注的是欧洲入侵前的几十年，当时墨西哥主导的三国联盟（我们现在用的是具有误导性但传统的术语，即阿兹特克）和印加政权下的社会都在迅速变化。

阿兹特克人首先控制了墨西哥郁郁葱葱的湖泊谷地内的定居点和城镇，然后逐渐对周围地区施加进贡义务。他们的贡品清单详细列出了份额：屋梁、美洲虎皮、各类羽毛、墨西哥人珍视的绿宝石（*chalchihuites*）之类的石头，最重要的是来自各个边远民族的大量布料。阿兹特克统治者要求为他们的家庭提供大量充足的普通食物，如玉米、干辣椒、豆类、普奎酒和家禽等。伯纳尔·迪亚兹（Bernal Diaz）和其他目击者们生动地描述了阿兹特克精英们的豪华盛宴，恭敬的侍者端上数十种由野味、鱼、蔬菜、水果和谷物制成的异域风味的菜肴。[2]可可（巧克力豆）和布这两种物品，在定义社会和政治权力中发挥了特别重要的作用。

在距今危地马拉海岸不远的索科努斯科（Soconusco）东南山麓，阿兹特克政权从几个民族那里获得了大量的可可豆，甚至是那些不种植可

---

[1] Craig Morris, “The Wealth of a Native American State: Value, Investment and Mobilization in the Inka Economy,” in J. Henderson and Patricia Netherly, eds., *Configurations of Power: Holistic Anthropology in Theory and Practice* (Ithaca, N.Y.: Cornell University Press, 1993), pp. 33–38.

[2] Bernal Diaz del Castillo, *Historia de la conquista de Nueva España*, introd. And ed. Joaquin Ramírez Cabañas (Mexico: Porrua, 1992), pp. 166–168.

可树的人们也得提供。成捆的棉布也被人背着从低地运到湖泊区的首都。“最漂亮的材料和最绚丽的刺绣来自托托纳克人（Totonac）和瓦斯特克人（Huaxtec）的国家。贡品带来了数以千计的东部省份编织的绚丽斗篷、腰
[35] 布和裙子等。”[1]可可和布除了它们的实际用途或消费功能外，在没有小型硬币的情况下，也具有货币商品的功能。事实上，可可豆的流通一直持续到17世纪。

其中一些物品，包括食品和布料等，最终在特拉特洛尔科（Tlatelolco）的巨大市场上与异国物品交换，以丰富阿兹特克精英们的饮食和服饰。负责组织贸易和进贡的商人们也知道如何在仪式性的宴席上展示他们的权力。讲纳瓦特尔语的信息提供者们还能回忆起征服前的那些岁月：“当一些商人或贸易商们认为自己很富有时，他们就会举办一场宴会，邀请所有其他商人和当地知名人士参加，因为他们认为在死去前如果没有举办一场盛大的宴会的话是很不好的，宴会能充分体现他们自己的良好形象并表达对神灵的感谢。”黎明前，客人们开始喝巧克力，啃小黑蘑菇，“这让他们看到了幻觉，甚至激起了情欲”。蘑菇生效后，许多人开始跳舞，有人唱歌，有人哭泣。但其他人则静静地坐着，被可怕的幻象所征服，幻想自己在战争中被俘，被野兽吞噬，或因通奸或偷窃而受到惩罚。另一些人则有更快乐的幻觉，感觉自己会拥有充裕的货物和奴隶。当效果消失后，“他们互相谈论所看到的异象”。这顿饭本身很可能包括六种不同的玉米饼、几种不同的玉米粽子、用磨碎的南瓜籽和几种香料（被称为皮皮安酱 [*Pipián*]，如今仍然流行）炖的火鸡、不同种类的野禽、各种瓜类、西红柿、辣椒、湖鱼和普奎酒等。年长的商人们迎接客人，“按照他们的习俗”给每个人送上一束鲜花。但大部分贡品是由统治者特拉托阿尼（Tlatoani）（例如，1519 年的

[1] Jacques Soustelle, *The Daily Life of the Aztecs* (Stanford, Calif.: Stanford University Press, 1970), p. 132.

特拉托阿尼是蒙特祖马［Moctezuma］）指定给贵族阶层的。西班牙人对他们每天巨大的进食量感到惊讶。科尔特斯提到了数以百计的家仆，他们挤满了两三个大院子，伯纳尔·迪亚兹则认为蒙特祖马的家庭每天供应超过一千份饭菜。伊斯特雷索提尔（Ixtlilxóchitl）写道，在邻近的特斯科科市（Texcoco），统治者的宫殿每年消耗31,600法内格（约50,000蒲式耳）玉米、243担可可，以及数以千计的棉布罩。[1]

显然，在这种非货币经济中，物品也提供了间接获得劳动力的机会。[36]
伯纳尔·迪亚兹通过欧洲人的眼睛看到了蒙特祖马需要的大量家政服务，并痛苦地想象着支付这些人的工资："天哪，他有那么多的女人、仆人、面包师和巧克力制作者，他的开支得有多么庞大啊！"[2]然而，拥有大量的家仆和佣人是官职带来的特权，直接或间接地由强迫臣民缴纳贡品来支付。尽管几乎没有关于强迫工人从事公共或私人工作的资料信息（古代墨西哥似乎没有秘鲁的米塔徭役制度［mita］），但墨西哥谷地的村民们被要求提供劳动服务。他们建造了堤坝和灌溉工程；据推测，他们或者半奴隶身份的马耶克人（*mayeques*）为墨西哥和特斯科科的贵族建造了令人惊叹的宫殿。阿兹特克人在人祭上的挥霍消耗了成千上万强壮男子的潜在劳力服务，这意味着要么是意识形态高于经济价值，要么是那时工人数量异常丰富。[3]无论如何，阿兹特克人的做法与安第斯地区印加人对劳动力更有效的利用形成鲜明对比。由于墨西哥谷地的普通人中只有少数拥有足够的土地，大量的工匠、搬运工、建筑工人和潜在的军事人员都是由贡品供应来维持生计

---

[1] 商人们的宴会见 Bernardino de Sahagún, *Historia general de las cosas de la Nueva España*, 也被熟知为 *Florentine Codex*, libro IX, cap. VIII；关于"领主们使用的膳食"的描述来自 libro VIII, cap. XIII。这两部分内容都出现于 Novo, *Historia gastronómica*, pp. 170–173, 167–170。致幻药被称为"黑蘑菇"，在纳瓦特尔语中的词为 nanácatl。伊斯特雷索提尔的记述引自 Katz, *Ancient Civilizations*, p. 206。

[2] Diaz, *Historia*, p. 168.

[3] Katz, *Ancient Civilizations*, pp.170–171.

的。仪式性的宴会有时持续八天，有助于养活民众，也一定巩固了与官僚机构重要成员们的政治关系。

我们知道，贵族们的房子非常华丽、令人赞叹。无名的征服者声称看到了“领主们极好的房子，很大，带有许多大大小小的花园……真是令人惊异的事。我曾不止四次进入一个大领主的房子，只是为了到处看看，但我走得太累了，以至于没能看遍所有地方。人们习惯于在一个大庭院的入口处设置巨大的沙龙和大房间”。[1] 根据这一令人印象深刻的描写，人们可以想象适当降低标准的次级领主和酋长的住所。

在前西班牙时期中部美洲的所有物品中，布是社会地位和权力唯一最重要的标志。由于那时缺乏马匹，又或是西班牙人将可获得的精细加工品作为地位的标志（当然也没有今天可以用来显示财富和权力的各种名贵物
[37] 品），布料提供了可见的、易于展示的象征意义。它的质量各不相同，从普通的未漂白的韧皮纤维到做工精美的多色棉布及羽毛制品（*plumería*）。欧洲入侵者们没有一个不注意到服饰的意义，他们自己也很清楚服饰在自己文化中的重要性。当较小的领主与蒙特祖马交谈时，“他们必须脱下昂贵的斗篷，换上其他价值较低的斗篷，必须将自己清洗干净，赤脚觐见”。雅克·苏斯泰勒（Jacques Soustelle）写道：“所有的目击者们都注意到了贵族家庭女性所穿的上衣和裙子的光彩和华丽。”[2]

在西班牙征服的前夕，布在实用及作为一种象征和财富物品方面的重要性越来越大。即使在那些不种植棉花的省份，国家也经常要求属民们四处奔波，以获得夸奇特利（*quachtli*，一种精细的白色棉布）作为贡品。从炎热的乡村运来的原棉和热带羽毛被传递给了首都越来越专业的女工匠，她们为本地领导人们制作了奢华的服装，让第一批到来的欧洲观察家们眼

[1] El Conquistator anónimo, *Rélacion*, p.46.

[2] Diaz, *Historia*, p. 166; Soustelle, *Aztecs*, pp. 128–138.

花缭乱。伯纳尔·迪亚兹评论道，女织工“制作了如此多的精美布料和所有的羽毛”。在蒙特祖马的房子里，“他身边的所有领主的女儿都是他的朋友，她们织出了非常漂亮的东西，还有许多其他看起来像是修女的年轻女性也用羽毛做了各种各样的东西。”[1]

在国家指导下征用和生产的贡品，被用于“国家管理的对外贸易”和其他奢侈原材料的市场交易。它们也可能被用作礼物，在不确定的盟友中购买支持或忠诚。[2]有几个众所周知的例子，在西班牙人向特诺奇提特兰推进的过程中，蒙特祖马努力通过礼物来展示他的权力，并劝说入侵者从哪里来就回哪里去。当然，西班牙人把这些姿态诠释为软弱。也许使用贡品来

图 2.5　重新开始的物品周期

在前西班牙时代的墨西哥，每过52年，家庭用品就会被打碎并丢弃。图中的“魔鬼”表明，西班牙入侵后，在（信仰基督教的）当地资料提供者眼中，这种做法被视为一种异教习俗。资料来源：《佛罗伦萨手抄本》，佛罗伦萨洛伦佐图书馆提供

[1] Diaz, *Historia*, p. 170.

[2] Terrance N. D'Altroy and Timothy K. Earle, "Staple Finance, Wealth Finance and Storage in the Inka Political Economy," in Terry Y. LeVine, ed., *Inka Storage Systems* (Norman: University of Oklahoma Press), pp. 51–52.

巩固政治支持的做法在墨西加人中还处于起步阶段，尚未发展到安第斯地
[38] 区的程度。当然，有一些证据表明，阿兹特克人储存了用于仪式或实际分配的物品，但他们没有印加人所设计的储存网络，而印加人的这一储存网络正是为了使财富物品用于社会和政治目的。[1]

在中部美洲，我们面对的是一种“朝贡专制”（tributary despotism），它
[39] 不像印加人那样直接要求劳动力服务，而是要求物品本身（食物、布料、可可等），当然，这些商品都是由被迫劳动的人生产的。此后，这些货物被用来帮助维持工匠、建筑工人和从原住民居民点抽调的众多搬运工的生活。其他贡品，无论是通过仪式展示还是直接赠送给贵族，都起到了巩固政治或官僚联盟的作用，这些联盟使阿兹特克人的政府获得了劳工。正如我们将看到的那样，这一过程不如印加帝国的米塔徭役制度那样能直接获得劳工，但它似乎也达到了类似的目的。墨西哥为生产纺织品而设立女工工厂的做法，看起来与秘鲁的阿克拉（*aklla*）制度相似。通过强迫的手段压榨劳工生产食物、布匹和建筑材料，其目的是为了获得用于社会和政治目的的奢侈品与财富。因此，在古代墨西哥和秘鲁，财富和地位并不是通过市场交易创造的，而是依赖国家主导的强制手段获得的。

对印加时期的大量研究，也就是对秘鲁漫长而丰富的史前史中相对较短的几十年的研究，已经大大改变了人们此前的认识。印加王朝令人印象深刻的统治结构之下，是被称为萨亚（*saya*）的地方政治单位，其中包括数量不等的村社或艾尔卢（*ayllu*）。这些政治单位适应了安第斯地区的极端地形，是一个族内通婚的亲属群体中许多家庭的集合。但他们的社区领地分布在范围较广的生态区位中，形成了分布在整个安第斯地区不同海拔处的“群岛”（约翰·穆拉引人注目的术语）或亲属关系中踏脚石一般的岛屿。

---

[1] Katz, *Ancient Civilizations*, p. 223; LeVine, *Inka Storage Systems,* p. 50ff.

因此，单个的艾尔卢可能包括沿海的渔民、中海拔梯田上的玉米种植者、更高海拔地区的马铃薯或藜麦种植者、高原上的美洲驼养殖者以及东部坡地亚热带山谷中古柯田里的种植者们。在穆拉描绘的体系中，成员们通过整合来自不同地理区位的货物和食品，努力在每个艾尔卢内实现自给自足，因此他们很少与其他艾尔卢进行贸易。这种情况导致的一个直接影响是大规模市场乃至商队的缺失。

第一批看到安第斯地区引人注目的地形特征的欧洲人没有提到十年前在中部美洲地区给他们的同伴留下深刻印象的广阔市场，也没有多少证据表明在安第斯地区存在类似墨西哥波切特卡（*pochteca*）的长途经商者。然而，最近的研究表明，群岛模式很有可能只是在印加人后期才全面存在，因为他们对安第斯地区族群对抗的镇压造就了足够的秩序，为这种远距离 [40]
的社区提供了可行性。在更北边的基多（Quito）也确实存在着商人团体，或称其为明达莱人（*mindalaes*）。在任何情况下，当我们想象安第斯地区的大部分世界时，我们的脑海中应该有许多筑有土坯墙的、富有生产力的艾尔卢社区像许多棕色手帕一样分散在这片极其破碎的土地上。这些社区生产了大量的安第斯地区饮食、衣物和住所的基本要素。成员之间的互惠倾向似乎也是安第斯文明的一个核心特征。

在欧洲人入侵前的几十年里，印加人着手从安第斯农民中抽取越来越多的劳工，这些人“在国家的操纵下生产食物，既支持劳动工作本身，又生产对国家很重要的特殊声望物品（prestige items）作为送给臣民的礼物。”印加帝国的苛政不仅源于认识到安第斯人的互惠倾向，而且基于长期以来“赋予社区领导人以组织工人的权力的实践”。欧洲人入侵前夕，印加人的工人动员方式主要分为三类：强制推行米塔徭役，这是一种普遍的劳动服务；组建手工艺专家团体，如阿克拉（即专门制作奇恰酒和细布的女性）；把部分农民强行安置在被称为米特马克（*mitmaq*，意为移民之地）的聚居地。他们在此基础上建立行政城市，“以支持基于统治者赠与和慷慨的统治愿景”。[1]

虽然我们可以清楚地看到，印加帝国成功地将越来越多的人的工作从个人和地方性的目标转向国家项目，但问题是，在没有强大的强制力量的情况下，这是如何做到的？一位专家认为，在这种特殊的“古老动员方式”中，也就是在市场和货币激励机制薄弱的地方，物品的象征价值驱动着“财富和权力的增长”。物品成为声望、认可和安全的标志。莫里斯认为：“人力劳动不是一个简单的常数，不能用人口的数量、年龄和健康状况来衡
[41] 量。人们工作是为了满足需求，其中一些需求是基于生理上的，另一些是作为文化认知机制的一部分而习得的。”[2]

与中部美洲一样，印加世界里的布料是引导社会关系的标志和符号的主要载体。布“作为新娘的彩礼被赠予，在断奶时作为礼物赠送，捆绑着木乃伊被埋葬，在仪式中作为祭品，并作为地位的标志”。使用布的仪式强调了生命历程。男孩的成人礼和婚礼都需要成套的新衣服。布料的另一种仪式用途体现在寺庙和神龛的壁挂上。布料对安第斯创世神话而言十分重要。华曼·波马描述了人类的三个阶段，以服装的不同阶段来区分。人们先用树叶和稻草做衣服，接着用兽皮，最后是织布。事实上，印加人所列举的其中一项文明化使命就是使赤身裸体的野蛮人穿上衣服。“印加时期的文学大量描述了骆驼科动物牧群、它们的护理和宰杀，甚至更多地描写

[1] Morris, “The Wealth of a Native American State,” in Henderson and Netherly, *Configurations of Power*, pp. 37–38, 45；关于基多的明达莱人，见 John V. Murra, “Existieron el tributo y los mercados antes de la invasión europea,” in Oliva Harris, Brooke Larson, and Enrique Tandeter, eds., *La participación indígena en los mercados surandinos* (La Paz, 1987), pp. 51–64; Terry LeVine, “The Study of Storage Systems,” in LeVine, *Inka Storage Systems*, p. 17。

[2] Morris, “The Wealth of a Native American State,” in Henderson and Netherly, *Configurations of Power*, pp. 40–41, 47.

了……关于布料的不同种类。”[1]国家通过徭役劳力的两种基本机制以及对越来越多的流离失所的迁移者和专业女织工的利用来生产精致的织物。

两位近期的作家认为，布，尤其是昆皮（*qumpi*，最高质量的布——译者注），成为一种具有特殊用途的货币是合理的，它类似于阿兹特克世界里的夸奇特利（*quachtli*）棉织品。现在看来，大行政中心的仓库是用来储存食物和声望物品（主要是布料）的，主要是在仪式上作为巩固联盟的礼物使用或者是提前给予臣民以实现预期的合作，而饥荒救济只是其次要用途。的的喀喀湖（Lake Titicaca）附近的丘奎托省（Chucuito）的领袖“每年从印加帝国仓库中得到 50 至 100 块布……布是官职的特权”。在秘鲁中部高地瓦努科帕姆帕城（Huánuco Pampa）的发掘中，发现了 4000 多座建筑，其中包括 497 个装有布料和奇恰酒制作设备的仓库，但没有关于“市集的确切证据”，瓦努科帕姆帕城也不是家庭长期居住的地点。这里的大部分地方“被用于公共仪式和宴会”。[2] 秘鲁被征服 40 年后，陪同其远亲弗朗 [42]
西斯科入侵秘鲁的佩德罗·皮萨罗（Pedro Pizarro）提及此事时，语气仍然充满着对当时所看到的盛大场面的震惊：“我无法描述出我所看到的所有仓库，里面装满了这个王国使用的衣服和各种布料。我没有足够的时间去观察并理解这样的事情。”[3]同样，安第斯地区出产的玉米啤酒奇恰酒也为社会和政治安排提供了润滑剂。它被认为是“好客的本质，仪式和礼仪关系的

[1] John V. Murra, “Cloth and Its Function in the Inca State,” *American Anthropologist* 64, no. 4 (Aug. 1962): 712; D’Altroy and Earle, “Staple Finance,” in LeVine, *Inka Storage Systems*, p. 56; Louis Segal, “Threads of Two Empires”（作者拥有的未发表文章）. Bruhns, *Ancient South America*, pp. 166–167.

[2] Spalding, *Huarochirí,* p. 84; D’Altroy and Earle, “Staple Finance” in LeVine, *Inka Storage Systems*; Morris, “The Wealth of a Native American State,” in Henderson and Netherly, *Configurations of Power*, p. 50.

[3] Pedro Pizarro, *Descubrimiento y conquista de los reinos del Perú*, Biblioteca de Autores Españoles, vol. 168 (Madrid, 1965), p. 168；同时参见 Terrence N. D’Altroy and Cristine Hastorf, “The Architecture and Contents of Inka State Storehouses in the Xauxa Region of Peru,” in LeVine, *Inka Storage Systems*, pp. 259–286。

共同特征”。这是慷慨的领袖行使其权力所赋予的义务而必须提供的饮料。[1]在“神圣的”乌鲁班巴河谷（Urubamba Valley）和印加帝国的其他地方，梯田和灌溉使新的温暖土地得以用于耕种，但不是为了生产普通的食物，而是生产贵重的食物和饮料，这些食物和饮料构成了社会政治关系实质的一部分。

最后，国家控制了一种特殊作物——古柯叶的大部分生产和销售。国家在地表深处的裂缝中开辟古柯田，沿着安第斯山脉东部较温暖的山坡，其范围一直延伸到亚马孙地区的亚热带高地。这些田地由指定的劳工耕种，他们通常来自为此目的而建立的聚居地。国家和地方精英们为矿井与道路工程中的徭役劳工提供定量的古柯，作为他们定期酬劳的一部分。古柯是在干旱的中部沿海地区流通的几种（可消耗的）货币之一，可能被用作从高地人那里获得金属交换物。最近的研究表明，古柯叶在殖民时期作为货币存在于厄瓜多尔的高原地区。

小　结

在欧洲人入侵前夕，从如今的阿拉斯加和加拿大到巴塔哥尼亚，各地
[43] 的原住民都筹划了一系列物品来调解他们和环境之间的关系。他们拒绝来自邻近或敌对群体的一些物品，接受其他一些，采用并改进另一些。从亚

[1] Morris, “The Wealth of a Native American State,” in Henderson and Netherly, *Configurations of Power*, pp. 42–43; John V. Murra, “Rite and Crop in the Inca State,” in Stanley Diamond, ed., *Culture in History* (New York, 1960), pp. 393–401.

洲或欧洲的角度来看，这些原住民的努力既因其成就而引人注目，也因没有达成的目标而获得关注。玉米、马铃薯和木薯这三种主要的食用植物及大量其他的谷物、蔬菜和水果都已经被人们培植了。原住民极富创新性地利用了整个生物量，从而创造了为庞大而复杂的人口奠定基础的营养体系。由于没有剪刀，大多数人的衣服十分朴素，住所通常很原始，工具也很简陋。尽管有合适的矿石，但原住民没有发明炼铁或炼钢的技术，也没有发展出使用畜力牵引或车轮的技术。

在中部美洲和安第斯中部的高度文明中，出现了复杂的国家来组织生产和分配。在被欧洲人征服的前夕，阿兹特克和印加社会的物质文化与国家组织有一些相似之处，也有一些显著的差异。当时的观察者和现代学者都注意到，阿兹特克人是通过政治强制手段获取**物品**作为贡品的，而印加人则是利用安第斯地区长期以来的做法，要求臣民提供**劳动**（labor）服务，而这些劳动服务的确通常被用来**生产**（produce）物品。因此，虽然两个政权都从臣民那里得到了物品，但手段不同。安第斯的领袖们也比他们的墨西哥同行更有效地指挥了徭役劳工从事公共项目。印加人似乎比阿兹特克人更愿意与地方领袖进行谈判，也更倾向于接受互惠原则。阿兹特克人通过市场体系出售过剩的粮食和贵重的贡品；而印加人则发展出规模更大的存储系统。两国都鼓励使用专业女工进行纺织生产。

随着新的区域被纳入墨西加进贡帝国，尤其是当阿兹特克人推进到东南部低地时，其精英们获得了可可、棉花或热带羽毛等异国进口物品。当印加人开拓新地区时，古柯、棉织物和稀有的海贝（*spondylus*）赋予其拥有者以地位。但除了消费“异国进口品”外，阿兹特克和印加的精英们还利用通过进贡或劳动服务获得的大量过剩的普通物品来行使其社会和政治影响力。蒙特祖马不断地更换几十件同类型的束腰外衣，而不是只穿一件闪闪发光的斗篷，这种对富足的展示体现了他对其崇高地位的声明。出于 [44]

同样的原因和目的，印加精英们积累了成千上万罐如奇恰酒那样普通的食物及大捆大捆的布料，并不像人们曾经认为的那样是将其作为抵御饥荒的储藏品（虽然也有这个作用），而主要是为了分配，用以巩固社会和政治安排。

在几千年的时间里，中部美洲和安第斯山脉的人们已经建立了他们在饮食、衣着、住所和工具等方面的基本要素，其中一些要素在16世纪的入侵中得以保留，甚至在19世纪70年代以后世界市场更普遍深入的侵入中仍然延续。当然，前哥伦布时代的生活并不是“几乎一成不变的故事”（*historia casi inmóvil*），而是由送货车和贸易组成的世界，最普通的物品被摆放在无数的村庄广场上展示，或者像在安第斯地区，物品在扩展社区的成员们之间交换。模式从来不是一成不变的。男人和女人们根据环境改变他们的饮食、衣着和住所，并接受新的材料和技术。

整个西半球的人们还在物质文化方面有许多革新。人们可能从简陋的吊床或独木舟开始着手，或者为了使有毒的木薯根能够食用而制造用于压出氢氰酸的装置，然后是发明复杂的结绳文字（*quipu*）或结绳记账法，或者是在上秘鲁地区波托西（Potosí）大矿的山坡上用巧妙的风力土炉从矿石中冶炼银。除了精美的纺织品和雅致的陶器外，还有金匠和银匠的杰作。此外，还应该加上让入侵的欧洲人惊讶不已的高产农业系统的发展。所有这些技术和原创产品都是美洲原住民巧妙利用当地原材料的结果。

1492年北半球的秋天，第一批欧洲人从东边大洋的海上出现。他们首先遇到的不是中部美洲和安第斯高原上的伟大王国，而是信风洋流中的泰诺人（Taino）和阿拉瓦克人（Arawak）的较为单纯的岛屿文化。在这里，他们发现仅靠基本的农业和渔业就能养活相当数量的人口。在这个由抛光的石头和雕刻的木头组成的几近祥和的世界里，用一位加勒比学者的话来说：“来自欧洲的文化飓风来了。铁器、火药、马、轮子、风帆、指南针、金钱、工资、文字、印刷机、书籍、主人、国王、教会、银行家一起涌来……在沉睡的石器时代和彻底觉醒的文艺复兴之间忽然架起了一座桥 [45] 梁。”[1]欧洲人又花了三四十年才发现并初步控制了阿兹特克和印加这两个强大的高地帝国。信奉基督教的征服者们彻底地引进了新的技术和工具、植物和动物，以改变物质文化的生产；在这个被他们“颠覆”的世界里，他们为社会和政治声望树立了新的标志。最初的冲击是迅速的，我们至今依然能看到其后果。

[1] Fernando Ortiz, *Cuban Counterpoint: Tobacco and Sugar*, introd. Bronislaw Malinowski, prologue by Herminio Portell Vilá, trans. Harriet de Onís from the Spanish (New York: Alfred A. Knopf, 1947), pp. 99–100.

第三章　接触物品

> 礼制（*policía*）是一个核心概念，这个词概括了在美洲创建新社会的整个项目。想要活得符合礼制，就必须遵循欧洲人在衣着、食品卫生等方面的文明观念，但最重要的是，要过上城市生活。[1] [46]

1492年后，美洲原住民最终无法抵御欧洲的入侵，也无法成功地谈判自己投降屈从的条件，他们被淹没在从外部引入的交换模式、物品和价值观念中。由此，欧洲的入侵以武力截断了美洲物质文化的有机发展。当然，我们无法知道，如果欧洲没有入侵，或者古代墨西哥或秘鲁的人们能够根据自己的条件将来自欧洲、亚洲和非洲的新物品纳入自己的价值体系，那么事情将如何发展。但是，事实证明，新的食物、织物、服饰、公共空间的组织、建筑和工具等的引入都伴随着政治与宗教上的强迫。因此，当我们观察对新物品的接受、拒绝或占用之间的相互作用时，必须记住我们始终处于一种**征服**（conquest）和后来**殖民的**（colonial）文化之中。此外，在16世纪的伊比利亚世界，基督教的传播与西班牙帝国主义的扩

[1] Alan Durston, "Un régimen urbanístico en la América hispana colonial: el trazado en damero durante los siglos xvi y xvii," *Historia* (Santiago, Chile) 28 (1994): 88.

[47] 张是不可分割的：两者相辅相成。正如我们将要看到的那样，与这两者相伴而行的是新的消费的仪式性历法、新的仪式庆典，以及新的物品和商品制度。

所有人都相信，在争夺物品和财富的过程中，欧洲人从一开始就致力于传播基督教。传福音的任务在王权的指示和教皇对王权使命的确认中得到了明确的体现。起初，克里斯托弗·哥伦布（Christopher Columbus）对泰诺人似乎没有真正的信仰感到困惑，但他乐观地认为，泰诺人的精神空白会使基督教更容易被植入。然而，在第一次航行中，他没有带牧师，但他带着一名公证人、一名外科医生和一名懂一些阿拉伯语的翻译员，船员们大概希望这些人在东亚沿海会有用。哥伦布有一种神秘的感觉，认为自己就像他的名字所代表的圣人一样，会带着基督漂洋过海。[1] 对岛屿居民的传教实际上是从加泰罗尼亚修士拉蒙·帕内（Ramón Pané）所做的不起眼的工作开始的，他是 1493 年末在伊斯帕尼奥拉岛（Hispaniola）登陆的第二次航行中的六名神职人员之一。[2]

几乎在同一时间，其他修士也在新近被征服的格拉纳达（Granada）摩尔人（Moors）中执行着同样的传教任务，这是长达七个世纪的西班牙光复运动（Reconquista）的高潮。格拉纳达的当代福音传教活动为伊比利亚人在印度群岛的态度和政策提供了有益的背景，也为物质文化的传播提供了视角。在 1492 年西班牙征服格拉纳达后的头十年里，基督徒对新征服的穆斯林表现出惊人的宽容。他们允许摩尔人举行他们自己的仪式，“宣礼

[1] William D. Phillips Jr. and Carla Rahn Phillips, *The Worlds of Christopher Columbus* (Cambridge: Cambridge University Press, 1992), pp. 158, 214, 173.

[2] 帕内是新世界的第一位传福音者。他首先在今天的圣多明各（Santo Domingo）附近的马科里克斯区（Macorix）布道，与泰诺人一起生活并学习了他们的语言。用拉斯卡萨斯（Las Casas）的话说，他是“一个简单而善良的人”。*Cronistas de las culturas precolumbinas* (Mexico City: Fondo de Cultura Económica, 1963), pp. 47–48.

员仍然在城市的宣礼塔上发出祈祷的召唤”，穆斯林领袖也在格拉纳达的市议会中占有议席。遗憾的是，西班牙人在格拉纳达的宽容政策没有带来多少皈依者，也正因为如此，他们在 16 世纪的头几年里开始实行强硬的政策。在城市中心附近出现了一个穆斯林人口集聚的新地区——阿尔拜辛区（Albaicín），这里本是人们为了逃离基督教的逼近而建立的避难地，当地居民只是慢慢地开始接受征服者的宗教。1499 年，天主教君主对改变宗教 [48]
信仰的速度感到不耐烦，于是给西班牙主教长、方济会改革者、女王的忏悔神父、未来的审讯长和红衣主教弗朗西斯科·希梅内斯·德西斯内罗斯（Francisco Jiménez de Cisneros）下令，坚持要求格拉纳达大主教弗雷·埃尔南多·德塔拉维拉（Fray Hernando de Talavera）采取更强硬的立场。随后不久便发生了侵犯和破坏清真寺、强迫皈依和驱逐等事件。[1]

格拉纳达新的激进和不妥协的政策构成了几年后埃尔南多·科尔特斯（Hernando Cortés）进入阿兹特克王国的直接背景，因为“西斯内罗斯的强制手段与军事征服墨西哥的行动是同步进行的”。事实上，科尔特斯进入墨西哥是自格拉纳达以来西班牙第一次对非基督教民族的重大征服；作为征服者的科尔特斯非常重视这一事实，他自然而然地将墨西哥特诺奇提特兰城的湖中都城与格拉纳达的人口和经济特征做比较。此外，他“用他唯一的词汇来描述异端信仰令人憎恶的元素”，称阿兹特克寺庙为清真寺（*mezquitas*），称他们的牧师为法基赫（*alfaquí*，意为伊斯兰法学家）。西斯内罗斯“占领清真寺、焚烧古兰经，同样，科尔特斯也摧毁了当地神像；而方济各会修士，包括曾在格拉纳达效力过的著名的前十二修士中的两位，则把阿兹特克和玛雅的法典扔进火堆。皮萨罗进入印加帝国后，对印加神

[1] Ryan D. Crewe, “Unam Fides et una Baptisma: Theological Imperialism in Granada and Mexico, 1492–1570” (Honors thesis, University of California, Davis, 1999), pp. 1–89.

庙和神像的破坏力也不小”。[1]

当然，在西班牙人看来，伊斯兰的格拉纳达与“偶像崇拜”的阿兹特克人和印加人之间存在着根本性的差异：一个是西班牙境内聚居着异教徒但仍为人熟知的飞地，另一个是未知的新世界；一个是比征服者本身更复杂的“经书上”的民族，而美洲原住民则往往被描述为野蛮人。然而到了16世纪初，在这两种情况下，教会都坚持强制改变信仰，国家则坚持政治上的征服。教会和王室政策的一个根本问题是，改变信仰和臣服是否应该伴随着食物、衣着和住房的变化？这些方面是否一定要同时进行？

[49]

为了证明16世纪西班牙人所认为的帝国传教与新的物品和商品制度的传播之间存在密切联系，我们从一份似乎写于1501或1502年的精彩文件开始，当时正值推行扩张主义的卡斯蒂利亚王国与教会好战分子联手，在两条战线上向前推进：伊比利亚半岛上最后一个古代摩尔人地区以及迅速开放的异教美洲。《弗雷·埃尔南多·德塔拉维拉写给阿尔拜辛居民的公报》一开始就列出了阿尔拜辛人应该实践的常规行为：“你们应该忘记所有与斋戒或与出生、婚礼、葬礼等节庆相关的仪式和祈祷，忘记与沐浴相关的仪式以及所有其他摩尔人的习俗。每个人都应该知道，你们也应该教导妇女和无论多大的孩子，如何画十字架的标志、如何使用圣水、如何念《天父颂》（*Our Fathers*）和《圣母颂》（*Ave Maria*）、如何崇拜圣十字、如何对圣像表达适当的敬意等。”

[1] Crewe, “Unam Fides et una Baptisma,” pp. 23–25. 马丁·巴伦西亚（Martínde Valencia）和安德烈斯·德·科尔多瓦（Andrés de Córdoba）是曾在格拉纳达工作过的两位方济各会修士。西班牙语中首领一词的用法（如印第安人首领 Indios principales）也源于摩尔人。需要注意的是，原住民使用各种语言手段来命名他们不熟悉的事物，称西班牙人的马为“鹿”（*macatl*），称钢铁为“铜”（*tepoztli*）。见以下精彩文章，James Lockhart, “Sightings: Initial Nahua Reactions to Spanish Culture,” in Stuart B. Schwartz, ed., *Implicit Understandings* (Cambridge: Cambridge University Press, 1994), pp. 218–248; and Miguel Angel Ladero Quesada, “Spain, circa 1492: Social Values and Structures,” in *ibid*., pp. 96–133. 拉德罗敏锐地指出，在征服者的心中，格拉纳达与新世界之间存在差异。

该文件继续讲述了圣礼和“国家的基督徒”的行为方式。但接下来写的是该文件论点的实质核心：“为了使你的行为不让正派的基督徒感到羞耻，为了使他们不认为你的心里还有穆罕默德的教派，重要的是你要在各方面都遵循虔诚且正直的基督徒们的行为，包括你穿的衣服和刮胡子的样式、穿的鞋子、吃的东西、坐在桌边用餐、吃以正常方式烹饪的熟食等；要注意你们的步行（*vuestro andar*）方式和你们的给予和收取（*vuestro dar y tomar*）方式，最重要的是尽快忘记阿拉伯语，并且绝不在家里说这门语言。”[1]

尽管程度有所差异，但天主教君主在格拉纳达和美洲的目标都是传播 [50]
真正的信仰，正如我们在致阿尔拜辛定居者们的公报中看到的那样，这场运动与西班牙化（Hispanization）有着千丝万缕的联系。如果当时他们的词汇里有这个词的话，16 世纪的西班牙官员可能会谈论“文明化”（civilizing）的使命，甚至讨论需要用“文明化的物品”或“文明化的秩序”来配合基督教。但由于缺乏这一术语，他们借鉴了希腊语的“城市”（*polis*）而非拉丁语的“城市”（*civitas*）来阐述他们的城市计划。他们的臣民要生活在“好礼制”（*buena policía*）中。礼制（*Policía*）的意思是法律、秩序、行为、习俗、尊重；实际上，这大致也是“文明的”（civilized）一词在随后几个世纪中展现的含义。[2]

当然，是权力、能量和信念诱使着 16 世纪西班牙帝国主义者在进行传

[1] “Memorial, al parecer, de Fray Hernando de Talavera para los moradores del Albaicín,” in Antonio Garrido Aranda, ed., *Organización de la iglesia en el reino de Granada y su proyección en Indias* (Córdoba: University of Córdoba, 1979), pp. 307–309.

[2] 动词 civilize（文明化）和名词 civilization（文明）较晚才被普遍使用。吕西安·费弗尔（Lucien Febvre）发现，直到 18 世纪后半叶之后，法语中才开始提及“文明”一词。形容词 civilized 出现在 16 世纪后期；动词则出现在 17 世纪中期。意为法律与秩序的 police 或其形容词形式 policées 在更早时期就出现在拉丁语中。正如这位伟大的法国历史学家所说：“研究一个单词的历史永远不是浪费时间。” Lucien Febvre, *A New Kind of History*, ed. Peter Burke, trans. K. Folca from the French (New York: Harper and Row, 1973), pp. 219–229.

教任务的同时特意制定了一个“好礼制”计划。在重新征服格拉纳达并入侵美洲后不久，方济各会、多明我会和耶稣会等其他宗教派别在亚洲沿海地区分散开来，努力将他们的信仰传播到中国和日本。但是，在没有殖民势力的情况下，他们对重新排布地理景观或使因他们的努力而皈依的人们改变衣着、食物、饮料、服装或语言不抱有任何幻想。事实上，他们试图不露声色地融入其中，教士们甚至采用了中国和日本本土的服饰。在印度群岛，西班牙政权在努力塑造美洲物质文化的过程中，直接且常常不切实际地以法令的形式行使其宗教和民事的权力。更重要的是，从其本质上来说，殖民政权建立了层层叠叠的消费标准或“消费参照群体”，鼓励那些想要提升社会等级的人效仿。为了探索殖民权力和消费之间的联系，现在让我们转而讨论在新兴殖民世界中不同阶层和不同族群的居民在彼此打量之时，
[51] 治国之道和商品之间的相互作用。我们先从最初的几十年说起，那时欧洲人和美洲原住民正忙着互相评估，处于实验性的各自为政的状态。

在与加勒比人接触的最初几天里，哥伦布想到了葡萄牙在非洲黄金海岸的扩张模式，这是他从以前的经验中了解到的。他设想了一系列加固的哨所，以收购任何可能与欧洲物品交换的当地商品。他宣称，天主教的君主（即伊莎贝尔和斐迪南）将拥有足以让“他们尽情支配”的棉花和香料，以及足以让“他们尽情下令运输”的乳胶和沉香木。加勒比地区的原住民向哥伦布呈上了名叫辣椒（*ají*）的植物的绿色和红色鳞茎，哥伦布咬了一口后发现是辛辣的，于是他忽视所有相反的证据并说服自己，认为自己找到了胡椒（*pimiento*，英语为 pepper），正是对这种来自东方的令人垂涎的香料的追寻在很大程度上推动了他一开始的旅程。然而他的“胡椒”实际上是辣椒（*capsicum*），是一种与亚洲胡椒（*piper nigrum*）完全无关的植物。不久后，其他西班牙人在墨西哥大陆上发现了同样的植物，当地的纳瓦特尔

语将其称为“辣椒”（*chilli*）。哥伦布的“胡椒”被带回西班牙，并由此传遍全球，但这让讲英语的人们感到困惑，这就好比很难想象印度没有咖喱、匈牙利没有红辣椒粉那样。由于无法做出决定，为了保险起见，我们只好把这种植物称为“辣椒”（chili pepper）。哥伦布在他的第二次航行中带了一位植物学专家。迭戈・钱卡（Diego Chanca）博士面对这些新的植物品种几乎不知所措，尤其是一种混合了丁香、肉桂和肉豆蔻香味的异国物种。今天，我们称之为“多香果”（allspice），加勒比海地区如今仍然是它的唯一产地。[1]

不久，面对本地货品稀少且粗糙以及欧洲商品在此缺乏市场的现实，哥伦布的想法转向了殖民化，从而使这些岛屿变得有利可图。然而到了1496 年北半球的春天，在组建殖民地的贪婪同伴的压力下，他决定直接剥削这些被他错误命名的当地人。这位伟大的航海家是海上的天才，但在陆地上却制造了灾难，他规定伊斯帕尼奥拉岛上的人们每三个月缴纳一次贡品，贡品是将“一只佛兰芒鹰铃……装满黄金……或一个阿罗瓦（arroba，译者按：约合 11.5 公斤）棉花”；他称这些人“像爱自己一样爱他们的邻 [52]
居，有最甜美的言语，很温和，而且总是在笑”。在随后的十年里，整个加勒比海地区的原住民在欧洲人的掠夺和病原体的侵袭下迅速消失，而卡斯蒂利亚人之间也发生了致命的争斗。[2]

除了“侍奉上帝和国王”之外，入侵的西班牙人显然想改善自己的命运。因此，关于他们在此地的最初岁月，我们的脑海中应该浮现出几百个不守规矩的男人，时不时有非洲奴隶陪伴，偶尔也有女人陪伴，他们来自

[1] Novo, *Historia gastronómica*, pp. 51–57; Jean Andrews, “The Peripatetic Chili Pepper,” in Nelson Foster and Linda S. Cordell, eds., *Chilies to Chocolate: Food the Americas Gave the World* (Tucson: University of Arizona Press, 1992), pp. 81–93. 多香果粉来自牙买加。

[2] Phillips and Phillips, *Worlds*, p. 185. 贡品，即人头税，一般对成年男性征收；而在大陆地区，则对户主征收。

各行各业，有着不同的技能和不同的动机，其踪迹遍布加勒比海沿岸的岛屿、穿过巴拿马并沿着漫长的太平洋海岸，他们当时不是为了耕种或采矿，而是为了寻找任何可以换取欧洲产品的商品，或者至少是可以掠夺过来满足这些西班牙人生存需求的物品。他们没有葡萄牙人那么幸运，葡萄牙人那时正在用金条从马六甲、印度和中国南部海岸购买大量的香料、丝绸和异国制成品。安的列斯群岛（Antilles）和环加勒比海地区的原住民并不种植欧洲人垂涎的胡椒、丁香和肉桂，他们也不愿意放弃所拥有的数量稀少的黄金，除非是在被迫的情况下。事实上，葡萄牙人和西班牙人在早期面临着相反的商业问题。前者没有从欧洲运来足以被东方发达的社会所接受的贸易货物，因此不得不用贵金属来支付亚洲香料的费用；后者则准备供应一系列普通的欧洲产品，但发现即使在经济不太发达的加勒比居民中也找不到市场。因此，他们转而使用武力和直接剥削。

哥伦布在加勒比地区建立殖民地之初，就设立了监护征赋制（*encomienda*），这种安排将进贡权（原则上是王室官员征收的税款）给予征服者及其后代，作为对他们为王室服务的奖励。这是欧洲人最初的正式剥削制度，是在与当地印第安人首领的共谋下组织起来的。在没有钱币的情况下，每户原住民家庭需要拿出最基本的食物、布料和建筑材料，但监护征赋制的
[53] 持有者发现这些东西几乎没法接受，坚持要求用个人劳动服务来代替贡品。在对岛屿造成破坏后，监护征赋制被推广到了美洲大陆。在墨西哥，第一批征服者夺取了阿兹特克人在特诺奇提特兰城的指挥中心，接管了阿兹特克人原有的进贡制度，然后将众多印第安人社区的贡品分配给单个征服者，他们通过这种方式获得了关于物品和劳动力的权力。

即使是在富饶的墨西哥，监护征赋制起初也只征得了一系列异国动物（*animalitos*），如蝾螈、蛴螬和鳗鱼等，“这些动物无法挑动西班牙人的味蕾”。不过，在最早的几次航行中携带的鸡迅速开始繁殖，很快，更吸引

人的当地食物也可被获取了。通过监护征赋制的进贡也带来了大量的棉布（征服前的夸奇特利布）和可可，可以换取金砾石或马匹饲料等物品，这两种物品在欧洲的价值体系中都很珍贵。但在这里，贡品也很快被折算成劳动服务。在秘鲁，一个监护征赋制领地可能包含了散落在安第斯地貌中的“群岛”里的几个岛屿。例如，在卡哈马卡（Cajamarca）俘获印加王阿塔瓦尔帕（Atahualpa）后，在场的首批 169 名征服者中的每一个人都得到了原住民劳工作为奖励，随后的入侵者则为了获得更多的劳工而竭尽全力，甚至进行殊死搏斗。这些监护征赋制领地通常出产私人奴仆以及大量的玉米、马铃薯和建筑材料。与墨西哥一样，在秘鲁，布料是西班牙人高度珍视的贡品，既可以自用，也可以换取其他物品。[1]

在 16 世纪的头几十年里，随着墨西哥和秘鲁先进社会的复杂性逐渐显现，经过法学家和行政管理者的大量辩论和试验，西班牙人试图建立一种定居模式：在这种模式中，众多的“印第安人共和国”虽然在王室的统治下保持政治上的自治和社会上的隔离，但将向小型的“西班牙人共和国”提供基本的物品和劳动服务。然而，早期的修士们不能接受原住民仍然处于精神上的黑暗之中，因此在原住民社区内确立了他们的使命，或者用现代的术语来说，确立了他们的教义（*doctrinas*）。

随着殖民秩序的建立，教会和国家都试图直接且正式地影响自己的同 [54]
胞在印第安土地上的消费习惯，但成功率并不高，其措施包括敦促他们建造石屋和小麦磨坊，或坚持在新的城镇和城市中严格安排公共空间等。同时，教会和国家还鼓励当地人接受基督教、学习西班牙语，并采用欧洲人的饮食、服饰和城市秩序等要素。其他一些王室法令禁止向普通原住民提

[1] Gibson, *Aztecs*, p. 341; James Lockhart, *Spanish Peru* (Madison: University of Wisconsin Press, 1968), p. 13; Efraín Trelles Aréstegui, *Lucas Martínez Vegazo: funcionamiento de una encomienda peruana inicial* (Lima: Catholic University Press, 1982).

供某些物品，如酒类、马匹和钢制武器等，以防止他们发起抵抗。同时，作为合作政策的一部分，酋长和首领等印第安精英则被允许持有以上物品。因此，在早期，人们可能会看到原住民领袖裹着旧式斗篷，骑在马背上，“穿着盔甲，带着匕首、剑和长矛，身后跟着他的随从和搬运工”。带扶手的椅子、毛绒地毯和靠垫“开始装点富裕酋长的家”。天主教修士从一开始就组织了以教堂和小礼拜堂为中心的新仪式，需要购买教士的饰物、新的法衣和蜡烛。在节日庆祝活动中，“银器，以及红色、绿色和金色的穆拉诺玻璃器皿与墨西哥陶制容器一起使用……乡村教区开始看起来像异国情调的集市，有来自鲁昂、卡斯蒂利亚和荷兰的织物和十字褡法衣，还有由当地所产的银锻造的圣杯和烛台……米却肯长笛、意大利小号等”。[1] 在教区之外，修士们以体面为由，鼓励热带地区的女性们遮住自己的裸体，鼓励原住民男子穿长裤。

神职人员多种方式的渗透不仅提供了促进新的宗教文化流动的直接渠道，而且还使伊比利亚人的物质文化进入了原住民社区。城镇围绕着一个中心广场形成了人们熟悉的棋盘格局。三角尺、水平仪、锯子、刨子、凿
[55] 子与其他木工和石工的工具是建造最早的一批教堂所必需的，而教堂又需要基督教仪式的用具。[2] 由于想吃熟悉的食物，托钵修会的神职人员引进了鸡和欧洲的植物种子。方济各会和多明我会引入了中世纪的仪式亲属关系或称为干亲关系（*compadrazco*，教父母和干亲人选通过受洗和坚信礼等圣

---

[1] 例如，见王室法令，1534 年 5 月 4 日，“Para que los que tuvieren indios encomendados hagan casas de piedra,”（监护征赋领地的持有人应该建造石屋），或 1550 年 6 月 7 日，“Que se les enseñe a los indios la lengua castellana”（应该教印第安人学习卡斯蒂利亚语）。Richard Konetzke, *Colección de documentos para la formación social de Hispanoamerica*, 1493–1810, 3 vols. in 5 ps. (Madrid, 1953–62), no. 86; 酋长们的物品，见 Serge Gruzinski, *Painting the Conquest: The Mexican Indians and the European Renaissance* (Paris: UNESCO, Flammarion, 1992), pp. 148–150.

[2] George Kubler, *Mexican Architecture in the Sixteenth Century* (New Haven, Conn.: Yale University Press, 1948), 1:4.

礼形成亲密的联结），创造了庆祝活动和礼物赠送等其他习俗。随着时间的推移，宗教、城镇规划和伊比利亚式的城镇政府、干亲关系与更加值得商榷的语言等四个方面，成为伊比利亚文化对美洲的基本贡献。

随着殖民时代的延续，物质文化中的新元素在拉丁美洲的强迫接受与融合，从根本上给人留下了深刻的印象。货币化、经济增长和加速的种族融合推动了这种需求。在殖民权力的等级制度中，种族融合鼓励各个阶层和族群的人们通过进入欧洲物品的世界来构建新的身份。显然，当人们走出城市和城镇而进入乡村地区时，情况就不是这样了。在农村，仅仅是购买力的缺乏就减缓了西方化的步伐，更别提对习俗的坚持和文化抵制了。欧洲教士和普通人都认为，经过一段时间，当地居民在他们的指导下会被说服接受欧洲物质生活的各种要素，这些要素被认为是文明的人所必需的。但在 16 世纪初，只有少数贵重金属或珍珠可以用当时的小船出口，按欧洲人的说法，这些东西就重量或体积而言具有很高的价值；除此之外，还没有大量的新世界的商品可以与欧洲物品进行交换。

因此直到 16 世纪 40 年代，在白银大罢工或西班牙农业发展起来之前，西班牙人与原住民的交换仍然很少，农业的发展是为了供给西班牙人的新城镇里不断增长的人口。基本的物品，如建筑用的横梁和石料、饲料、普通棉花等，都是用武力从当地人那里榨取而来的。织物、铁器、工具与从针到马具的 100 多种物品都是从欧洲运来的，这种情况一直延续到当地的纺织作坊和工匠阶层逐渐兴起并提供了许多此类物品。例如，1526 年，一个巴拿马的商人在当地定居 15 年后，仍不得不要求他在西班牙的同行寄来 [56]
普通的线、亚麻布、一些来自卡莫纳（Carmona）的“上等哔叽布”和给他的一群骡子钉蹄铁的钉子。在这最初的几十年里，实际上存在着“两种不同的人群，有着不同的消费模式：在西班牙人世界里的人们，希望吃小麦面包、油、肉和酒，穿着用羊毛和丝绸制成的欧洲服装，生活在配有欧洲家具的、按照欧洲标准建造的房子里；而印第安人世界里的人则……以玉米和南美洲的木薯、马铃薯等为生，穿着棉花、龙舌兰和骆驼类动物身上的南美洲动物毛制成的美洲原住民服装，住在当地风格的小木屋或房子里，并按照当地的风格布置家具”。[1] 然而，即使在短期内，适应也是必要的，征服者和被征服者都很快开始了物质文化的复杂融合。

统治印第安人的核心以及物质文化交融的基础是王室在印第安土地上的城市政策。在整个美洲早期，西班牙人按照王室的指示建立了自己的城镇和城市，通常是从无到有的全新城镇，有时则建立于当地建筑的废墟上，如墨西哥特诺奇提特兰城或库斯科等。供欧洲人定居的城市，如最初的维拉克鲁斯（Veracruz）、巴拿马或基多等，都是最先以如今人们熟知的格状或棋盘模式所布局的。查理五世的 1523 年条例（1523 Ordenanza）对这个尚处于萌芽状态的殖民地国家做出了指示：“制定计划时，要用绳索和尺子仔细规划广场、街道和城镇用地。从主广场开始，描绘出主要道路和城门，以便在人口可能迅猛增长的情况下，城市总会以同样的形式扩展开来。”几十个城市在该世纪后期遵循了这种模式，在此仅举几例，如 16 世纪 40 年代初智利的圣地亚哥（Santiago）、墨西哥的普埃布拉（Puebla）和巴利亚多利德（Valladolid），以及分别建于 1573 年和 1582 年的现今阿根廷的科尔多瓦（Córdoba）和萨尔塔（Salta）。此外，这种模式还被推广到了原住民的移居点。[2]

随着原住民人口的枯竭，西班牙神职人员敦促对幸存者进行更严密的监管，与此同时，西班牙矿工和地主喧嚷着要求更有组织的劳动力。因

[1] Lockhart and Otte, *Letters*, p. 23; Woodrow W. Borah, *Price Trends of Royal Tribute in Nueva Galicia, 1557–1598*, Ibero-American Series, vol. 55 (Berkeley: University of California Press, 1991), p. 5.

[2] *La Ciudad Hispanoamericana: el sueño de un orden* (Madrid: Secretaría de Obras Públicas, 1991), p. 15.

图 3.1　1750 年查尔卡斯（Charcas）的城市规划图，如今是玻利维亚的苏克雷（Sucre）

请注意网格规划图是如何设置于山脉和河流上的。资料来源：Archivo general de Indias (Seville), reproduced in *La Ciudad Hispanoamericana: el sueño de un orden* (Madrid: Ministerio de Obras Publicas y Urbanismo, 1994)

此，王室着手将印第安人集中到地中海式的村落，这些村落的房屋连成一 [58]
片，并有相应的西班牙式的城镇政府。从 1492 年最初在圣多明各（Santo Domingo）的拉纳维达（La Navidad）到 1809 年最后在智利南部的奎纳克（Quenac），西班牙殖民政府在美洲建立了 900 多个稳定的城市定居点，“这是有史以来任何民族、国家或帝国开展过的最伟大的城市建设事业”。[1] 新城市的规划者们重新安排了公共和私人空间，为新的仪式、典礼和盛大演出提供了舞台。从入侵的西班牙人所占据的城市基础设施开始，政治控制、宗教价值观、经济文化和物品扩散到了内陆地区。新的城市也成为征收中心，收取殖民税、什一税、贡品和私人财富等。

重新安置原住民有着不同的目的，在某些情况下造成了剧烈的影

[1]　*La Ciudad Hispanoamericana*, p. 13.

图 3.2 秘鲁的乌鲁班巴（Urubamba），是 16 世纪 70 年代大规模重新安置计划的一部分

总督弗朗西斯科·德·托莱多将分散的原住民家庭聚集到南部高地的乌鲁班巴等新城镇。来源：私人收藏，沃德·斯塔维格（Ward Stavig）提供

响。相比其他地方，这一点在安第斯地区更为明显。以前，原住民将他们的艾尔卢或社区组织起来，特别是在秘鲁中部和南部高地，以此进入包括了不同海拔生态环境的"群岛"体系，而总督弗朗西斯科·德·托莱多（Francisco de Toledo）在 16 世纪 70 年代推动的重新定居计划则将每个单一艾尔卢的组成元素分散到新的印第安人城镇中，那里的住户们将住在并排的房屋中。事实上，指挥重新定居计划的人有时会烧掉以前的村落，防止人们恢复以前的模式。

在中央广场周围用"罗盘、绳索和尺子"所标出的棋盘图案在某些情况下（如墨西哥的特诺奇提特兰或库斯科等城市）受到了前西班牙时代祖先的影响。毫无疑问，这种图案也从熟悉西班牙相似布局的西班牙人的文化积累中汲取了灵感；就这一点而言，在古希腊和罗马都可以看到矩形的模式。但在 16、17 世纪的过程中，新世界的城镇规划从伊比利亚的先例中独立发展出来，并代表着将新环境中“带着特定的目标”的新理念强加给人们。[1] 它特别好地说明了国家为了给美洲原住民带来“秩序”与后来欧洲人所说的“文明的”生活方式而做出的有指向性的、有条理的努力。新的城市 [60]
规划不仅仅是为欧洲人的定居点提供方便的布局，也不仅仅是解决办事效率和劳动力供应问题的实际方案，它还具有深刻的象征意义。[2]

当西班牙定居者们在新城镇打桩标出中心广场后，第一个重要的行动就是建立代表强制执行秩序和行政权力的刑台。接下来是划定市镇议会或教堂的场地。笔直的街道呈直角交错，主街道以东西轴线“为走向”（oriented）（且严格遵循该词的含义）；西班牙人如此明确地设计，是象征着向耶路撒冷以及殖民政权的等级制度中存在的“好礼制”或“好习俗”（*buenas costumbres*）致敬。然而，我们可能会注意到，欧洲人倾向于将大教堂的祭坛朝向东方的做法在美洲不太常见。富人和权贵们的房屋排列在最靠近教堂与政府建筑的地方；较小的城市地块和房屋则从广场向外延伸，最终延伸到很快就包围了欧洲人街区的原住民区。

原住民在新的印第安人村镇（*pueblos de indios*）的聚集也遵循了同样的程序：酋长和印第安人领袖们聚集在广场附近，普通民众按照地位的递降分布到更远的地方。修士们自己“拉起绳子，测量街道，指定房屋和教堂的位置”，经常进行原住民城镇的组织工作。在这些印第安人的城镇里，人们经常用一个大十字架和后来的喷泉来代替示众刑台。

在经历了两个世纪的殖民统治之后，我们在 18 世纪 40 年代看到了某地这样一幅罕见的画面。墨西哥中部大城市普埃布拉以东的印第安人城镇

[1] George Foster, *Culture and Conquest: America's Spanish Heritage* (New York: Wenner Gren Foundation for Anthropology, 1960), p. 49.

[2] Durston, “Un régimen urbanístico,” *Historia* 28. 讨论的大部分内容沿用了 Durston 的原文。

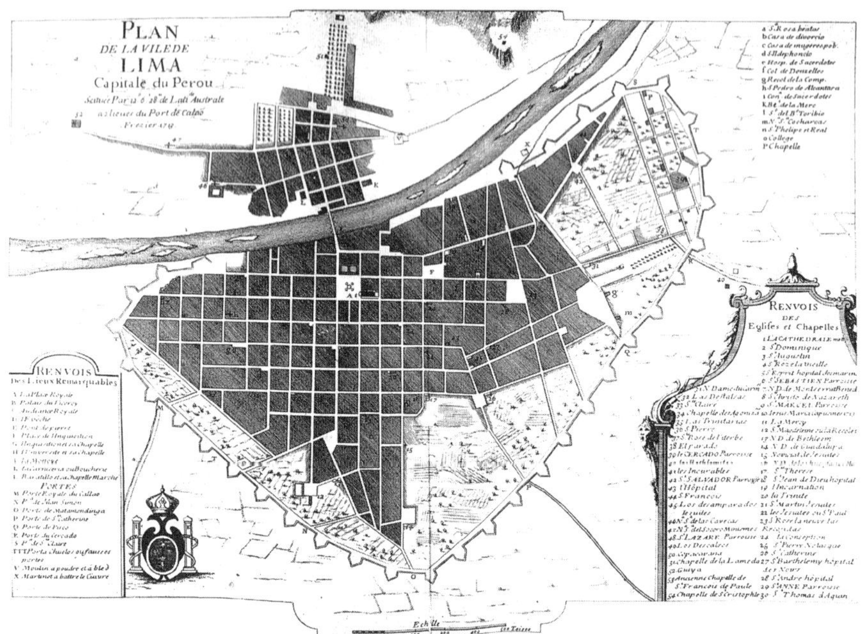

图 3.3 欧洲风格的城市，如建于 1535 年的利马等，是从零开始规划的

城墙不是为了保护城市免受内部攻击，而是防止来自外部欧洲的敌人的袭击。资料来源：Amedée Frezier, *Relation du voyage de la mer du sud aux côtes du Chily et du Perou, fait pendant des annés 1712, 1713, 1714* (Paris: Chez Jean Geoffroy Nyon et al.，1716)。加州大学戴维斯分校图书馆特别收藏提供

阿莫佐克（Amozoc），在被征服时是当地人口稠密的地方。在 16 世纪的过程中，它被重组为“印第安人村镇”，也用绳索和尺子（*cordel y regla*）进行排布，方济各会修士监督在中心广场上建造了一座大教堂。虽然阿莫佐克在建立的时候是一个印第安人的城镇，但到 1742 年已经有了大约 3000 名居民，其中 15% 被当局认定为西班牙人、梅斯蒂索人（指拉丁民族与印第安人的混血儿）或穆拉托人（指黑白混血儿），这些人设法渗透到村子
[62] 里并占据了更好的房屋。其余的人是“印第安人”，这一分类部分取决于他

们对当地原住民语言纳瓦特尔语的了解，尽管许多人无疑也会说西班牙语。西班牙人、梅斯蒂索人、穆拉托人及少量的村落精英（酋长［*caciques*］和首领［*principales*］）也与那些被认为是普通印第安人的人区分开来，因为他们有权按照西班牙人的方式穿衣、携带武器以及骑马（而非步行）。

阿莫佐克的印第安人自己生产农作物，养殖一些动物，并通过在附近的庄园里做日工来增加收入。铁艺是由西班牙人引进的，随着时间的推移，村里的工匠们以生产马刺而闻名；事实上，即使在一个半世纪之后，革命领袖埃米利亚诺·萨帕塔（Emiliano Zapata）仍“珍视他在比赛中赢得的阿莫佐克马刺”。[1] 档案记录还描述了村子里两处相当富裕的宅邸。其中一处似乎与前西班牙时代相比没有什么变化，实际上是一个由不相连的小土坯房组成的院落，屋顶用木棍或薄木板覆盖，附近有两间独立的简陋厨房。另一处住宅包括一间两室的土坯小屋、一个独立的厨房和马厩、一间特梅斯卡尔（*temescal*）或阿兹特克风格的汗浴房、一个刷成白色的封闭庭院和一口私人浅井。家具有一张长桌子和三个小箱子，但没有椅子和床。在 17 世纪中叶，这样的住宅价格在 300 至 350 比索之间。

在征服之后的几十年里，王室和文职官员发表了无数的评论，将笔直街道两旁有合规的坚固房屋的规则与“好礼制”或精致、城市化、秩序等联系在一起。早期的西班牙人是如此热衷于创造具有象征意义的秩序，以至于他们在最破碎、最陡峭的地形上制定了棋盘式的规划。在玻利维亚的拉巴斯（La Paz），网格状的城市一直延伸到陡峭的山坡上；在基多和加拉加斯（Caracas），网格则越过了深谷。城镇政府一旦就位，就以“近乎狂热”的态度坚持要保持布局中的直线，甚至下令拆除突出的房屋。礼制是核心

[1] Edith Couturier, “Micaela Angela Carrillo: Widow and Pulque Dealer,” in David Sweet and Gary Nash, eds., *Struggle and Survival in Colonial America* (Berkeley: University of California Press, 1981), p. 364. 关于阿莫佐克的描述是基于她的文章，pp. 362–375。

概念，概括了在美洲创造新社会的整个项目。礼制下的生活意指一系列与欧洲文明概念相关的习俗，包括衣着、食物和卫生习惯等；最重要的是，
[63] “生活在礼制下意味着城市生活”。混乱的街道和东倒西歪的原住民住宅与“礼制”和“秩序”的理想形成了鲜明的对比，也是对西班牙城市规划者的挑战。总督托莱多的耶稣会告解神父是安第斯地区原住民重新安置项目的主要推动者之一，他在 1572 年的一封信中指出，印第安人住在又脏又暗的村落小屋里。为了让他们能过有礼制的生活，应该将他们的住所组织成像样的城镇，有笔直的街道和合适的房屋。[1]

棋盘式的城镇规划包括中央广场、示众刑台、教堂、政府大楼、几何设计的笔直街道和对住房的安排，除了其明显的实用性和效率之外，还展示了一种适合殖民政权等级制度的公共空间的新秩序。新的城市设计中的石屋、广场、喷泉、花园和十字架等都是移植过来的物质文化元素，但更多的“物品”被设计出来用于“教化”当地居民及其后代。建筑材料帮助界定了社会等级。一个民族的文明程度可以通过“元素的等级”来确定：石头比木头更“高贵”，“用木头建造房屋的人比用石头的人文明程度更低”。[2]在新的欧洲人定居点，有家人、家属和仆人的“体面的”房主（用当时的话说是家庭人口稠密的住户［*vecinos con casa poblada*］）让印第安人和黑人泥瓦匠、木匠建造他们的住所。

几乎每个人都对饮食持保守态度，16 世纪的西班牙人也不例外。虽然早期的编年史家对新产品的描述令人欣喜若狂，“有的甜得像浸在糖浆里一样……有的则让整座房子都弥漫着香气”，但移民们自己很快就倾尽全力

[1] Durston, “Unrégimen urbanístico,” *Historia* 28, pp. 78, 88.

[2] 同上，第 87—88 页；同时参见 Marcelin Defourneaux, *Daily Life in Spain in the Golden Age* (Stanford, Calif.: Stanford University Press, 1979), pp. 61, 96, 103。

地从欧洲带来他们渴望的“文明”食物。虽然西班牙人在向特诺奇提特兰和库斯科进军的过程中，并没有对木薯面包、玉米饼或不起眼的马铃薯嗤之以鼻，但他们或许比16世纪的其他基督教征服者更坚持自己的食物观念——从传统的小麦面包、橄榄油和葡萄酒三位一体开始——一旦他们定居下来，就会很快地实行。哥伦布的儿子费迪南德（Ferdinand）在他认为的“生活必需品”[1]之外，还添加了三样东西——大蒜、醋和奶酪。早期在 [64]
整个印度群岛形成地中海饮食制度的努力，因没有西班牙妇女而变得困难重重。

如果有人记录下第一批西班牙移民在征服后早期的对话，对如今的我们而言会很有意思，比如，伯纳尔·迪亚兹（Bernal Diaz）记录了“当时是来自瓜达卢佩的某个家伙（*fulano*）的女人”的伊莎贝尔·罗德里格斯（Isabel Rodríguez）和她在墨西哥城刚刚建立的家庭中讲纳瓦特尔语的妇女们之间的对话。[2]谁应该把食物放在桌子上？我们知道，小麦面粉、香料、进口动物甚至藏红花等在那时都已经可以获得了。这位“伊莎贝尔”是否跨越了语言和文化的障碍，坚持要做一道熟悉的卡斯蒂利亚菜肴？她和她的“某个家伙”是否像纳瓦人那样准备好坐在地上吃饭？在这些早期的岁月里，倒底谁是文化甚至语言的转译者？

最近的一项研究显示，在随后的20年间（从1521年到1539年），有845名西班牙女性进入墨西哥。在征服秘鲁后的20年里，也有类似数量的人数（约1000人）前来定居，两性比例是每七八名西班牙男子对应一名女性。在整个印度群岛，关于食物制度的协商可能发生在其他西班牙男子与原住民女性组成的家庭中，在较少的由西班牙女性与原住民男子

[1] Coe, *First Cuisines*, p. 228；费迪南德的事被引用于 J. H. Parry and Robert Keith, eds., *New Iberian World* (New York: Times Books and Hector and Rose, 1982), 1:131。

[2] Diaz, *Historia*, p. 371.

组成的家庭中也有这种情况。例如，有三个卡斯蒂利亚女性嫁给了米却肯（Michoacán）酋长的三个子嗣（当然是受过洗礼的）：唐·帕勃罗·威兹曼加里（don Pablo Huitzimengari）、唐·康斯坦丁诺·威兹曼加里（don Constantino Huitzimengari）和唐·弗朗西斯科·塔里亚库里（don Francisco Tariacuri）。[1] 当然，这些家庭中的卡斯蒂利亚妇女和原住民妇女都要负责日常膳食与在殖民地首都常见的更精致的宴会，她们也会请其他原住民妇女到厨房帮忙。

人们会多么想一窥他们的房子啊！我们很容易想到，在简陋的厨房里会有叫喊和沮丧的声音。厨房无疑是厨师之间冲突、实验和协商的场所。
[65] 我们知道铁锅、挂钩、钢刀和煎锅是最先被带到印度群岛的东西，就像它们在第一批定居者的厨房里与陶盘和磨石共享空间一样，新奇的食材也混合成了新的菜肴。这种家庭层面上的互动不可避免地促进了伊比利亚实践的延续，但它也最终促进了混合烹饪制度的出现。

将旧世界的动植物转移到新大陆，其中阿尔弗雷德·克罗斯比（Alfred Crosby）所说的“哥伦布大交换”（Columbian Exchange）的一半最初都源于饮食，或者更具体地说，是源于殖民者坚持在其殖民地吃熟悉食物的倾向。当16世纪的欧洲人向陌生的纬度和非基督教世界的外来农业地区涌入时，他们要么接受异于平常的食物，要么在当地生产所谓是文明饮食的必需品。葡萄牙人在巴西海岸地区接受了木薯粉，西班牙人在菲律宾勉强接受了没有小麦的饮食。在后来成为新英格兰地区这一带的英国定居者似乎更倾向于接受印第安人饮食中的食物，起初是出于需要，后来是出于口味，如今北美感恩节的菜单中就体现了这种适应性：当然，这又是一种被创造

[1] Lockhart, *Spanish Peru*, pp. 151–152; Pedro Carrasco, “Matrimonios hispano-indios en el primer siglo de la colonia,” in Alicia Hernández and Manuel Miño, eds., *Cincuenta años de historia en México* (Mexico City: Colegio de Mexico, 1991), 1:103–118.

出来的传统，但仍然象征着某种早期的烹饪融合主义。[1]

地中海世界的许多动物和植物是在哥伦布于1493年第二次航行时随他一道穿越大西洋的。他的船就像一艘名副其实的“方舟”，走下其跳板（或者很可能是靠游泳）就能来到无数的美洲海滩，它还带来了各种各样的牲畜，在原住民农民的围栏外的热带繁茂的植被中繁殖。也许最有用的是普通的鸡，它们啼叫着、被绑着腿带到船上，最终在整个半球的家庭中蓬勃繁殖。第一批不起眼的甘蔗扦插物就是在这次航行中到达美洲的，这种至关重要的植物遍布整个美洲热带地区，最终导致几百万被奴役的非洲人被强制贩入美洲，以满足西方人对甜味的追求。小麦、大麦、蚕豆、生

图3.4　1519年，西班牙人带着牲畜在今维拉克鲁斯附近登陆

资料来源：《佛罗伦萨手抄本》，佛罗伦萨洛伦佐图书馆提供

[1] Alfred Crosby Jr., *The Columbian Exchange: Biological and Cultural Consequences of 1492* (Westport, Conn.: Greenwood Press, 1972); Arnold J. Bauer, “La cultura mediterránea en condiciones del nuevo mundo: elementos en la transferencia del trigo a las Indias,” *Historia* (Santiago, Chile) 21 (1986): 31–53.

[66] 菜、小萝卜和欧洲果树也紧随其后到来。在这些食物变得丰富之前，欧洲人要么自己带着食物，要么不情愿地尝试着用当地食物来凑合。面对加勒比海地区陌生甚至是可疑的食物体系，哥伦布倾向于把伊斯帕尼奥拉岛（Española）当成一艘西班牙帆船来供给食物。他带着干鳕鱼来到世界上最富饶的渔场之一；他不吃热带水果，坚持要吃不新鲜的面包和进口葡萄干；可以理解的是，他无法预见自己要去的地方将成为世界上最盛产蔗糖的殖民地，因此他携带了 4 阿罗瓦白糖。整整 1 磅藏红花、杏仁、蜂蜜和 3 阿罗瓦猪油都是这位舰队司令“非常需要”的物品。[1]

[67] 欧洲人带来的动植物以非凡的速度成倍增加，很快鸡蛋和鸡就成了标准的贡品。16 世纪初的美洲已经有大量的牛，因此吃惯了牛肉的欧洲人可以“在新大陆不受节制地用牛肉来填饱肚子”。作为“西班牙美食主力军”的猪更是迅速增加。它们踊跃地占领了美洲热带地区并迅速繁殖，甚至早期的西班牙探险队都有猪群相伴。在第一次进入秘鲁的十年后，贡萨洛·皮萨罗（Gonzalo Pizarro）那趟不成功的寻找肉桂之乡的旅程就是“由猪陪同护送的”。尽管如此，一位渴望某种特殊口味或风味的西班牙移民还是恳求仍在西班牙的哥哥费尽心思地去找“四根龙达产的熏制火腿”，并用搭载一艘 16 世纪的帆船克服艰险穿越大洋运过来。[2]

进口欧洲食品的做法一直持续到欧洲征服后的第四个十年，考虑到海上运输的危险和高昂的成本，这是一个非同凡响的事实。1526 年，富有事

[1] Parry and Keith, *New Iberian World*, 2:185–188.

[2] Braudel, *The Structures of Everyday Life*, p. 105; Coe, *First Cuisines*, p. 230; Herman Viola and Carolyn Margolis, eds., *Seeds of Change: A Quincentennial Celebration* (Washington, D.C.: Smithsonian Institution 1991), pp. 101–103; J. Benedict Warren, *La administración de los negocios de un encomendero en Michoacán* (Morelia, Michoacán: Secretaría de Educación Pública, 1984); Lockhart and Otte, Letters, pp. 135–136. 关于肉的消费，见 John C. Super, “The Formation of Nutritional Regimes in Colonial Latin America,” in John C. Super and Thomas C. Wright, eds., *Food, Politics and Society in Latin America* (Lincoln: University of Nebraska Press, 1985), pp. 1–23，更详尽的内容，见 *Food, Conquest and Colonization in Sixteenth-Century Spanish America* (Albuquerque: University of New Mexico Press, 1988)。

业心的伊比利亚商人在巴拿马储备了橄榄油、蜂蜜、醋、葡萄酒和面粉；一名男子从古巴写信抱怨，他手头有很多进口的小麦面粉，但“这个国家（已经）到处都是面粉了”。早期的冒险家们不愿意靠土地为生，他们把稀少的碎金融化后内部分配，用以支付给商人们。[1]

西班牙烹饪制度向新世界转移的最盛大的早期示范可以从总督门多萨和埃尔南多·科尔特斯在印第安墨西哥的中心地带连续两晚举办的两场非凡的美食宴会中看到，伯纳尔·迪亚兹的编年史中对这两场宴会的惊叹描述占了好几页。1538 年，在征服墨西哥特诺奇提特兰城仅 16 年后，数以 [68]
百计的第一批西班牙定居者与他们的妻子一起坐在中心广场上，身着丝绸和锦缎，挂满金银珠宝，宴会从日落时分持续到凌晨两点，人们享用沙拉、烤小山羊和火腿、鹌鹑派、酿馅鸡、焦糖牛奶酱（*manjar blanco*），然后是皇家蛋糕（*torta real*）和更多的鸡肉和鹧鸪。

接下来是第二场更庄重的宴会，煮羊肉、牛肉、猪肉、萝卜、卷心菜和鹰嘴豆，配上一桶桶西班牙红白葡萄酒。西班牙人为异国情调的火鸡（*guajolote*）搜寻恰当的名字，将其称为“双下颏公鸡”（*gallos de papada*），虽然还没有用 17 世纪发明的精致的莫莱酱（*mole*）来烹制，但那时就已列入菜单。同样充满异域情调的巧克力，也以带泡沫的杯装液体的形式被端上欧洲人的餐桌。据悉，很多菜品是用来展示而非食用的。包裹在面皮壳里的活兔子、鹌鹑和鸽子，给人一种异想天开的怪诞感。当面皮同时裂开时，兔子“在桌面上逃窜”，而鸟儿则四处飞舞。伯纳尔·迪亚兹差点忘了提到在下层庭院里为“骑马的仆人、穆拉托混血人和印第安人”提供的塞满鸡、鹧鸪和火腿的烤全牛。[2]

已故的苏菲·科（Sofie Coe）将西班牙宴会及其对丰盛食物的过分展

[1] Lockhart and Otte, *Letters*, pp. 27–38.

[2] Diaz, *Historia*, pp. 545–548; Coe, *First Cuisines,* pp. 243–246.

示与征服前夕蒙特祖玛（Moctezuma）宴会的“庄重、经济和礼仪”进行了对比。我们还注意到，在征服后的短短几年里，出现了大量几乎完全来自欧洲的食物。桌上放有当地的水果，但伯纳尔不屑于说出它们的名字。松脂火把照亮了墨西哥特诺奇提特兰城的宴会大厅，沿着光亮之外的黑暗街道，我们可以想象，上千户讲纳瓦特尔语的村民安顿下来食用当地的大众食物，他们被征服者们对肉食的无节制的贪婪所震慑，无疑也对附近宴会上动物脂肪的臭味感到厌恶。“印第安人对欧洲动物脂肪的厌恶，被反复记录在案。”事实上，在一个案例中，他们把“用猪油浇汁”与监狱和殴打一起列为征服过程中的主要恐怖行为。[1]顺便说一句，很难想象还有什么比盛
[69] 人的西班牙宴会更能揭示伊比利亚和英国入侵者之间的差异，与之形成对比的是一个世纪后马萨诸塞州阴郁的清教徒们摆在盘子里的朴实、简单且大多是当地的食物。

服装，无论是完全没有服装，还是布的具体使用——或者说，如果我们认为最广义的服装包括鞋类、化妆品、发型、装饰品，甚至包括身体的缺损或变形、纹身和留疤痕——始终是身份和地位的基本标志。对比我们这个时代的充裕富足，在一个商品极少的世界里，布代表了家庭的主要投资。或者说，布也是盗贼和劫匪的主要战利品。无论是英文单词**袍子**（robe）还是西班牙文里的衣服（*ropa*），词源都来自抢劫和战利品。

在物质文化的必需品中，食物制度和住房往往变化缓慢，而服装则是最不稳定的，更容易受到时尚的影响而变化无常。欧洲人从刚接触美洲时就敏锐地注意到了服饰的种类、面料和编织的质量、颜色、装饰品等，“与此同时，印第安人自己也在接受着奇怪的漂浮的房屋、速度惊人的动物、

[1] Coe, *First Cuisines*, p. 234.

穿着罕见且过多服装的奇怪的人们”。起初，完全不穿衣服的情况引起了人们的注意，但对16世纪的西班牙人来说，裸体对某些人而言与其说是丑闻的来源，不如说是值得同情的原因。裸体自然而然地与贫穷联系在一起，很少被认为是令人厌恶或惊讶的行为，而更多时候仅被看作令人好奇的现象；事实上，不恰当的或破烂的衣服比不穿衣服引起的负面反应更多。教会似乎还没有像几个世纪以后那样，对裸体持羞耻的态度。[1]

我们可以看到，西班牙人和印第安人都认为，在1519年科尔特斯远征队沿着尤卡坦（Yucatan）海岸走向征服的过程中发生了两件事情，它们体现出衣服的作用不仅仅是保护身体免受环境危害。科尔特斯在沿海一带进行探测时，听说一个几年前遭遇海难的西班牙同胞依然活着，还与玛雅人生活在一起。派人找到这个人时，他拎着一只凉鞋、穿着另一只凉鞋
出现在甲板上，“穿着一件旧斗篷，系着一块更糟糕的腰布”。科尔特斯 [70]
被他邋遢的打扮震惊了，立即下令给他穿上衬衫、背心、长裤和拖鞋，甚至还脱下自己的“黄色的、镶着深红色边的长披风”送给这名叫阿吉拉尔（Aguilar）的男子，作为他即将经历生活变化的外部标志。几天后，在此前格里哈尔瓦（Grijalva）远征中被俘、如今被科尔特斯作为翻译带在身边的印第安人梅尔乔雷霍（Melchorejo）决定离开这些西班牙人，回到自己的族人中去。他抛下了屈从于外国统治的印记，“把自己身上的卡斯蒂利亚服装挂在钩子上，乘独木舟在夜里离开”。[2]

阿兹特克人在墨西哥中部的统治模式影响了服饰的性质。例如，阿兹特克人的朝贡制度为地处高海拔湖泊的首都特诺奇提特兰提供了来

[1] Pilar Gonzalbo Aizpuru, “Vestir al desnudo: un acercamiento a la ética y la estética del vestido en el siglo xvi novohispana,” in Rafael Diego Fernández, ed., *Herencia española en la cultural material de las regiones de México* (Zamora, Mexico: El Colegio de Michoacán, 1993), pp. 329, 333ff.

[2] Diaz, *Historia*, pp. 47, 52; Gonzalbo, “Vestir al desnudo,” in Fernández, *Herencia española*, pp. 339–340.

自东南部炎热国家的大量棉布。同时，他们对竞争对手特拉斯卡拉人（Tlaxcalans）的骚扰也切断了该王国从炎热国家获取棉花的途径，因此西科坦卡特尔（Xicoténcatl）向入侵的西班牙人解释了他的人民为什么穿龙舌兰纤维（henequén）而非棉花制成的衣服。在阿兹特克人中，棉织品是领主和祭司的特权，而“穷人穿的是‘内昆布’（*nequen*），即用龙舌兰纤维制成的粗布，富人穿的则是镶有羽毛和兔毛的棉布”。事实上，在征服之前，前哥伦布时期的精英们就努力运用自己的权力来直接控制谁应该穿什么。在墨西哥，普通人被严格禁止穿着上等的棉布，即使是贵族子弟，如果“在合适的时间之前徒劳地穿戴”，也会受到严厉的惩罚。但普通人可能会通过英勇的行为或逃脱敌人的抓捕而赢得穿着更好的权利。在这种情况下，由龙舌兰纤维向棉布的相应转变为一些公众庆祝提供了动机，在这些庆祝中，参与者会领到其他的棉布服装。

征服之后，瓦斯科·德奎罗加（Vasco de Quiroga）在米却肯的乌托邦计划试图（并不完全成功）延续前西班牙时期的做法，规定米却肯的普通印第安人以标准化的布料、式样和质量进行穿着，以“减少嫉妒，不制造不和与冲突”。在安第斯地区也是如此，在征服前夕，禁止奢侈的法律规定了人们可以穿什么样的布料。印加人的布料基本上有两种类型，“家用的平织和经编花纹布是为普通人准备的，而精细编织的多色棉布康比（Kombi/cumbi）则只限于贵族使用”。安第斯高地上的人们用美洲驼和羊驼的毛来
[71] 制作斗篷和帽子，这在寒冷的气候里无疑是一种福气。随着征服者们的到来，新的服装样式和材料的变化也随之而来。[1]

1521 年阿兹特克首都沦陷，建立殖民地的进程开始后，“修道士们的首要任务之一就是更改印第安人的服装”。让我们回想一下，在没有钢剪的情

[1] Torquemada, cited in Gonzalbo, “Vestir al desnuda,” in Fernández, *Herencia española*, p. 335; Bruhns, *Ancient South America*, p. 167.

况下很难把本地织布机上生产的普通长方形布料做成除了直边束腰外衣或裙子以外的任何东西。上秘鲁（Upper Peru）的艾马拉人（Aymara）用羊毛编织帽子（如今他们仍然这样做），但裤子和袖子非常罕见。征服之后，实际上起源于佛兰芒、近期才在西班牙流行开来的宽大长裤（即蓬松的灯笼裤［*zaragüelles*］）在教士的施压下得以广泛推广。这种裤子与卡斯蒂利亚衬衫和无袖短上衣一起，形成了标准的印第安男性服饰。到了16世纪70年代，《地理关系》（*Relaciones geográficas*）中编纂的信息显示，这种穿着方式传播到了整个美洲。修士们希望安第斯地区的男人们也能穿长裤，而他们则习惯于把裤子穿在前西班牙时期的上衣（*unku*）之下。上衣后来被西班牙语称为 *camiseta*。另一方面，"衬衫"（*camisa*）是最早被纳入墨西哥中部通用语言纳瓦特尔语书面语的卡斯蒂利亚词汇之一。早在1550年，欧洲合身的扣子衬衫"已经变得非常流行，整个贸易团体都在致力于制作衬衫和衣领"。在墨西哥和秘鲁，女性的服装更接近征服前的欧洲风格，因此改动较少。在米却肯州，裙子变长了，但唯一增加的新服饰是西班牙的头巾（*toca*），用于遮盖头部。[1]

原住民接受洗礼也给整个安第斯地区带来了来自墨西哥的发型和装饰的强制性改变。在西班牙占领区和亚马逊河上游的热带低地地区，牧师们对不寻常的装饰品和代替衣服的身体彩绘嗤之以鼻。与现在相同的是，那时的发型也会引起人们的注意。正如新格拉纳达（今哥伦比亚）的大主教接到的一项王室命令称："我们得知，根据古老的习俗，该省的印第安人把头发留到肩膀甚至腰部。"

他们认为留长发是他们的行为准则，头发也是他们最珍贵的装饰；如 [72]

[1] Gonzalbo, "Vestir al desnudo," in Fernández, *Herencia española*, p. 340; James Lockhart, *The Nahuas after the Conquest* (Stanford, Calif.: Stanford University Press, 1992), pp. 198–199. Virginia Armella de Aspe, "Vestido y evolución de la moda en Michoacán," in Fernández, ed., *Herencia española*, pp. 291–324. Gruzinski, citing the Florentine Codex, in *Painting the Conquest*, p. 127.

图 3.5 原住民裁缝与剪刀

此处展示的是夸大版的前西班牙时代不为人知的剪刀。需要注意的是，裁缝身着征服后的裤子。资料来源：《佛罗伦萨手抄本》，佛罗伦萨洛伦佐图书馆提供

果因为某些罪行或过激行为被酋长或西班牙官员剪掉头发，他们会最感到受侮辱”。由于他们的头发也要在受洗时剪掉，“许多人都逃避成为基督徒”，因为他们害怕被那些尚未接受信仰的人当作罪犯看待。在这种情况下，王室的政策是下令将所有男性印第安人的头发剪掉，只留下一小簇。另一方面，由于“女性世界倾向于保留古老的习俗”，女性的各种发型延续了下来。在古代墨西哥，妇女“习惯于将头发梳到腰部”，而其他人“则剃了光头，只在太阳穴和耳朵两侧各留一绺”。[1]

[74] 对早期到印度群岛的西班牙移民来说，布料和衣服是除了贵重金属之外绝对最重要的商品，是地位最明显的标志，也是最能体现欧洲人自我认同的元素。1514 年，佩德罗·阿里亚斯·德·阿维拉（Pedro Arias de Avila）随行的卡斯蒂利亚贵族男女在闷热的巴拿马海岸登陆，他们穿着褶边衬衫、精美的羊毛和天鹅绒斗篷，戴着钻石和金链子，打扮得十分华丽。1535 年，新西班牙的第一任总督安东尼奥·德·门多萨（Antonio de Mendoza）带着七名裁缝和一箱又一箱的衣服来到这里，其中包括三打衬衫

[1] Royal Decree, March 5, 1581. “Sobre que se ha entendido que por cortar el cabello a los indios que bautizan dejan muchos de ser cristianos.” Konetzke, *Documentos*, no. 398.

图 3.6 妇女的发型

虽然西班牙牧师坚持要求原住民男子剪掉头发，但即使在征服之后，妇女也保留了更多不同的发型。请再次注意，在这幅 16 世纪晚期的图画中，原住民（贵族）妇女穿着带袖衣服和短裤，这在欧洲人入侵之前都是罕见的，或者说是不存在的。资料来源：《佛罗伦萨手抄本》，佛罗伦萨洛伦佐图书馆提供

和一打精美的丝绸披风。西班牙女性是跨越大洋两岸的布料运送者，布是她们建立一个家（*un hogar*）或一所住宅（*una casa*）的核心要素；与此相对的是许多西班牙人用来描述本地人住宅的术语，如草舍（*choza*）、茅棚（*bohio*）、窝棚（*jacal*）和茅屋（*ruca*），它们通常由土坯和茅草所造，不符合西班牙人对合适房屋的定义。一封又一封的信件记录了西班牙男人恳求他们的妻子把各种各样的欧洲布料装满他们的箱子，而妻子们自己则在塞维利亚收拾行李，准备去印度群岛与丈夫会合，她们的箱奁里装满了丝绸和蕾丝流苏、精细羊毛、线和纽扣。一名妇女为其丈夫带了几十件丝质裤子和丝质披风，也为自己带了几条温帕尔头巾。[1]

丧服在礼节上是必要的；事实上，哀悼似乎是一项非常紧张的工作，

[1] 参见 Lockhart and Otte, *Letters*; Gonzalbo, "Vestir al desnuda," in Fernández, *Herencia española*, p. 347。最近的讨论可见 María del Carmen Pareja Ortiz, *Presencia de la mujer sevillana en Indias: vida cotidiana* (Seville: Excma. Diputación Provincial de Sevilla, 1994)。

王室有法令禁止在丧服上过度花费，甚至禁止为不合适的人哀悼。卡塔赫纳（Cartagena，今哥伦比亚）的一位兄弟建议他在西班牙的妹妹“把所有的衣服都带上，不要扔掉任何东西”。一位安东尼奥·布里塞尼奥（Antonio Briceño）夫人1594年在巴拿马去世时，留下了一个巨大的衣柜，里面有各种人们能想象到的布匹，包括彩色的、白色的、丝绸的、亚麻的、最好的羊毛等。她还列出了其他四件财产：四个印第安物件（*piezas de Indias*）（四个被奴役的人类“物件”），分别是来自比亚夫拉的埃斯佩朗莎，来自安哥拉的卡塔琳娜，以及来自曼丁哥的拉斐拉和巴尔塔萨拉。男人们也希望为新世界打扮得漂漂亮亮。一个名叫胡安·德埃斯皮诺萨·德·圣玛丽亚·拉马约尔的人在1607年的一封信中解释了他是如何为两个即将登船的年轻人买了“六件丝绸斗篷和一大批上等羊毛，仅此就花了500个达克特币”，这比当时墨西哥城一栋体面房子的售价还要高。但胡安·德埃斯
[75] 斯皮诺萨知道，“在印度群岛，对于一个有名望的人和父母的好儿子，人们总是会给他们华丽的服装、精致的食物和供花销的钱”。在临终遗言和遗嘱中，衣服也被广泛地作为遗赠。[1]

很少有人提到“卧室”（或者说是床本身），也许是因为当时房屋中的睡眠空间还没有像我们熟悉的私密住处那样被普遍“命名”。但是，库存清单上有一长串的床上用品，有时其丰富程度令人咋舌。即使在16世纪末的秘鲁，当地纺织厂还在生产高质量的羊毛织物时，登陆卡亚俄（Callao）的西班牙女性的行李箱里通常都装着几套床单、金边枕头、亚麻毛巾、羊毛毯、壁挂，还有人装了一块“床头小地毯”。人们通常会在一个大房间里接待、款待客人，并提供巧克力和糖果，这个房间同时也是寝室。很明显，纺织品的奢华主要是在这个空间里得以展示的；相比之

[1] Pareja Ortiz, *Presencia*, pp. 154–155, 278.

下，其他房间的家具就少得可怜了，如特定场合用的餐具架、一把雪松椅等。[1]

西班牙人坚持为原住民提供特定的服装，放松了前西班牙时期对服饰的控制，并骤然从欧洲引进了一系列新的布匹和服装，这些都不可避免地开始打乱社会秩序。当时的原住民精英抱怨着装规范的变化，并请求获得特权。这并不是为了恢复他们以前在社会顶层的地位（这在新秩序中是无法实现的），但至少是为了在新制度中找到一个特权空间。作为回应，总督们向酋长和印第安首领让步，使他们获得穿西班牙服装、骑马和携带武器的权利。普通人往往通过监护征赋制或其他强制手段被迫进入西班牙人的采矿业或农业，他们也发现自己的物质世界被重新安排了。然而，消费模式改变的最重要动力无疑来自生物学。白人、黑人、亚洲人和美洲原住民聚在一起，形成了一种巴洛克式的种族类型扩张，每个种族都在殖民体系本身强加的权力和地位等级中寻求最有利的身份认同，这在任何其他殖民关系中都是无与伦比的。食物、衣服、装饰、住所以及语言都是流动的身份构建中最明显的元素。

例如，一个人睡觉或吃饭时离地面（或地板）的距离这个简单的问题 [76]
就充满了意义。在热带地区，许多美洲原住民睡在吊床里，这是加勒比地区泰诺人发明并命名的巧妙装置。但在中部美洲和安第斯山脉的核心地区，印第安人睡在芦苇垫上，吃饭时没有椅子和桌子，这种做法受到了一些西班牙人的议论。在他们看来，“像土耳其人一样睡在地上”或“像野兽一样”，无疑是不雅行为的标志。蒙塞古尔船长（Captain Monségur）注意到墨西哥城的印第安人对床和床垫“如此厌恶，以至于有必要将它们从医

[1] Pareja Ortiz, *Presencia*, pp. 163–164.

院中移走”，因为他们认为这些东西会导致疾病。在 1543 年的一场诉讼中，瓦哈卡（Oaxaca）的一个西班牙穷人被描述为“如此可鄙（despicable），以至于他和印第安人一起在地上吃饭，就像印第安人一样”。随着时间的推移，在接下来的几个世纪里，“离开地面”、远离土地变成了非印第安人身份的象征。要做到这一点，可以睡在抬高的床上而不是铺在泥地的垫子上，使用金属而不是陶土制的罐子，或者穿鞋子而不是凉鞋，从而使自己与地面保持距离。地面不可避免地与地位低下的原住民联系在一起。[1]

族裔和阶级划分在许多国家都存在，但在殖民和后殖民社会中尤为明显。在这些国家中，拉丁美洲有许多独特之处。只要稍加思考，就会发现其中的广泛差异。在世界的某些地方，欧洲教士和商人的到来并没有伴随着政治控制；例如，在 16 或 17 世纪的日本和中国，他们合乎情理地几乎没有对当地文化产生影响。事实上，16 世纪的耶稣会士根本没有想象过中国人会采用欧洲风格的服装，而是通过剃头、穿佛袍等来寻求“融入”——简而言之，就是“成为中国人，为基督赢得中国”。[2] 在后来英国人在缅甸
[77] 或印度次大陆、法国人在印度支那的全面殖民政权中，入侵的文化并没有像在美洲的西班牙殖民地那样深入到广大群众中去。这在一定程度上是因为英国人和法国人在亚洲都没有像西班牙人在美洲那样造成毁灭性的人口影响。印度和东南亚的居民数量基本保持不变，英国人和法国人的数量相对于当地人口来说仍然较少。此外，这些地区的“混血儿”也较少，因此

[1] Gibson, *Aztecs*, p. 336; *Las nuevas memorias del Capitán Jean de Monségur,* ed. and introd. Jean Pierre Berthe (Mexico: UNAM, 1994), pp. 39–40; Carrasco, “Matrimonios hispano-indios,” in Hernández and Miño, *Cincuenta años de historia en México*, p. 113. 关于最近的分析，见 Benjamín Orlove, “Down to Earth: Race and Substance in the Andes,” *Bulletin of Latin American Research* 17, no. 2 (1998): 207–222。

[2] Willard J. Peterson, “What to Wear? Observation and Participation by Jesuit Missionaries in Late Ming Society,” in Stuart B. Schwartz, ed., *Implicit Understandings* (Cambridge: Cambridge University Press, 1994), pp. 403–421, esp. 408–409.

欧洲占领者和当地大众之间的界限更清晰，不像在西属美洲那样模棱两可。虽然英法两国都在当地建立了学校，也都决心传播欧洲的科学和文学文化，但最终经历了第二次世界大战后的去殖民化过程后，广大当地民众至今仍然继续使用本土语言，并信奉非基督教的神灵。相比之下，如今拉丁美洲地区的广大民众不论阶级和种族，都说西班牙语或葡萄牙语，并信奉基督教。

普通人的物质文化也没有因为欧洲人在亚洲和非洲的存在而发生很大的改变。事实上，印度咖喱和印度支那菜肴对英法两国饮食的影响比欧洲人的食物和烹饪风格对其殖民地的影响更大。英国、法国和德国的殖民政权未使中国、印度及其他东亚和非洲地区的人口发生太大的变化，但是西班牙和葡萄牙对美洲的入侵则导致了大规模的人口变化，这是所有的差异的根源。

关于欧洲人接触美洲时当地原住民人口的数字将永远存在争议，但无论我们算成 3500 万还是 1 亿，每个人都认同的是，欧洲人在美洲的扩张带来了高死亡率。在殖民的第一个世纪里，中部美洲和安第斯山脉的核心地区多达 70% 的原住民人口死亡，而热带低地的死亡人数则更多。如果欧洲人的接触没有带来原住民人口的崩溃，那么大量的当地人无疑更有可能完整地保存他们的语言、信仰、食物和服饰。在这种情况下，人们仍然可以想象欧洲人对美洲的控制：一小部分与其他人隔绝的、由欧洲官员和企业家组成的统治层在被收买的原住民精英的协助下，统治着非基督教的、讲克丘亚语或纳瓦特尔语的大众。但事实证明，在原住民人口急剧减少之后，在自认为是白人的小群体与数量虽减少但仍相当可观的印第安人之间，出现了一个不断扩大的混血和矛盾文化的阶层。

早在 16 世纪 40 年代，各阶层和各种职业的西班牙人就从最初的接触 [78]
地点向外扩张，从加勒比地区扩展到北美洲和南美洲，直至今天的堪萨斯州和智利南部，其速度大大快于欧洲在其他地区的扩张。从 1492 年开始的第一个百年里约有 15 万西班牙移民，下一个百年里约有 45 万西班牙移民，他们在文化和种族上与各种原住民民族和被奴役的非洲人融合，最终推动形成了我们今天看到的混血社会。[1] 16 世纪晚期西班牙移民的典型形象可能是什么？综合而成的男性形象是“一名 27 岁、未婚、无技能、半文盲的贫困安达卢西亚男性，在饥饿的驱使下前往秘鲁，受雇于任何愿意支付他的旅费并获得必要许可的人”；综合而成的女性形象是“一名已经 30 岁出头的安达卢西亚妇女，与她 36 岁的丈夫、两个年幼的孩子、一名男仆和一名女仆一起前往秘鲁”。[2] 前往新世界的女性移民的实际人数或比例很难确定。一项对 1595 至 1598 年的移民抽样调查发现，所有移民中约有三分之二的人是男性；另一种关于移民在秘鲁定居的前 30 年情况的有根据的观点认为，每十个人中有一个女性。因此，“鉴于历史学家忽视女性的旧传统，需要强调西班牙女性对在秘鲁建设一个欧洲社会的文化和生物学贡献”。然而，在 16 和 17 世纪期间到达印度群岛的 60 万至 70 万西班牙移民中，绝大多数是男性，比例也许有 70% 至 90%——这在欧洲殖民史上又是一个异常高的比例。[3]

早在 1492 年两个世界相遇之前，西班牙世界的种族混合就已经开始了，因为我们可以看到早期赴秘鲁的女性移民中约有 10% 是摩里斯科人（Moriscas）和穆拉托混血人。事实上，如果我们从贾雷德·戴蒙德的长期观点来看，从 50 万年前非洲移民的流动开始，我们都是生物意义上

[1] 伍德罗·博拉（Woodrow Borah）估计的数量更高，认为 16 至 17 世纪期间约有 75 万西班牙移民。参见 Woodrow W. Borah, “The Mixing of Populations,” in Fredi Chiapelli, ed., *First Images of America* (Berkeley: University of California Press, 1976) 2:708。

[2] Peter Boyd-Bowman, “Spanish Emigrants to the Indies, 1595–1598: A Profile,” in Chiapelli, *First Images*, 2:723–736.

[3] Lockhart, *Spanish Peru*, pp. 150–151. 葡属巴西的性别比与西属美洲的性别比相似。

的混血儿。但从如今对混血一词文化建构的意义上来说，美洲的种族混合 [79]
很可能是在 1492 年 10 月 13 日就立刻开始了，混血的人数一开始稳步增长，然后大约从 18 世纪中叶开始爆发性增长。到殖民时期结束时，所有的混血群体（用殖民时期的说法是血统种族[*castas*]）都在迅速增长。例如，在整个新西班牙（墨西哥中部的殖民术语），印第安人的人口从 1650 年的低点约 127 万增加到 1800 年的约 520 万，但血统种族的增长速度却快了四倍，从约 13 万增加到 227 万以上，当然这种增长一直在加速，直至现在。

在从厄瓜多尔到智利和阿根廷北部的安第斯高地，当地人的死亡率在同欧洲人接触的早期没有那样的激增，后来在 17 世纪也以不同于新西班牙的模式下降。此外，西班牙人选择在秘鲁海岸建都，而不是像墨西哥特诺奇提特兰那样在印第安人世界的中心建都，这是因为秘鲁的地形更恶劣，早期修士在秘鲁传教也不如在墨西哥积极，同时也因为原住民的抵抗更强烈。由此产生的影响是，欧洲文化和原住民文化在安第斯地区形成了更大程度的分离，种族混合的情况与墨西哥相比也相应更少。在 19 世纪早期，秘鲁太平洋沿岸地区居民主要是白人、黑人和混血，但安第斯高原地区至少有 80% 的人仍然认为自己是印第安人。[1]

在中部美洲和安第斯核心区域的外围地区，如智利、阿根廷的潘帕斯地区、哥伦比亚、哥斯达黎加和尼加拉瓜等，根基更浅的原住民人口无法抵挡欧洲人的推进，因此他们要么消亡，要么被纳入欧洲人的经济和社会体系。在这里，到了 18 世纪末，我们已经看到了一种本质上是混血文化的存在，在其之上遮盖着一层薄薄的白人元素，而相对较小的印第安人群体

[1] 关于人口方面的影响，参见 David Noble Cook, *Born to Die: Disease and New World Conquest, 1492–1650* (Cambridge: Cambridge University Press, 1998)；关于对人口的全面调查，参见 Nicolás Sánchez Albornoz, *The Population of Latin America* (Berkeley: University of California Press, 1974)。

则被推到了“避难区”，对欧洲殖民者还没有吸引力。在加勒比海、环加勒比海和巴西沿岸的热带低地，原住民人口几乎被消灭，直至 18 和 19 世纪
[80] 期间，被强迫移民的非洲人重新覆盖了这些地区。以奴役的形式被带来的 1000 万非洲人中，有近 80% 的人最终流落到了加勒比地区和巴西，在这些地区形成了伊比利亚—非洲为主体的物质文化制度。

随着殖民社会从 16 世纪开始的发展演进，殖民分类的奖励和惩罚导致所有种族群体都制定了有利于自己的策略。西班牙人和那些貌似可信地冒充西班牙人的人，在可能的情况下被允许并且渴望穿上丝绸衣服、携带并使用武器、骑马出行、旅行并开展贸易、被任命担任教士和政府职务以及“在法律和道德允许的情况下尽可能自由地追求自己的财富”。因此，肤色浅或不太深的血统种族群体（如卡斯蒂索人 [castizo]、梅斯蒂索人、摩里斯科人等）“对被认同或试图自我认同为西班牙人有着强烈的兴趣”。与此同时，为了逃避贡赋或劳力义务的印第安人“常常发现自己会试图说服持怀疑态度的官员、地方牧师或其他权力拥有者，让他们相信自己是梅斯蒂索人、卡斯蒂索人或当时流行的任何其他名称”。[1]

在科恰班巴（Cochabamba，在今玻利维亚），总督卡斯特尔富尔特侯爵（Marqués de Castelfuerte）在进贡名单上增加了几百个“所谓的混血人”，这就是一个很能说明种族分类所涉及的高风险的例子。王室官员们认为他们“只是印第安人”，换下了他们的本土文化装束以获取西方的服装和身份。拟议的重新分类将把这些存疑的混血人归入印第安人支系的类别，使他们有义务缴纳人头税并被迫从事采矿劳动。可以理解的是，梅斯蒂索人反对这一举措，并在起义中杀死了王室官员和 15 名克里奥尔人（creoles）。他们的领袖阿莱霍·卡拉塔尤德（Alejo Calatayud）和他的追

[1] Jorge Klor de Alva, “Mestizaje from New Spain to Aztlán,” in *New World Orders: Casta Painting and Colonial Latin America* (New York: Americas Society Art Gallery, 1996), pp. 64–66.

随者们随后在中央广场被处以绞刑，“他们被肢解的尸体散落在路边，作为对不安分的平民的可怕警告”。[1] 逃跑的奴隶和肤色较浅的非洲人如果希望获得社会和经济上的成功，就会寻求被认定为穆拉托人或其他任何深色皮肤的血统种族，以逃避对他们的奴役或限制其生活机会的法律约束。 [81]

在欧洲社会和本土社会之间出现的混血人口合乎情理地在文化认同方面存在矛盾。不过，只有在极少数情况下混血人可能会请求被承认为部落成员，以获得印第安人的土地或在印第安政府中获得一个职位，除此之外他们更多的是竭尽全力避免被当成“印第安人”。[2] 改变身份最明显、最有效的方法就是改变自己的物质文化：吃什么、怎么吃、自己的布料和衣着、消费的仪式、房屋和家具的特征等。

除了混血种族之外，就连欧洲定居者精英阶层本身，在性和社会层面与当地种族群体融合后，也产生了文化焦虑和冲突性的政治忠诚。从 16 世纪在美洲出生的第一代人开始，我们就可以看出后来被称为“克里奥尔人”的精英阶层在欧洲文化模式和美洲本土熟悉的习俗之间左右为难。这个精英阶层的成员在从欧洲进口的食物、饮料、服装和建筑风格中寻找文化标志与符号，以使自己与他们认为的在殖民地社会地位低下的人区分开来。与此同时，也许比起后来的英国或法国殖民者，西班牙裔的美洲精英移民更**认同**（identified）他们的新世界家园，并适时地成功领导通常是深色皮肤的同胞们从西班牙独立出来。再次进行广泛比较的话，我们可能会注意到，在 20 世纪 60 年代，法国在阿尔及利亚的殖民领袖和罗得西亚白人试图把自己设定为事实上的“克里奥尔人”，其目的是领导他们新建

[1] Archivo General de Indias, Charcas, leg. 344, “Expediente sobre el levantamiento de los mestizos en la villa de Cochabamba.” 对该事件的敏锐论述，参见 Brooke Larson, *Colonialism and Agrarian Transformation in Bolivia* (Princeton, N.J.: Princeton University Press, 1988), pp. 110–115。

[2] Klor de Alva, “*Mestizaje*,” in *New World Orders*, p. 68.

立的国家在政治上脱离法国或英国，同时保持自己对当地政治和经济的掌控。然而，白人精英与广大的信仰伊斯兰教的阿尔及利亚人或罗得西亚黑人之间存在着文化、语言和宗教上的巨大差异，使得这些运动注定失败。

虽然在最初的几代人之后，拉丁美洲普遍使用的血统等级或种族的术语被使用者认为反映了遗传或生物学上的现实；但现在人们更容易看到的是，种族要么体现在旁观者的眼中，要么是一种自我认定，这两种情况都
[84] 是社会文化的建构。当然，这些术语本身是由外部创造并强加的。在伟大的航海家命名之前，美洲并没有“印第安人”。但无论是被创造的还是被建构出来的，种族认定都逐渐被认为是重要的，当然，也具有强大的社会和法律效力。诸如梅斯蒂索人、印第安人、西班牙人等标签能赋予特权或造成劣势。“穆拉托混血人”、“中间人”（coyote）、“乔洛人”和其他许多刻在洗礼和人口普查记录中并在大街上日常使用的标签，揭示了敌对群体中人们的不安全感、蔑视和怨恨。

西班牙人对原住民社会的入侵和几乎同时引入的非洲人及其文化使美洲世界变得混乱，因为突然带来了新的种族和阶级类别。因此，任何关于物质文化的讨论都必须在相互冲突的价值观迷宫中穿过关于身份认同的纷争；在这里，小麦面包或玉米饼、葡萄酒或普奎酒、丝绸或麻的消费不仅由供求关系决定，而且由这些商品在殖民社会和政治中的象征意义所决定。

欧洲人的入侵为美洲奠定了新的地位和权力等级制度，其中包括新的种族类别。如果说原住民世界本身被划分为文明和野蛮、帝国和臣民、贵族和平民，那么欧洲人则用一系列不同寻常的食物、服饰、工具和住所以及新的品位和风格使问题变得更加复杂。新兴物质文化制度的强制推行可能通过神职人员或国家法令，也可能通过受贸易驱动的地方官强行出售布

图 3.7—3.8 “西班牙人和印第安人生育的梅斯蒂索人”“西班牙人和梅斯蒂索人生育的卡斯蒂索人”，等等

这些令人好奇的“血统种族”画作从生物学角度描绘了种族，但同时具有文化属性，展示了18世纪墨西哥和秘鲁人口的多样性。本选集展示了4幅画，通常有16幅。来源：私人收藏

匹和铁器，新的价值观仅通过轻蔑一瞥传达出来。因此，食物的种类、数量和摆放在餐桌上的方式，以及布匹的质量和鞋子的设计等都是与社会和政治地位精心调谐的工具，很快就被所有争夺地位的人所掌握。

现在我们再来看看“使物品文明化”这一有争议的计划，追踪一直在演变发展的物质文化在早期犹豫不决的变化。驱动这一变化的是新的植物和动物的交融、新工具和新技术的使用、公共和私人空间的组织，以及殖民政权内部新的价值观和时尚的出现。

第四章　使物品文明化

注意上帝的旨意，你要穿戴整齐，遮盖你的肉体。[1] [85]

教会和国家通过法令改变拉丁美洲殖民时期消费的性质和仪式，与这种正式且直接的努力相比，更重要的是包括从最伟大的大主教到羊驼牧民在内的殖民社会所有成员所做出的成千上万的日常、非正式且主要是自愿的决定。就像今天的人们一样，他们根据自己的风格、品位以及消费能力做出决定。男人、女人和孩子们在购买商品时，都会考虑到权力和地位等级制度（在这种情况下是西班牙殖民政权）所带来的限制和鼓励。到了16世纪70年代，征服行动的主力完成了使命，西班牙和葡萄牙的民事和教会行政管理相继到位。随着新的流行病在当地居民中蔓延，来自欧洲的病原体继续沿着其致命的道路前进。与此同时，更多的欧洲人越过大洋来到印度群岛，彼时数量相对较少的非洲人被迫横渡南大西洋（此时主要是去巴西沿海地带的甘蔗种植园），各地开始出现一代又一代的混血后代。定居者对工人的需求与他们拥有的获得工人的权力，将男性和女性引导到银矿和

[1] Pedro de Córdoba, O.P., *Doctrina Christiana*，转引自 Gonzalbo, “Vestir al desnuda”, in Fernández, *Herencia española* p. 319.

农村庄园等殖民企业里。

[86] 物品领域最初的争论有时表现为对彼此的食物、衣服和生活方式的厌恶，在此之后，一种混血的物质文化开始蹒跚而行。地中海饮食不可缺少的三要素中，至少有两种开始在当地生产，即小麦和葡萄酒；橄榄油仍然是进口产品。欧洲牲畜和家禽大量繁殖。几乎各地的人们都在喝巧克力，尤其是在墨西哥的总督辖区和西班牙大陆美洲（南美洲的北海岸）；骡队载着耶巴马黛茶穿过赤道以南的大部分地区；大量的西红柿、马铃薯和当地水果出现在餐桌上。进口的上等布料仍然是商人存货中最重要的物品，但当地羊毛纺织作坊，即臭名昭著的劳役作坊（*obrajes*）和小作坊（*chorrillos*），如雨后春笋般出现在有羊的地方。大师级的工匠带着梅斯蒂索人、印第安人和黑人学徒一起制作鞋子、铁器、武器、银烛台、帽子、马蹄铁和炊具等，而原住民工匠和女性则为自己和市场制作了一系列令人印象深刻的陶器、木制品、乐器、家具和基本服装。

然而，我们不要忘记，在所有这些交易和贸易中，有大量的人即使受到了影响，也仍然处于殖民经济的边缘。有一次，一位年长的墨西哥农妇告诉我，她住在距离哈利斯科州一个乡下小村庄（骑骡子）四个小时的地方，我漫不经心地问她在那里“做”什么。她有些同情地看着我：“好吧，活着，不过如此。”“只是活着”绝不意味着空虚或不值得的存在，而是描述了地球上许多普通人当时与现在的活动。

私人住宅、教会建筑和民用建筑等，通常是用石头建造的，有时还带有罗马拱门，它们沿着新的城镇和城市中心精心排列的街道发展起来。而在几个街区之外，人们用土坯建造房屋，土坯房此前在西班牙很常见，在印度群岛也是很基本的。时间节奏按照基督教的七天历法运作，这是特意引进的，并非没有遭到反对，而新的圣徒日和节日时间表不时打断人们的日常生活。新皈依者被赋予圣徒的名字，并在洗礼记录中确认他们原来的姓氏（或新采用的姓氏）。欧洲人和印第安人的钱包和裤子里都装有金属钱币，尽管大量的交换仍然是通过以物易物或记账货币来管理的，也就是说，销售、购买和工资只是记录在矿产和庄园管理者或当地商店的账簿上。里格（*league*）、阿尔穆德（*almud*）、法内加（*fanega*）等西班牙度量方式开 [87]
始渗透到市场内，许多实际上是源自摩尔人的度量单位。除了引入度量单位和钱币外，通过给人种起名、制定贡品清单、进行早期人口统计等，殖民地国家和教会很早就努力使社会“清晰可辨”。[1] 现在，在这个日渐成熟的殖民世界，让我们稍微改变一下我们最初的问题：为什么人们会获取他们所拥有的**特定的**（specific）物品？

食物、饮料和烹饪

首先，物品必须是可得的。在本节开始时，让我们从之前强调社会和文化衍生而来的需求转向生产及其后果。我们从食物开始。饮食变化的背后隐藏着不断变化和发展的生产模式。欧洲饮食中最基本的元素小麦面包就是一个很能阐明问题的例子，它说明了一种国内传统食物在殖民政权中是如何变得充满社会意义的，以及它对新农业体系发展的影响。在西班牙，各个社会阶层的人都渴望吃到小麦面包；桑丘·潘沙（Sancho Panza）就喜欢责备主人唐·吉诃德异想天开，因为后者想要一种“比小麦面包更好的面包”。在美洲，西班牙人无疑渴望小麦那种熟悉的味道，不仅是以面包的

---

[1] James Scott, *Seeing Like the State*，尤其是第三章.

形式，而且包括糕点和肉馅卷饼（empanadas）。此外，他们对小麦的消费也使自己与吃玉米和马铃薯的当地人区别开来。

欧洲谷物小麦和大麦的引入，为当地人从抵制、犹豫不决到间或热情接受再到协商等各种反应提供了一个舞台。西班牙人最初试图通过将小麦作为贡品要求的一部分，让原住民种植小麦。这种做法在西属美洲的任何地方都收效甚微，但中部美洲的印第安人似乎比安第斯地区的印第安人更抗拒种植小麦。在智利中部，马普切人（Mapuche）要么被逼入南部森林，要么被纳入新的欧洲庄园；该地区是一个例外，很快就成为了小麦种植区，后来阿根廷的潘帕斯地区也是如此。从墨西哥和安第斯地区印第安人的观点来看，欧洲的谷物似乎不如玉米；按种子比例计算，玉米的产量是小麦的 10 倍，而按播种面积或劳动时间计算，玉米产量可能是小麦的 1.5 倍。
[88] 此外，由于美洲应缴纳教会什一税的动植物最初是以塞维利亚教区的农产品清单为依据的，所以小麦要缴纳 10% 的什一税，而玉米如果是原住民生产的，则往往可以免税。最后，如果小麦的种植面积超过了一块园地，就需要使用犁、欧洲役畜、镰刀或钐刀——所有这些在美洲原住民中都不存在，而且在殖民地售价昂贵。然而，也许最重要的是，收割后的小麦和大麦粒是通过踩踏——即用牲畜碾压麦穗——来脱粒的，这种做法在新大陆是前所未有的，而且进一步增加了当地生产者的进入成本。此外，欧洲的小谷物是用一种完全不同的、更有效的碾磨技术磨成粉的，而不是当地人用来磨玉米的技术。

到了 16 世纪中叶，墨西哥的小麦几乎完全是在耕作地（*labores*，或相当小的小麦农场）上生产的，印第安人的劳动力在欧洲人的指导下进行劳作。[1] 在秘鲁，也许是因为这里的人们熟悉另一种小型谷物藜麦，但也因为

---

[1] Gibson, *Aztecs*, pp. 322–326.

小麦适合与马铃薯轮作、而不像中部美洲那样与玉米种植直接争夺土地或劳动力，欧洲谷物似乎更容易被安第斯原住民所接受。小型的小麦特别是大麦的种植地由于更适合寒冷的高海拔地区，出现在安第斯山脉沿线的各个原住民社区，并在科恰班巴（今玻利维亚）、波哥大附近和基多高原等地成为西班牙人控制的重要作物。

16 世纪，欧洲的谷物被断断续续地引入印度群岛，当地人对其持怀疑态度，因此只在欧洲人居住区附近小批量地生产。然而，在接下来的几个世纪里，来自欧洲的移民数量稳步增长。更重要的是，欧洲人、印第安人和非洲人的混血后代选择了小麦面包而非玉米，这当然不是因为相对价格（小麦比玉米贵 2 到 10 倍），而是出于品位和地位的原因。西班牙人及其在新大陆的后裔从 18 世纪开始，甚至一直到 20 世纪 20、30 年代，都把小麦作为“文明的”谷物来推广。

图 4.1　“集体收割的印第安人”（秘鲁特鲁希略［Trujillo del Perú］的小麦收获）

这个抒情的农村场景描绘了安第斯山脉常见的一种“节日劳动”形式。资料来源：马丁内斯·孔帕翁（Martínez Compañón），秘鲁特鲁希略。加州大学伯克利分校班克罗夫特图书馆（The Bancroft Library）提供西班牙殖民者在放弃了强迫墨西哥原住民引进小麦的企图后，采取了措施确保他们在小麦生产上的主导地位。西班牙人的小麦农场在普埃布拉的阿特利克斯科（Atlixco）山谷和低地地区（Bajío）非常显眼。到了18世纪，西班牙化的人口越来越多，小麦面包成为一种既有声望又能满足饮食需要的食物。在瓜达拉哈拉（Guadalajara），城市人口（大部分是混
[90] 血儿）增加了6倍，对小麦和小麦面粉的需求因此“深入到人口的较低阶层”。[1]18世纪墨西哥城和利马的混血人口，以及阿雷基帕（Arequipa）或圣地亚哥等欧洲定居点的混血人口基本上都是小麦食用者。饮食习惯的改变在农村产生了社会影响。西班牙人和他们的后裔在自家的农场上种植小麦，使用来自雇农和周围村庄的受直接监督的工人劳动力来灌溉土地。由于土地成本低，被剥夺了财产的原住民人口提供了廉价劳动力，而且用于脱粒的母马也可以用很低的成本或免费获得，由此带来的经济效益十分可观。西班牙人熟悉地中海地区的技术，将其在新大陆加以推广和扩展，再加上在储存和运输方面进行大量投资的需求，也使欧洲生产者在控制生产和市场方面具有决定性的优势。

西班牙人在潮湿的热带地区遭遇了不熟悉的生物群，在中部美洲和安第斯高原上努力应对未曾预料到的植物和动物，小麦在这些地方真的只能勉强找到合适的生态位。因此，西班牙人很高兴能在智利中部找到了一个与安达卢西亚（Andalusia）纬度大致相当的地中海气候地区。在这里，欧洲人比在美洲的任何其他生态环境中都更能复制一种基本上是安达卢西亚式的农业制度，包括小麦、牛和马（西班牙人称之为“主要家畜”的两种动物）、猪、葡萄和橄榄等。与墨西哥中部或安第斯高原相比，智利中部原住民人口的根基

[1] Eric Van Young, *Hacienda and Market in Eighteenth-Century Mexico* (Berkeley: University of California Press, 1981), p. 62; Bauer, “La cultura mediterránea en condiciones del nuevo mundo,” *Historia* 21, pp. 31–53.

不深，他们要么被消灭，要么被赶到多雨的南部。西班牙人通过这样或那样的方式成功地建立了农业系统，如一开始在中部美洲或安第斯地区强迫印第安人做劳力，或者在智利和阿根廷开展定居者农业，从而使他们能够重现地中海营养体系的基本要素，并为加勒比海地区或热带沿海地带等不适合葡萄园或麦田种植的地区提供从欧洲或北美进口的产品。例如，小麦或小麦面粉就是从墨西哥和路易斯安那运到古巴的，利马的谷物是从智利进口的。不过，在菲律宾殖民地的西班牙人及其后裔不得不主要以大米为生。

原住民农民和牧民本身就拥有产量惊人的农业，他们对欧洲农业及其 [91]
技术和工具的到来有不同的反应。当地居民立即看到了一些进口食品的好处，并高兴地将它们纳入自己的饮食。欧洲的鸡和鸡蛋很快就出现在每个农民的小屋外。绵羊是安第斯牧业经济中美洲驼和羊驼的自然补充，也被原住民墨西哥人所接受，他们经营着几千头的羊群。这些生物随后向北传播到了今天美国西南部的干旱地区；那里如果没有羊的话，纳瓦霍人（Navajo）就很难制造出他们著名的毯子。

与此同时，牛油果、菠萝、西红柿和番石榴等本地水果也出现在了欧洲人的餐桌上。当然，每一种水果都有它的故事，但这里只能讲述几个。16 世纪初，冈萨洛·费尔南德斯·德奥维耶多（Gonzalo Fernandez de Oviedo）在《印度群岛编年史》中试图理解他以前未曾见过的事物，他写道："大陆上的一些树被称为梨树，但它们不像西班牙的梨，虽然不同但同样有价值……它们每个重达一磅多，种子像栗子一样。"说纳瓦特尔语的人的形容也许更接近目标，他们称这种植物为"睾丸树"（*ahuácatl*）。当然，奥维耶多是第一次见到牛油果树，他最初的错误延续到了英语中的"牛油果梨"（avocado pear）或更令人震惊的"鳄鱼梨"（alligator pear）。有两位 17 世纪的旅行家和如今的消费者一样热衷于牛油果。叛逆的英国裔多米尼加人托马斯·盖奇（Thomas Gage）认为，这种水果"供养并强化了身体，活跃精神，过度促进了性欲”。杰梅利·卡雷里（Gemelli Carreri）认为它“比任何欧洲水果都好”。年轻的乔治·华盛顿（George Washington）发现牛油果已经传到了巴巴多斯（Barbados），1751 年他和同父异母的哥哥一起旅行时，发现那里盛产牛油果，而且很受欢迎。然而，直到 1911 年，美国园艺学家卡尔·施密特（Carl Schmidt）才在阿特利克斯科（墨西哥普埃布拉附近）发现了一个能很好适应加利福尼亚州气候的品种。1938 年，加利福尼亚州牛油果协会在阿特利克斯科的中心广场上放置了一块金属牌匾，以纪念施
[92] 密特的成功。[1] 西红柿（纳瓦特尔语为 *tómatl*）迅速跨越大西洋，被纳入西班牙酱料中，且早在 1544 年就被意大利人改名为“金苹果”（*pomodoro*）。在美国，虽然人们已无法想象没有番茄酱的生活，但那里到 18 世纪后期才有种植西红柿的证据，在 1900 年之前人们也只是偶尔食用。[2]

起初，西班牙人对安第斯地区原生的无数块茎嗤之以鼻。马铃薯就是其中的一种，在 1570 年被带到西班牙，并慢慢传遍了整个地球。在安第斯地区，马铃薯一直是主要的食物来源，直到 18 世纪后期普通的马铃薯才开始在欧洲成为提供碳水化合物的主要来源，或作为伏特加和其他烈酒的原料。如今，波兰、德国和比利时等地人们的人均马铃薯消费量比秘鲁最初马铃薯种植者的还要多。当然，如果没有炸薯条，我们怎么活得下去呢？所有这些荣耀都要归功于 7000 多年前第一批安第斯农民们的辛勤试验，他们说着早已被人遗忘的语言，在泥土中翻掘，挑选出最能适应秘鲁高原寒冷且恶劣的环境的马铃薯品种。

西班牙人对美洲哺乳动物的肉没有什么兴趣。他们不屑于安第斯地

---

[1] Novo, *Historia gastronómica*, pp. 38–42. 牛油果（Avocado）一词源自于西班牙语的 *aguacate*，后者源自于纳瓦特尔语中的 *auácatl* 一词，结合了 *ahuácatl*（睾丸）和 *cuáhuitl*（树）这两个词. Luis Cabrera, *Diccionario de aztequismos* (Mexico City: Oasis, 1980), p. 28. 盖奇并不是唯一一个这么想的。男人们始终希望食用一些异国的、以前未知的植物来提高他们的性能力。

[2] Novo, *Historia gastronómica*, pp. 42–43.

区的家庭主食豚鼠，对无毛的狗也很排斥。他们对种类繁多的水禽和他们所说的“双下颏公鸡”印象深刻。这种鸟类几乎立刻被带回了欧洲，迅速在地中海一带扩散开来，以至于1620年当虔诚的清教徒在普利茅斯岩（Plymouth Rock）登陆时，他们不知为何竟把火鸡与土耳其（Turkey）联系在了一起。另一方面，各地的原住民立即看到了西班牙人所说的“小牲畜”（即绵羊和山羊，还有用于拉车的骡子和毛驴）的好处。中部美洲的原住民没有围栏的玉米地很快就被入侵者践踏了，因此他们对这些家畜的犹豫态度是可以理解的，而安第斯高原上的人长期以来习惯于饲养美洲驼和羊驼，因此他们的态度更加包容。

谈到食物，就会想到烹饪和制作饭菜所需要的各种厨具和器皿。美洲各地的原住民，尤其是中部美洲和安第斯地区的原住民，早已发展出了丰富多样的陶器造型和样式。虽然许多美洲原住民看到了欧洲人的铁制工具、一些动物和许多新植物的吸引力，但他们在陶器方面的优越性并没有立即显现出来。因此，随着人们创造出一系列非凡的盘子、碗、花盆、杯子和 [93]
各种器皿，当地手工艺的悠久传统得以延续。当地的陶工看到了简单的西班牙窑炉的好处，其较高的温度允许上釉，但他们对陶轮却不那么感兴趣。事实上，前西班牙时期的美洲没有陶轮，这可能是陶器标准化程度较低但种类更多的原因。[1] 无论如何，在殖民时代末期，当地的陶器（和篮子器皿）相对于金属锅和壶而言仍然是主流。

当我们谈及“兴奋物”或德语词 *Genussmittel*（即那些为了愉悦而不是热量需求而吃、喝、吸入的“快乐物品”）的故事时，两种伟大的美洲本土饮料的发展轨迹提供了对比鲜明的物质文化故事。**可可**（Cacao）——该词指的是可可树和豆荚，其产品是**巧克力**（chocolate）——原产于中美洲的低地

[1] Foster, *Culture and Conquest*, pp. 101–102.

热带、奥里诺科河和亚马逊上游地带。早在西班牙人到来之前，巧克力在蒙特祖玛的特诺奇提特兰就已经是一种令人垂涎的饮料，欧洲人对那里巧克力消费的复杂仪式印象深刻。大量的可可豆出现在阿兹特克人从大陆到东南部的贡品清单上。阿兹特克人在整个帝国内交易可可豆，后来可可豆本身也被用作低价值的“钱币”，在 16 世纪可可豆的价值约为 100 西班牙雷亚尔。

1528 年，科尔特斯将可可横渡大洋运到西班牙。西班牙人一直在寻找相对于重量而言有足够价值的商品，以负担跨大西洋运输的成本，因此控制了可可贸易。巧克力对西班牙人来说就是“猫薄荷”，它在地中海天主教的土地上成为一种广受欢迎的饮料，部分原因是它具有很高的食物营养价值；此外，由于教会的“液体不打破斋戒的原则”（*Liquidum non frangit jejunum*），巧克力在禁食期间可以方便地作为一种营养替代品，而这一特点是后来席卷北方新教的茶和咖啡所不具备且不必需的。巧克力从西班牙传到了意大利和法国，并成为欧洲宫廷的时尚。正如沃尔夫冈·希弗尔布施（Wolfgang Schivelbusch）所说：“早餐巧克力与资产阶级的咖啡没有什么共同之处……中产阶级家庭在早餐桌旁坐得笔直，有一种规规矩矩的感
[94] 觉，而巧克力仪式的本质是流动的、懒散的、闲适的、运动的。”不少当代画作都展示了用优雅银质器皿盛装的巧克力供当时慵懒的消费者享用，他们陷在优雅的床单和被面中，周围还有枕头。咖啡的目的是让喝咖啡的人行动起来；而巧克力则标志着“一天精心酝酿的闲暇”的开始。[1]

巧克力向东传播，也从墨西哥传到了太平洋地区。1663 年，一个名

[1] Antonio de León Pinelo, *Question moral si el chocolate quebranta el ayuno eclesiástico*, prologue by Sonia Concuera de Mancera (1636; reprint, Mexico City: Condumex, 1994). 出生在秘鲁但居住在马德里的莱昂·皮内洛（León Pinelo）徒劳地寻找那份著名的教皇训令，当时所有人都认为巧克力可以免于禁食。事实证明，这道训令从未存在过。Wolfgang Schivelbusch, *Tastes of Paradise: A Social History of Spices, Stimulants and Intoxicants*, trans. David Jacobson from the German (New York: Vintage Books, 1993), pp. 85–92.

叫佩德罗·德·莱古纳（Pedro de Leguna）的人将可可树苗带到了菲律宾，自此巧克力就成了菲律宾的传统饮品。巧克力混合了糖和“其他香料”，价格比欧洲便宜，很快在欧洲和混血人群中扩散开来，成为一种常见的饮料，甚至在墨西哥城的城市贫民中也是如此。在1800年，“当地有很多巧克力商店……（人们在）早餐、午休和睡前都要喝”。[1]

第二种热饮，在殖民时代几乎是南美洲大部分地区居民不可缺少的饮料，也是今天阿根廷民族精神（*Argentinidad*）的一个重要标志，但它并没有离开它的美洲故乡。耶巴马黛茶，又称巴拉圭茶，原产于拉普拉塔河（Rio de la Plata）流域。它是前西班牙时期瓜拉尼人（Guaraní）仪式活动的核心；西班牙征服美洲后，它的饮用通过混血和白人传播，向外扩散到巴西、安第斯地区、智利和阿根廷等。17世纪，耶稣会士们推广耶巴马黛茶，急于获得收入以支持他们的教育和传教事业；商人们将成吨的马黛茶往上游运到波托西（Potosí）的采矿中心，用骡子驮着茶穿过乌斯帕亚塔山口（Uspallata Pass）到达智利，而马黛茶此前在智利并不为人所知。虽然马黛茶有时会被当作冷饮（*refresco*）或用杯子喝（所谓的耶稣会茶），但它 [95]
较为典型的一点是用温度稍低于沸点的热水准备，容器是葫芦杯（*honda de la calabaza*），然后通过吸管（*bombilla*，通常是芦苇或银制）饮用。[2]

马黛茶可以一天喝几次，尤其是在吃早餐时和下午晚些时候。从久远的时期开始，马黛茶就一直是当地一种具有强烈的社交或社群性质的饮料，但原住民很少在公共场所饮用，那时没有“马黛茶咖啡馆”或“马黛茶屋”。一小群人之间互相传递葫芦杯，从同一个吸管里啜饮一口，这可能很像遥

[1] Foster and Cordell, *Chiles to Chocolate*, pp. 111, 115; Sonia Concuera de Mancera, *Entre gula y templanza* (Mexico City: Fondo de Cultura Económica, 1990), pp. 84–88. Luis González Obregón, *La vida en México en 1810* (1911; reprint, Mexico, 1979), p. 20.

[2] Juan Carlos Garavaglia, *Mercado interno y economía colonial* (Mexico City: Grijalbo, 1983), pp. 42–47.

远的20世纪60年代里友好的人们传递大麻烟卷一样。每一个描写马黛茶消费的人都会强调这个特点。“很难向那些不喜欢饮用马黛茶的人传递这种手把手递碗时共同分享的深情，这种感情由于总是共同使用一根吸管而得以加强。”这种做法通常跨越阶级界限，具有颠覆殖民社会壁垒的罕见效果，“使人们超越分歧而团结起来”。在智利，就像在拉普拉塔河地区一样，马黛茶在殖民政权结束时实际上成了全国性的热饮，富人使用优雅的银制容器，穷人则使用普通的植物材料制品装盛。[1] 直到殖民时期接近尾声，来自亚洲的普通茶叶和咖啡才在拉丁美洲被人所知。

各种各样的酒水在殖民地社会流通，有些是进口的，有些是当地的。其中许多是进口植物（如甘蔗）的产物或是蒸馏的结果，蒸馏技术也是17世纪从欧洲引入的。原住民和欧洲人的酒水有明显的区分；然而，许多人，尤其是血统种族人口以及“贫穷的西班牙人”，享用了所有的酒类——这可不是个小任务，因为一份18世纪的文件列出了墨西哥78种不同的酒水，从烧酒（*aguardiente*）到清凉饮料（*zambumbia*）。[2]

在墨西哥，普通民众更喜欢喝普奎酒，安第斯地区的人们则更喜欢喝奇恰酒。普奎酒由龙舌兰的汁液发酵而成，在征服之前是一种受人尊敬的
[96] 饮料，这点体现在普奎酒女神马亚韦尔（Mayahuel）的重要性上，有一种说法将她描绘成拥有400个乳房的大地之母。“在殖民时期，神圣女性反复与瓜达卢佩圣母相联系在一起，后者被誉为是龙舌兰之母。”在前西班牙时代，阿兹特克人在限制过度消费方面做出了一些努力，然而普奎酒在整个高原作为节庆日不可或缺的元素被广泛饮用，这种做法在征服后仍在继续，

[1] Garavaglia, *Mercado interno y economía colonial*, p. 47；同时参见 Benjamin Orlove and Arnold J. Bauer, “Chile in the Belle Epoque: Primitive Producers; Civilized Consumers,” in Orlove, *The Allure of the Foreign*, p. 135.

[2] Janet Long, *La cocina mexicana a través de los siglos* (Mexico City: Clio, 1996), 4:19.

因为基督教历法提供了更多的庆祝机会。人们很容易夸大阿兹特克人限制饮酒的能力；事实上，他们国家的初始性质使他们对墨西哥中部社会生活的控制受到限制。在殖民早期，普奎酒是一种家庭产品，通常由当地人尤其是女性所控制，但到了 18 世纪，巨大的普奎酒庄园在墨西哥城以北落成，尤其是如今的伊达尔戈（Hidalgo）州成为这种酒的主要生产者。1784 年，普奎酒的成年人人均年消费量达到 187 加仑。即使考虑到相当大的误差，这一数字的统计范围也必须包括不同种族的人。毫无疑问，普奎酒的低价是令人难以抗拒的，对那些喜欢把自己当成西班牙人的人而言也是一样，即便他们谴责普奎酒糟糕低劣的质量。[1]

当地人和欧洲人在酒类消费方面的差异因仪式和宗教信仰而更加明显。在前西班牙时期的宴会上，普奎酒作为“天堂之水”被供奉给神灵，在西班牙征服美洲之后，普奎酒也仍然与“种植和收获仪式、婚姻、出生、死亡和治疗”等密切相关。无论是被征服前还是被征服后，原住民显然经常喝到不省人事；的确，虔诚度是“以醉酒的程度来衡量的”。至少在外国观察家看来，那些在西班牙的西班牙人有一定的节制饮酒的名声，“指责他们喝醉酒是最能激怒他们的”。这样的观点与我们所掌握的西班牙人早期在印度群岛的粗暴行为的记载并不完全一致，但他们似乎倾向于把适度饮用葡萄酒看作“文明的象征和天主教传统”及“饮食中必不可少的一部分”。毕竟，葡萄酒被基督本人尊为高贵的饮品，上帝“选择将其转化为他最珍贵的血液”。普奎酒则相反，西班牙人（尽管他们也喝）认为普奎酒是一种粗俗、未经提炼的饮料，会使人神经迟钝，导致恍惚麻木。西班牙人还普遍推崇
地中海式的理念，即主要在用餐时饮酒，并能“保持在酒量范围内”而不失 [97]
控。从这一点来看，喝普奎酒喝到麻木的程度“被认为是野蛮的、恶心的、

[1] Taylor, *Drinking, Homicide and Rebellion*, pp. 31–67.

可笑的，是一个人荣誉的污点”。相比之下，就连印第安人（例如克雷塔罗［Querétaro］的一个有钱的酋长）坐在桌边喝葡萄酒，这样罕见的情景都更容易被人们所接受。[1]

“奇恰”是泰诺语，被西班牙人挪用来形容印度群岛各地的酒水，但在这里指的是秘鲁的玉米啤酒——玉米奇恰酒（*chicha de jora*），它在安第斯地区也有类似的重要地位。奇恰酒在前西班牙时代广泛流行，在征服后继续融入仪式和宗教典礼中，并在殖民地持续存在，甚至今天仍然是一种主要的大众饮料。同样地，奇恰酒在这里最初是主要由女性生产的家庭产品，到了 18 世纪在科恰班巴等地也变成了由欧洲研磨技术加工的工业产品。我们可以捎带地注意到，这两种伟大的美洲本土流行饮料从来没有融合过，直到今天也没有，尽管制作它们的原料在中部美洲和安第斯地区都存在。奇恰酒并没有扩散到巴拿马以北地区，普奎酒也没有往南传播。

西班牙人和其他地中海人一样，也喝葡萄酒。想象一下 18 世纪晚期之前欧洲和殖民地的葡萄酒酿造技术，会让如今的消费者不寒而栗。殖民时代的葡萄酒在敞开的大桶里压碎，在脏兮兮的木桶或石槽里发酵，在漏水的木桶或衬有沥青的陶罐里储存和运输，经常用山羊皮装运，所以它几乎总是一种氧化的、酸味的、难闻的酿造品。然而，它却是西班牙人和那些渴望品尝西班牙口味的人餐桌上必不可少的东西。不可思议的是，在特诺奇提特兰陷落后几周，在庆祝征服墨西哥的第一次宴会上，科尔特斯不知怎么就把一两桶葡萄酒端了上来——人们不禁要问，怎么端上来的？用担架？还是靠印第安人背过来的？——是“从卡斯蒂利亚来的船上”沿着维拉克鲁斯的陡坡运来的。同样令人吃惊的是，至少有十几名西班牙女性也出现在了宴会上。伯纳尔·迪亚兹在事隔 30 年后写下了她们所有人的名字。

[1] Taylor, *Drinking, Homicide and Rebellion*, pp. 38–39; Defourneaux, *Golden Age*, p. 153.

她们大摇大摆地走出来，与年轻男人们一起在桌面上跳舞。[1] 殖民时期的进
口葡萄酒通常过于昂贵，一般人无法消费，但它当然能出现在波托西和萨 [98]
卡特卡斯（Zacatecas）享受奢华生活的矿主家中以及殖民精英的家中，尤其是在利马和墨西哥。最便宜的欧洲葡萄酒甚至流向了原住民和混血大众。

遗憾的是，在美洲，很少有地方能盛产酿酒葡萄（*vitis vinifera*）。热带和高原都不适合种植。早期的修士决心酿造葡萄酒，以减少用于弥撒和自己消费的葡萄酒进口需求和带来的麻烦。他们在 16 世纪引进了一种古老而常见的黑葡萄，其在西西里岛和西班牙被称为莫尼卡（*mónica*）。在随后的几个世纪里，这种葡萄在其原产地几乎绝迹，但它被带到了大西洋的彼岸，在葡萄栽培条件甚至算不上合适的地方都获得了新生。这种葡萄在墨西哥被称为“使命”（*misión*），在阿根廷被称为“克里奥尔女孩”（*chica criolla*），在智利被称为“国之葡萄”（*uva del país*）。17 世纪，耶稣会士将这种葡萄传播到了下加利福尼亚（Baja California）；在这里，墨西哥最好的葡萄酒仍然是由这种葡萄的不同变种所酿造的。

智利中部的地中海气候与欧洲主要的葡萄种植区的纬度相当，是理想的选择，那里的定居者用“国之葡萄”酿造出了一种勉强可以饮用的葡萄酒。1578 年，在弗朗西斯·德雷克（Francis Drake）环球航行期间，口味粗糙的船员们在瓦尔帕莱索（Valparaíso）获得了几个酒桶。他们发现这些酒完全可以接受。位于秘鲁海岸边的伊卡山谷和皮斯科山谷，纬度更高一点的阿雷基帕，以及今天的阿根廷山麓地带的门多萨省（Mendoza），都出产了几千桶质量一般但算不上糟糕的葡萄酒。在整个西半球，只有在智利和现今的阿根廷，普通人才会饮用葡萄酒，这无疑是因为当地所产葡萄酒的质量较高，同时也是出于他们对西班牙文化的认同。当然，在现代阿根

[1] Diaz, *Historia*, p. 371.

廷，来自意大利和西班牙的移民也带来了热爱葡萄酒的文化。[1]

欧洲人还引进了蒸馏技术，并很快开始提供粗制滥造的“烈酒”（firewater），起初是很少量地从甘蔗中提取，后来从秘鲁海岸的葡萄中提取。一个名叫佩德罗·曼努埃尔（Pedro Manuel）的人在1613年的遗嘱中给他的奴隶留下了大桶的烈酒和一个大铜锅，让她可以制造更多的酒，这是后来被称为皮斯科白兰地（pisco）的酒的第一份文献记录。大约在同一时间，整个美洲热带地区都出现了简陋的蒸馏酿酒厂，其中包括17世纪20年代在巴巴
[99] 多斯酿制第一批朗姆酒的酿酒厂。[2] 在墨西哥高地，从各种龙舌兰纤维的熟核中蒸馏得到了各种各样混合的烈酒，其中最经久不衰的是梅斯卡尔酒，特别是梅斯卡尔龙舌兰酒，后者以瓜达拉哈拉附近的小镇命名。这些廉价而强劲的麻醉物尤其吸引着那些在新城市的大众社区找到避难所的离乡背井的人，还吸引着到城镇来的小贩、骡夫和当地农民，城镇为他们提供了逃离单调的日常生活的机会。与如今人们所熟悉的一样，西班牙政府强烈反对酗酒行为，但同时发现对酒精征税是一种不可抗拒的收入来源。

在16世纪的西班牙，许多西班牙人已经开始喜欢冷饮。尼古拉斯·莫纳德斯（Nicolás Monardes）在1571年首次出版的奇特作品《关于雪及其好处的书》（*Libro que se trata de la nieve y de sus provechos*）显示，包装好的雪在整个欧洲普遍用于冷却酒和水，在君士坦丁堡全年出售，“商人、有很多事情要做的人和经常走路的人”等重要人物都会饮用。他认为这是治疗神经不好、胃病、肝病的良药，总之，对什么病都好。按照摩尔人国王的做法，用稻草包好的雪从内华达山脉（Sierra Nevada）带到距离约6里格（约33公里）的格拉纳达城。身为塞维利亚人的莫纳德斯抱怨道，他自己的城市没有雪，所以人们在炎热的夏天没有清凉的饮品。同样在马德里，

[1] José del Pozo, *Historia del vino chileno* (Santiago: Editorial Universitaria, 1998).

[2] 同上书，第24页。

在费利佩二世时期，冰和雪从 40 英里（约 64 公里）外运来，储存在城内的“雪窖”里，在“清凉饮料和冰镇果汁非常流行的夏天”出售。[1]

我没有看到任何迹象表明中部美洲或安第斯地区的前西班牙人对冷饮感兴趣。但是一旦在印度群岛站稳脚跟，西班牙人就把注意力转向了热带地区的冰块供给问题。令他们欣喜的是，在秘鲁和墨西哥都有一座座高耸入云的山峰，为炎热的国度带来了终年积雪。殖民地政府利用已经蓬勃发展的私人经营，于 1634 年在利马、1719 年在墨西哥将雪变成了国家垄断，这为王室带来了每年 2.5 万到 3 万比索的不算高的收入。在墨西哥，冰块为富人的饮料降温，并被装入冰盒中为那些能负担得起的人保存食物，例如耶稣会就在墨西哥城以北约 30 英里（约 48 公里）处的特波兹特兰的宏伟修道院中用冰块保存食物。

为奢华盛宴提供冰川冰或冷却利马女郎们喜欢且不可缺少的调味酒 [100]
“安特混合安特酒”（ante con ante）的权利，都被外包给了承包商。他们反过来又向政府申请工人劳力。在利马内陆的瓦罗奇里省（Huarochirí），印第安人劳力是通过米塔强迫徭役制度提供的。他们被指派给承包商，受黑人监工的监督，找到去雪域的路，切割冰块，用稻草包裹起来（就像在格拉纳达一样），然后在他们的劳动成果在背上融化之前，匆匆下岩石悬崖前往利马。冰块米塔制度“比其他任何形式的强迫劳动更广受憎恨”。王室对冰和雪的垄断贯穿了整个殖民时期，甚至一直持续到 1815 年，也就是墨西哥独立斗争的第五年。[2]

---

[1] *Libro que trata de la nieve y de sus provechos*, Biblioteca Monardes (Seville: Padilla Libros, 1988), pp. 188–206; Defourneaux, *Golden Age*, p. 65.

[2] C. H. Haring, *The Spanish Empire in America* (Oxford: Oxford University Press, 1947), p. 293; Jean Descola, *Daily Life in Colonial Peru* (London: George Allen and Unwin, 1968), p. 130; Karen Spalding, *Huarochirí: An Andean Society under Inca and Spanish Rule* (Stanford, Calif.: Stanford University Press, 1984), pp. 165, 185; John J. Tepaske, *La real hacienda de Nueva España: la real caja de Mexico, 1576–1816* (Mexico City: INAH, 1976).

从西班牙统治中独立出来并没有降低那些买得起冰的人对冰的品位。19世纪上半叶，一位富有进取心的企业家弗雷德里克·都铎（Frederick Tudor）组织了一场繁荣的贸易，用帆船的货舱将湖冰从新英格兰运往加尔各答、锡兰和香港，还运往加勒比地区和里约热内卢。卡尔德隆·德拉巴尔卡夫人（Mme Calderón de la Barca）似乎认为，在1839年哈瓦那“令人窒息”的炎热天气里，能轻易获得冰块是再自然不过的事了。冰块贸易一直持续到19世纪最后的三十多年，这时机械制冷和制冰技术逐渐出现。不过，热带地区的冰块仍然很少见。在加夫列尔·加西亚·马尔克斯（Gabriel García Márquez）的《百年孤独》（*Cien años de soledad*）的开场中，奥雷里亚诺·布恩迪亚（Aureliano Buendía）上校回忆起在炎热的哥伦比亚海岸的“那个遥远的下午”，“当时他的父亲第一次带他触摸冰块”。[1]

[101] 许多观察家甚至是习惯于旧政权过度行为的欧洲旅行者都注意到，在基多、利马、波托西和墨西哥等殖民地首都，普通大众日常简朴的饮食与西班牙人和克里奥尔人的壮观宴会之间存在着巨大的差异，而且慷慨大方的展示往往会演变为纯粹的暴食。事实上，除了（并不罕见的）基督教节日和民间仪式之外，简单而朴素的饮食甚至也是殖民地精英们日常生活的准则。也许这个传统是在特诺奇提特兰陷落后立即开始的。我们已经看到，从欧洲占领的最初几天起，盛大的宴会就被安排起来，非常粗暴和无节制，以至于让一些参与者自己都感到愤慨。1521年科尔特斯混乱的宴会上似乎主要是烤猪和桶酒。很难想象，特拉斯卡拉盟友们没有提供至少是成堆的热玉米薄饼，他们虽然出席了这个场合，却站在离主要活动有一定距离的

---

[1] *Life in Mexico: The Letters of Fanny Calderón de la Barca*, ed. Howard T. Fisher and Marion Hall Fisher (New York: Doubleday, 1966), p. 24. Gabriel García Márquez, *Cien años de soledad*, 9th ed. (Buenos Aires: Editorial Sudamericana, 1968), p. 9；关于弗雷德里克·都铎的故事，见 Elizabeth David, *Harvest of the Cold Months: The Social History of Ice and Ices* (London: Michael Joseph, 1994).

地方。然而，记录没有提到玉米薄饼或任何其他本地食物。

随着殖民世纪的到来，伊比利亚烹饪从主要城市通过采矿营地和西班牙在农村的前哨站向外渗透。厨师们将当地的食材融入熟悉的食谱；例如，西班牙各地烹饪的主打菜大杂烩（*cocido*）融合了安第斯地区的马铃薯和玉米，创造出了炖肉汤（*sancochados*）和砂锅炖菜（*cazuelas*）。即使像似乎是典型本地菜的秘鲁腌生鱼（*cebiche*），如果没有进口柠檬汁或苦橙汁来料理，也是难以想象的。事实上，*cebiche* 这个词可能来自阿拉伯语 *sebech*，意思是“酸性食物”。修女会和她们负责培养的年轻女性也丰富了美洲殖民地的饮食生活。她们擅长制作精致的糕点和糖果，在厉行节俭的同时，她们还以招待重要访客或殖民官员的精致宴会而闻名。修士们还会铺上红地毯。例如，贪吃又消化不良的托马斯·盖奇在墨西哥城附近的圣哈辛托（San Jacinto）加尔默罗会（Carmelite）修道院住了五个月。他提到，尽管每天摄入各种鱼和肉，他的胃却不停地乞求食物。每周一都有几十箱木梨甜糕（*dulce de membrillo*）或木梨果冻、橘子果酱、水果和糕点送上门来。然而，这些都不能消除他的饥饿感。在整个殖民地于 16 世纪中期开始建立的新修道院中，修女会不仅将烹饪艺术传授给“好女孩”（*niñas bien*）——即克里奥尔人（有时也包括梅斯蒂索人）以及殖民精英的女儿们，而且还发明了混合欧洲和本地材料的菜肴，如核桃酱肉酿青椒（*chiles en salsa nogada*）和巧克力辣椒酱（*mole poblano*），两者都成为了现今墨西哥美食 [102]
中的典型混合菜。[1]

在 17 世纪利马和墨西哥的巴洛克式辉煌和帮助创造这种辉煌的强制徭役体系中，克里奥尔精英获得了过度无节制和炫耀的恶名，以至于王室甚至发布了一系列王家法令（尽管无法执行）反对克里奥尔人为自己的官员

---

[1] *Cocina mexicana*, 4:59; Kathyrn Burns, *Colonial Habits: Conventsand the Spiritual Economy of Cuzco, Peru* (Durham, N.C.: Duke University Press, 1999), p. 106.

举办庆祝活动而“铺张浪费”。利马和墨西哥的总督们是国王的直接代表，他们将旧政权的仪式和宴会惯例带到了大西洋彼岸的新世界，为所有渴望“像国王一样生活”的人提供了无法抗拒的模式。新的美食时尚和例行展示围绕着他们的宫廷和仪式而转变。[1]华丽的欢迎宴会从新总督抵达维拉克鲁斯或卡亚俄的港口开始，一直持续到他进入首都。任何了解同世纪英国、法国或西班牙的君主在各省行进情况的人，都能很容易地认出这种熟悉的做法。1696 年，蒙特祖玛和图拉伯爵（Count of Moctezuma and Tula）在 199 名亲属的陪同下经过普埃布拉市前往墨西哥，随行的还有助手和仆人，其中包括 16 名厨师和 12 名糕点师。客人们住了 36 天。这一行进情况的记录者十分惊叹，他仔细计算并写到，这个宴会吃掉了 306 头绵羊、100 头山羊、18 头小牛、2 头鹿、40 头乳猪、12 对鸽子、80 条牛舌、23 只火腿、600 只小鸡、100 只阉公鸡、48 只当地火鸡，还有鱼、1 桶红葡萄酒和 26 桶白葡萄酒。这种肉食比例相当高的饮食还伴有甜食、巧克力和糕点。[2]

如此壮观的图景，曾多次出现在占据社会阶层少数的富裕的克里奥尔地主、矿场经营者和商人的宴会上（虽然规模可能有所不及），他们中的大多数人把自己的城市住宅硬生生地建在主广场旁边，在那里他们可以与伊比利亚和克里奥尔富人比肩而过。他们的炫耀和奢侈并不局限于与同类豪门比拼，其大方慷慨偶尔也会延伸到自己的工人、侍从和随从身上。所有
[103] 这些都是“土地和印第安人的大领主”（*grand señor de tierras e indios*）风气的一部分，即使在通常情况下，周日这样慷慨，一周的其他日子就得吝啬。

尽管从欧洲、非洲和亚洲引进了大量新的植物和动物，殖民统治却导致了那些继续认为自己是或被认为是印第安人的、数量不断减少的居民的饮食制度的压缩，这是一个明显的讽刺。许多美洲原住民的定居点远离欧

[1] *Cocina mexicana*, 4:54.

[2] 同上。

洲人入侵地的主要道路，因此那里的居民没有被卷入强迫劳动的制度，也没有被卷入新城镇的城市轨道。处于外部地带的居民包括墨西哥北部边境仍以游牧为主的人、瓦哈卡州萨巴特克人（Zapotec）村庄的居民、今恰帕斯州（Chiapas）或危地马拉高地的玛雅农民、秘鲁矿业经济边缘的安第斯人、今玻利维亚的奇里瓜诺人（Chiriguano）和智利南部顽强不屈的“阿劳坎人”（Araucanian）等。这些人都不是完全没有受到欧洲人进入的影响，但大多数人无法或不愿意显著改变他们的饮食制度。例如，在殖民末期甚至到 20 世纪早期，原始的本土主食马铃薯和玉米可能提供了相比欧洲人刚到来时更大比例的热量摄入。

克里奥尔人——那些自认为是白人，或者本来就是白人，或者希望被认为是白人的人——通过他们所购买的东西，竭力与他们通常很反感的西班牙人联系在一起，并将自己与对方后来渴望领导的混血人种区分开。从墨西哥北部到智利，各地新兴的混血人口更容易接受新的饮食世界的食材（如偶尔食用的炖牛肉或猪肉、十分普遍的鸡肉和蚕豆等），并将这些食材融入他们祖先饮食的主要元素。他们将这些引进食物与玉米薄饼、豆类、红番椒、普奎酒、马铃薯、辣椒、奇恰酒和古柯等结合起来，产生了一种混合的饮食制度。即使是像墨西哥巧克力辣椒酱这样的典型菜肴，也比墨西哥做法纳入了更多来自欧洲和亚洲的原料。

在将欧洲人和原住民阶层分隔开来的不可避免的模糊且重叠的边界之间，出现了混血人口，他们将在 19 和 20 世纪组建新的共和国。他们是混合物质文化的基本载体。一开始，他们对自己的身份感到矛盾，这是可以理解的。他们与上层和下层的人一样，通过吃什么和怎么吃，在文化意义 [104]
的迷宫中寻找自己的出路。食物、餐食以及饮食方式提供了一个争夺身份的舞台；布料和衣服则提供了另一个舞台。

布料和服装

在我们物质文化的三个基本分类中，住房的变化是最慢的。无论是因为收入微薄还是口味不同，人们在饮食上都趋于保守。但衣服是另一回事。毫无疑问，在殖民时期的拉丁美洲，服装的变化速度要比我们这个崇尚时尚的世界要慢，但几乎各地的人们都受到了他们邻居新织品的影响。他们在做弥撒时注意到其他人的衣着，并在数不胜数的市场货摊上摆放的新丝带和装饰品中挑来挑去。费尔南·布罗代尔（Fernand Braudel）的高傲论断是：“不懂时尚是全世界穷人的命运……他们的服装，无论是漂亮的还是简朴的，都是一样的。”这似乎是一种远观的看法。[1] 而从近处看，则有证据表明，随着新技术、新面料、新染料或新的装饰细节的出现，服装在不断创新和调整。这些变化可能是微妙的，如男式帽檐的扩大或收缩，或小银耳环或贝壳项链的使用；也可能是显而易见的，如现今玻利维亚的塔拉布科人（Tarabuqueño）在 16 世纪采用的头盔，或 18 世纪许多普通人从使用羊毛变为使用棉花的大规模变化。

乔治·福斯特（George Foster）的《文化与征服》（*Culture and Conquest*）是为数不多的系统研究拉丁美洲殖民时期物质文化的著作之一，福斯特坚持认为，在许多人的传统观点看来，民间文化和农民文化具有强烈的保守性，从一个世纪到另一个世纪变化不大，这是对“传统的、农村的生活方式完全错误的印象”。相反，人们“受到来自城市的影响而有强烈的改变动机……也就是说，模式和习俗……逐渐渗透……到了无产阶级和农村人的层面……尽管经过改造以符合当地的模式”。动机“是声望，是模仿的过

[1] Braudel, *Structures*, p. 313.

程”。他继续说道：“服装作为一种可见的符号，是这一过程发挥作用的最重要的文化类别之一。”[1]

拉丁美洲殖民时期物质文化的变化产生了经济和社会影响。除了食物和饮品及其对农业变革的影响之外，最为明显地体现在服装和纺织品的生产上，以及西班牙王室重新安排城市和乡村空间的决心中。 [105]

新的服装时尚呼唤着国外的进口商品和国内的新生产方式，这反过来又对殖民生活产生了深远的影响。亚当·斯密（Adam Smith）在一篇著名的文章中，追述了对一件普通羊毛大衣的需求所带来的后果。他指出，这是“一大批工人的共同劳动。牧羊人、羊毛分类工、起毛工、染色工、粗梳工、纺纱工、织布工、漂布工、裁剪工以及许多其他的人，为了完成这种堪称平常的产品，都必须加入他们不同的技艺”。[2] 在印度群岛也是如此。殖民时期纺织品的产出，导致了对专业工人的广泛需求，影响了整个印度群岛核心地区的村民们。

对以丰富且常常是精致的纺织品而闻名的原住民社会而言，入侵的欧洲人不仅引进了新的工具和设备，而且带来了本地没有的产毛动物。在安第斯地区的例子中，这些动物是对驼科动物的补充，长期以来，驼科动物是高原和山谷居民的毛来源。单是钢剪就彻底改变了安第斯地区牧民的生活，他们在前哥伦布时代将毛从羊驼身上分离出来的技术对剪毛的人和被剪毛的羊驼来说都是很痛苦的。棉纤维和布料的新品种和新加工方式随着欧洲人的到来，扩大了整个美洲地区人们追求舒适和装饰的可能性范围。

几乎在欧洲人接触到原住民的每一个地方，他们都发现男男女女在纺

---

[1] Foster, *Culture and Conquest*, p. 96.

[2] Adam Smith, *An Inquiry into the Nature and Causes of the Wealth of Nations*, ed. Edwin Cannan, introd. Max Lerner (New York: Modern Library, 1937), p. 11; Richard J. Salvucci, *Textiles and Capitalism in Mexico: An Economic History of the Obrajes, 1539–1840* (Princeton, N.J.: Princeton University Press, 1987), p. 170.

线和织布。在没有纺轮的情况下他们使用的是纺锤，从墨西哥到秘鲁使用的是原始的织布腰机。古代安第斯的织工用这种简单的设备，织出了一些世界上最复杂、最华丽的纺织品。此外，腰机将布面宽度限制在 32 英寸（约 0.8 米）左右，而且生产率很低，这也是事实。由于缺乏前哥伦布时代
[106] 或殖民时期的数据，只好按照现在的实践进行计算。最近的一项研究估计，在欧洲技术出现之前，一个织工需要 7 到 9 天的时间才能生产出 1 平方码（约 0.8 平方米）多一点的普通棉布。如果一个家庭的所有成员都参与各种织前操作（当然棉花的清洗、打棉、梳理和纺纱都是手工完成的），那么他们每周可以生产 4 到 5 平方码的棉布。这就难怪布的价值如此之高了。即使是在物质条件相对更为丰富的 18 世纪的宾夕法尼亚州，布匹和衣服也是大多数家庭最大的一笔开支。[1] 在古代墨西哥和秘鲁，专业化的妇女群体会编织不同种类的布料，从而或许能实现一定的规模经济。

在欧洲和美洲首次接触后的 20 年内，欧洲人将脚踏织机、梳理板、纺
[108] 纱轮、旋转轮和其他用于生产羊毛布料的设备都传播到了美洲。这些设备鼓励劳动分工，一旦工人被组织到相当大的作坊就“让大幅度增加产量成为可能”，这些作坊后来被称为劳役作坊（*obrajes*）。在墨西哥和秘鲁的总督辖区内，只要有市场、能吸引投资、附近有羊群而且还有可能吸引或胁迫工人参与生产，这些地方就都会有劳役作坊。更为高效的作坊需要流动的水来驱动缩绒机，这一特点对位置的选择有很大影响。因此，作坊集中分布在墨西哥谷地、巴希奥地区、普埃布拉至特拉斯卡拉（Tlaxcala）一带、厄瓜多尔高地及库斯科附近。这些作坊的拥有者包括私人投资者、宗教团体以及在厄瓜多尔的案例中的印第安人社区。

对棉花和羊毛的需求导致气候更温暖的地区扩大了棉花的种植面积，

[1] Laurel Thatcher Ulrich, “Cloth, Clothing and Early American Social History,” *William and Mary Quarterly*, 3rd ser., 53, no. 1 (Jan. 1996): 18, 39–48.

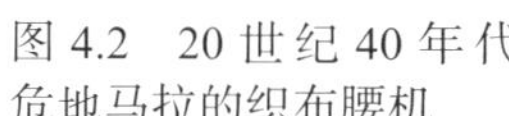

图 4.2 20 世纪 40 年代危地马拉的织布腰机

这是从前西班牙时代延续至今的典型家庭织机。资料来源：新奥尔良州的杜兰大学（Tulane University）拉丁美洲图书馆提供

图 4.3 1740 年一家纺织作坊里的圣米格尔供品

西班牙人从 16 世纪开始在整个西属美洲建立了羊毛和棉花纺织厂。资料来源：卡洛斯·洛佩兹（Carlos López）的绘画。照片由哥伦比亚富美图文化公司（Fomento Cultural Banamex，A.C.）的拉斐尔·多尼兹（Rafael Doniz）拍摄。索马亚博物馆（Museo Soumaya）收藏

羊群则在新西班牙总督辖区和南美的高原或温带地区不断散布开来。当卡斯蒂利亚的羊出现时，它们很容易就被习惯于牧业经济的秘鲁人所接受。绵羊在中部美洲也被相当迅速地接受，向北传播到低地地区，并最终在 18 世纪传播到今天的亚利桑那州和新墨西哥州。随着纺织作坊的建立，羊毛被纳入了中部美洲的服饰中，就像几个世纪前安第斯地区的羊驼毛一样。如果说消费者逐渐接受了新的棉、毛织物的设计和颜色，那么作坊的生产技术则被冻结在 16 世纪的初始模式中。在欧洲西北部甚至加泰罗尼亚（Cataluña）发生纺织生产的革命性变化时，没有任何证据表明美洲的作坊在三个世纪的殖民统治中引进了技术变革，即使是像在安巴托（Ambato，位于厄瓜多尔）附近耶稣会拥有的、雇用了超过 400 名工人的大型圣伊尔德丰索（San Ildefonso）作坊也是如此。殖民时期的纺织作坊也没有淘汰与其同时存在的家用和小作坊织机，数以万计的本地生产者采用了一些进口技术的特点，但同时也继续使用他们祖先的纺锤和织布腰机。作坊经常从大量家庭纺纱工那里获取纱线来参与农民生产，这一“外包”系统似乎类似于 17 世纪低地国家的初始工业化进程。因此，作坊的工作往往是季节性的，因为村民们在生长和收获季节照料他们的庄稼，然后在这一年的其余
[109] 时间里不情愿地、常常是被迫地进入纺织作坊这类“血汗工厂”，这是殖民地最受屈辱和压迫的工作场所之一。[1]

由于从塞维利亚到维拉克鲁斯或维度更高的秘鲁（需要在巴拿马进行陆路穿越）的海运价格很高，只有相对于重量或体积而言价值较高的细布才能值回运输费用。因此，运费保护了殖民地的企业家。但是一般而言，纺织作坊的所有者通常在区域市场的小半径范围内出售他们所产的较粗的

---

[1] Salvucci, *Textiles*, pp. 47–52, 20–31. Manuel Miño Grijalva, *La protoindustria colonial hispanoamerican* (Mexico City: Fondo de Cultura Económica, 1993)，尤其是第 12 页。关于圣伊尔德丰索工场的性质及其摧毁的讨论可见 Archivo general de Indicas, Quito, leg. 403, various folia。

毛织物。反过来，更小的、效率更低的、更深入腹地的小作坊能够供应的是更孤立的、更小的市场。当地生产的布料在附近的市场上流通，这使得当地的纺纱工和织布工得以维持生意，他们往往将纺织工作与农业生产结合起来。

从萨尔塔乘骡子 12 天，从卡哈马卡乘骡子 5 天，就到达了如今阿根廷内陆深处的贝伦（Belém），这个寂静的小区域为我们提供了地方性的、相对成功的生活的美好图景。1678 年，贝伦由少数有进取心的工匠和乡村监护征赋制拥有者们（一个监护征赋制领地对应一个支流的印第安人）建立。由于殖民贸易路线的收缩，贝伦人受到进口布料的高额运费的保护，开始用绵羊与当地的小羊驼（vicuña）和美洲驼的毛为他们自己及本地市场制造纺织品。这些人都是讲克丘亚语的定居者；事实上，1691 年，当地的牧师被调走了，因为他不懂当地语言，通过翻译员来听取忏悔，“对人们造成了极大的耻辱和偏见”。这里的女人们纺纱织布，男人们则制作帽子和鞋子，搬运柴火、赶骡子。到了 18 世纪 70 年代，这种手工产业支撑起了一个由少数富裕的邻里居民组成的温和的定居点。其中一个叫胡安·德·卡斯特罗的人家里住着他的妻子和儿子，还有 19 个家属和 16 个随从。另一个人有妻子和儿子，作为“他的奴隶”的从属者及其妻子，他的岳母，以及“12 个侄子和孙子”。到了 18 世纪后期，随着布宜诺斯艾利斯港口的发展和此后贸易路线的重新排布（在此之前，贝伦面向的是东北部地区，朝着波托西和利马），进口布料开始从西班牙甚至意大利和荷兰进入该定居点，这是 [110]
大型工业化进程的一部分，使得价格更低、质量较高的布料淹没了安第斯地区的纺织生产商。[1]

[1] Esther Hermitte and Herbert Klein, “Crecimiento y estructura de una comunidad provinciana de tejedores de ponchos: Belém, Argentina, 1678–1869,” in *Documento de trabajo, no. 78* (Buenos Aires: Centro de Investigaciones Sociales, Instituto Torcuato di Tella, 1972), pp. 1–4, 8ff.

殖民时期的纺织品贸易流向了分化的市场：来自欧洲的奢侈品布料面向一个规模小但利润丰厚的市场，家庭生产正如我们在贝伦的例子中看到的那样满足了当地的大部分需求，劳役纺织作坊的产出则面向剩余的市场。以新西班牙为例，纺织作坊占了整个纺织品市场的40%左右。在少数情况下，最好的纺织作坊生产的布在地区间市场上能与进口布竞争。16世纪，在王室禁止这种贸易之前，来自普埃布拉（墨西哥）的羊毛织品曾一度到达秘鲁市场。基多的优质羊毛织品也在整个“安第斯空间”进行交易，特别受到波托西财富阶层的追捧，还一路远销到智利中部。但到了18世纪中叶，由于更大型的船只走的是合恩角（Cape Horn）航线而避免了横跨巴拿马的转运，当时陈旧的纺织作坊，尤其是那些生产羊毛织品的作坊，无法抵御来自欧洲进口浪潮的竞争，也无法抗衡由商人资本振兴的成千上万的家庭手工业。纺织作坊一直延续到19世纪初，从未向工业纺织品转型。[1]在一定程度上，纺织作坊的衰落也是由于消费者偏好在近乎全球范围内发生的广泛的转变，从羊毛变为更便宜、更舒适、更容易清洗的棉布。

几乎从西班牙统治拉丁美洲开始，到各个种族阶层开始定居的时候，布料和服装就成为了一个有争议的文化领域。1593年，在主要的殖民纺织中心之一的基多，一位不具名的线人向王室报告：“本省的酋长们和印第安人们想模仿‘西班牙民族’。”他们尽其所能地采用西班牙衣饰的用法和形式，“盛装打扮，尤其在节庆日，穿上花哨的衬衫和丝巾”。但是，正如“经常发生在下层人民身上那样，地方当局把他们脱光了，拿走他们的衣服，告诉他们只能穿棉布”。[2]一个多世纪以后，随着布料的品种成为越来越微妙的标志，豪尔赫·胡安（Jorge Juan）和安东尼奥·乌洛亚（Antonio
[111] Ulloa）根据17世纪30年代末在厄瓜多尔居住几年的经历，在其评论里很

[1] Salvucci, *Textiles*, pp. 135–169.

[2] Archivo General de Indias, Quito, leg. 211, fol. 73.

好地把握了服饰的社会意义。16 世纪教会以体面的名义所提倡的白色棉裤，当时已经很常见了。它们松松垮垮地挂在小腿上，搭配着一种麻袋状的衬衫和粗布羊毛马甲（*capisayo*）或斗篷（*poncho*）。它们与当地的帽子和凉鞋一起，成为普通印第安人的普遍穿着。对其他所有人来说，尤其是混血族群和不断变化的阶级类别，时尚的变化是非常重要的。殖民地基多的居民和其他地方的居民一样，似乎在通过微妙但独特的服饰差异，为其地位和身份进行一场精心调试的斗争。这始于“更合适的印第安人，尤其是理发师和施行放血术的医生，他们与其他人有些不同，因为他们用精细棉布做马裤，穿着带有四指宽花边的衬衫，鞋子上有银扣或金扣”。对安第斯的印第安人而言，发型似乎和服饰一样重要：“对男人和女人来说，剪发是对他们最大的冒犯。他们把剪发当作最严重的侮辱和欺侮，所以他们即使不抱怨主人对他们的肉体惩罚，也永远不会原谅剪发的行径。”[1]

另一方面，“所有梅斯蒂索人都把头发剪短了，以此将自己与印第安人区别开来”。一般来说，梅斯蒂索人穿的布料比克里奥尔人或西班牙人的更便宜，无疑是当地纺织作坊的产品。胡安和乌洛亚注意到，“梅斯蒂索人的衣服用的都是当地的蓝布”。从墨西哥北部到安第斯山脉，似乎各地都有这种同样的靛蓝染色的毛织物。然而，在经济条件允许的情况下，梅斯蒂索人通过蕾丝和金银装饰，努力接近西班牙风格。梅斯蒂索女性努力按照西班牙人的方式穿衣，尽管她们在衣料的丰富程度上无法与西班牙人相提并论。鞋子（而非凉鞋）也让酋长们把自己和普通印第安人区别开来。厄瓜多尔的酋长们穿戴着和更富有的梅斯蒂索人一样的斗篷和帽子，但他们从来没有不穿鞋就出现在公共场合，“因为这使他们与粗俗的印第安人完全不同”。[2]

---

[1] Juan and Ulloa, *Relación histórica*, 1:366–370.

[2] *Ibid*., 1:369; Van Young, “Material Life,” in Huberman and Socolow, *The Countryside in Colonial Latin America*, pp. 63–65，载有关于靛蓝染布的评论。

[112] 欧洲裔和美洲裔西班牙人之间的政治和社会竞争在衣服和装饰上表现得最为微妙。“（在基多）拥有财富的人在服饰上表现出极大的华丽，非常普遍地穿着最精美的金银薄纱”，毫无疑问是进口的。在18世纪出现的各种描绘“血统种族”的画作中表现出了服装和举止的风格化差异，但没有体现出美洲西班牙人和半岛西班牙人之间的任何区别。然而，不止一位波旁王朝的官员抱怨克里奥尔人的虚荣和炫耀，还有几位官员指出，当地的精英们在18世纪中期就已经开始采用巴黎风格了。所有人都认为殖民地精英的衣着奢侈华丽；即使是阿梅迪·弗莱泽（Amedée Frezier）或亚历山大·冯·洪堡（Alexander von Humboldt）这样对欧洲各国首都的风格非常熟悉的观察家，也对各总督辖区首府内人们的衣饰丰富程度感到惊讶，尤其是女性的穿着。[1]

王室和教会试图说服他们的殖民地臣民注意“体面”，穿着与其地位相称的衣服，结果可想而知是失败的。例如，1678年4月，米却肯主教努力应对这样一个现实：在他的教区，人们的衣着“不甚诚实”，普通人和贵族都穿着丝绸和其他昂贵的布料且都“戴着金、银和珍珠的首饰”这一点也令他感到羞愧。这种“乱象”在女性中更为严重，尤其是黑人和混血女性。从1725年给秘鲁总督的一道敕令中可以看出王室的挫败感。该敕令指出，两年前，在利马高级法院的拱廊下公布和张贴了一道命令，旨在“缓和黑人、穆拉托人、印第安人和梅斯蒂索人在穿衣方面可耻的过度行为”，但效果甚微。更糟糕的是，该法院的法官托雷斯伯爵所拥有的两名女奴把法令从墙上撕下来了。王室要求重新下达法令，如果再遭到无视，就应该诉诸法律——惩罚制作衣服的裁缝！让·德·蒙塞古尔（Jean de Monségur）上尉

[1] Juan and Ulloa, *Relación histórica*, 2:71. 详细图文资料同时参见 J. Vicens-Vives, dir., *Historia de España y América* (Barcelona: Editorial Vincens-Vives, 1961), 5 vols；尤其参见 vol. 4: *Burguesía, industrialización, obrerismo: Los Borbones. El siglo xviii en America*。

是 18 世纪初墨西哥商业和社会的敏锐观察者，他认为那里的克里奥尔女性也非常喜欢在服饰上“过度地展示和炫耀”；但事实上，“梅斯蒂索人、印第安人、穆拉托人和黑人”甚至“更沉迷于所有此类的爱好”。[1] [113]

在王室官员和神职人员看来，一个有序的世界需要等级制度。不仅特定的种族群体应该有特定的义务和特权，美洲的货物和商品也应该反映并帮助维持殖民地社会的分工。然而，限制奢侈消费的规定像许多殖民立法一样，不可避免地成为了原则性的声明和宣扬要达到的目标，而不是可执行的法律。我们可以从这些文件中推断出的关于殖民**实践**（*practice*）的内容很少，但它们确实表明，不同社会群体之间存在着对于紧张关系和冲突的共同忧虑。食物、衣着、装饰和住所等到处彰显着地位和权力，违例使用这些东西会引起秩序维护势力的不安。我们只需想想自己社会中反对身体穿孔的法令，或者某些棒球队禁止留胡子的规定。但我们的“禁止奢侈法”并没有**限制**（limit）消费，而是要求我们“正装打扮”：“不穿衬衫，就不能接受服务”。

西班牙行政当局努力通过法令维持社会分化或规范消费，这是在与即将退去的潮流作斗争。到了殖民时代后期，资本主义生产的美好曙光，或者说是正在聚集的风暴（这取决于一个人是制度的受益者还是受害者）和西北欧的“消费者革命”已经出现在地平线上。在拉丁美洲，人口的复苏——墨西哥白银时代的晚期繁荣，以及旧总督辖区核心外围（智利、阿根廷、哥伦比亚西部和墨西哥西北部）的贸易的加速——促进了购买力的提升，尤其是缓慢增长的城市人口这一小范围阶层。更低的海运运费、不断增加的走私物品以及英国和法国坚持要求拉丁美洲的港口对他们的贸易开放导致了越来越多不可抗拒的商品涌入，任何立法都无力控制。此外，殖民社会为地位和生存

[1] Cedulario de Ayala, “Real Decreto aprobando un bando del virrey del perú para moderar el exceso en los trajes que vistian los negros, mulatos, indios y mestizos,” in Konetzke, *Documentos*, no. 114; Monségur, *Nuevas memorias*, p. 43.

而进行高风险争夺的逻辑使得各个阶级和种族的人们都在物质世界中挑选那些被认为是必要的、能够让他们重新塑造不断变化的身份的物品。

[114] 如果说18世纪晚期的殖民官员因不可能让他们的臣民按照与其生活地位相适应的情况穿衣、饮酒、吃饭和建造房屋而甘愿认输的话，那么，当他们把不需要的物品强行塞进不乐意的消费者家中时，他们就成功地到达了挑起武装抵抗的地步。拉丁美洲的大部分地区都存在这种为了简单的赚钱目的而强行出售商品的做法。在18世纪的秘鲁总督府，这种现象尤其引人注目。在那里，利马商人与安第斯山脉中部高地的殖民代理人结盟，制定了一套强制性的商业体系，最终迫使印第安人社区购买布料、铁制品和骡子等。殖民官员或地方长官（corregidors）最初在16世纪由王室任命，负责在殖民地各省推行王室的司法和行政管辖。然而，一个世纪后，受不断增长的收入需求的驱使，国家开始出售行政职位。到了18世纪，买官的做法已经很普遍了。

地方长官需要竞标其职位，如果成功了就通过借钱来支付该职位，通常他们是向商人借钱，有时也找教会。比如说，如果这个职位的成本是10,000比索，任职期限为5年，利率为5%，地方长官希望能收回他的投资并赚取利润，其手段是通过收取司法或行政服务费用。然而，很快，贸易显然提供了更多的可能性。商人往往来自总督辖区的首府利马，他们用赊账的方式预支成捆的布、成箱的剪刀、金属犁头或锄头等，由骡车队运送到高地。其他代理商则安排出售古柯叶或成群的骡子，这些骡子是在如今阿根廷茂盛的牧场上培育的，也将被交付给地方长官。地方长官利用自己对印第安社区的原住民或混血人首领们的权威，强迫首领们以过高的价格将这些货物卖给村民们，并通常以劳务的形式进行支付。[1]

[1] 在大量文献中，参见Jurgen Golte, *Repartos y rebeliones* (Lima: Instituto de Estudios Peruaros, 1980); Scarlett O'Phelan-Godoy, *Rebellions and Revolts in Eighteenth-Century Peru and Upper Peru* (Cologne: Bohlau Verlag, 1985)。

“强迫购买”，或者用殖民地的术语来说是“商品分销”，这听起来很奇怪，因为我们所购买的商品是通过更微妙的手段强加给我们的，而我们是极其顺从的消费者。对于 18 世纪秘鲁的原住民来说，被逼迫按照不属于自 [115]
己计划的方式、以难以想象的过高价格购买商品的做法，构成了殖民政权的主要虐待行为之一，也是引发 18 世纪 80 年代末席卷安第斯地区的大规模图帕克·阿马鲁（Tupac Amaru）起义的重要原因。强迫消费也很好地展示了大西洋资本主义蓬勃发展的中心与遥远而不同的世界中匮乏的获取手段和农民价值观之间在工业和文化上的巨大差距。当英国数以万计的热切消费者发起的“消费者革命”激励着兰开斯特郡（Lancastershire）的工厂在国内不断加大投资力度时，他们的产品却被强行塞进了秘鲁高原那些持抵制态度的消费者的喉咙里。[1]

城镇和房屋

如果一个名叫里普·万·温克尔（Rip Van Winkle）的美洲原住民在 16 世纪早期沉睡过去，到了 18 世纪后半期醒过来，又能旅行穿越美洲伊比利亚帝国从上加利福尼亚一直延伸到巴塔哥尼亚的广袤土地，并反思物理景观所经历的变化，他可能会忽视一些经久不衰的特征，但肯定看到了关于其他特征的众多故事。无论在哪里，日常生活的节奏依然缓慢。季节、天气以及随之而来的丰裕和匮乏的循环几乎塑造了每个人的生活。没有人走

[1] Ward Stavig, *The World of Túpac Amaru: Conflict, Community, and Identity in Colonial Peru* (Lincoln: University of Nebraska Press, 1999), pp. 215–220.

得比马快，大多数人的速度也不会比普通的步行快。货物仍然放在排成长队艰难行进的骡子背上沿着狭窄的小径运送；更重要的旅行者坐在帆布轿子上，轿子的侧杆与骡子的马具相连。偶尔也会有靠人力的运送者背着单个的旅客走过山路。只有在较大的城镇和城市的周边地区才有适合四轮马车行驶的道路。

夜幕降临后，完全的黑暗仍然笼罩着城镇和乡村，这是我们这个电气化的世界几乎无法想象的黑暗。兽脂蜡烛是最便宜的光源，它们的使用导致成千上万的牛被宰杀。毫无疑问，由于蜡烛的烟雾和气味，它们会在傍晚时分被掐灭。在一些地方，人们会点燃松木树脂火把。昂贵的蜂蜡蜡烛
[116] 只适合富裕的人，而鲸油灯仍然是未来的事。我们这位旅行者可能会谈及大型采矿中心周围光秃秃的景色，那里的树木被砍伐作为冶炼炉的燃料。然而，巨大的热带森林仍未受影响，在刚开始萌芽的城市上空，新鲜的空气仍被认为是理所当然的。

然而，居住模式的改变与不同的建筑无疑会引起人们的注意。那时，西班牙人和印第安人居住的城镇通常围绕着中央广场的长方形街道排列。帝国在人口稠密时期建造的大型教堂和修道院耸立在那些刚刚开始恢复人口的村庄之上，显得奇怪地不相称。事实上，在远离库斯科和特诺奇提特兰等以前是印第安人首都的地方，公共空间得以重新安排并出现了纪念性的建筑，这无疑会引起任何能够记起前西班牙时代的人的注意，而这些特点以前都集中在库斯科和特诺奇提特兰。在新的城镇和城市中，一些房屋和家具明显比 16 世纪粗糙的块状房屋更加豪华。

欧洲的木工和石工工具的引进，如锯子、凿子、锤子、钉子、刨子和水平仪以及拱门的使用，造就了富裕居民的房屋，也改变了本土民用和教会建筑的性质。在库斯科的印加石基上，原住民工人在西班牙人的指导下建造了新的有横梁和瓦片的房屋。最好的西班牙式房屋几乎都是一层楼，

沿着地中海和摩尔人风格的线条建造，内部有用以抵御夏季炎热的天井和喷泉，用当地植物盛开的绚丽花朵来装饰。外墙向街道呈现出朴素的外观。在利马，精巧的铁栅栏“清楚地将家庭住在墙内房间里的贵族与侵入城市街道和公共广场的暴民区分开来”。[1]

这种建筑和装饰传统的元素是由阿拉伯征服者沿着地中海的沙漠一侧带入安达卢西亚的，与罗马图案相融合，非常契合墨西哥和秘鲁高原基本干燥的景观。与这种适应性形成鲜明对比的是，英裔美国人坚持把生长在多雨英国的草坪和花园移植到加利福尼亚州和美国西南部干旱的气候中。如果西班牙人的征服不是起源于南方炎热的安达卢西亚省，而是起源于北 [117]

图 4.4 “来自里奥班巴（Riobamba）的梅斯蒂索女性在她的铁匠铺工作”

资料来源：Martínez Compañón, *Trujillo del Perú*. 加州大学伯克利分校班克罗夫特图书馆提供

[1] Alberto Flores Galindo, *Aristocracia y plebe: Lima 1760–1830* (Lima: Mosca Azul, 1984), pp. 78–79.

方的加利西亚（Galicia）或巴斯克省（Basque）多雨、绿意盎然的河口，或者是第一批到达新英格兰的朝圣者来自干旱的土地，也许会是另一番景
[118] 象。不过，如果说西班牙人节约用水的话，那么他们在木柴方面则挥霍无度。正如我们所看到的，他们的炉子所需的燃料是原住民厨房的10倍。

到了18世纪，墨西哥和秘鲁蓬勃发展的银矿经济与更丰富的贸易，为墨西哥城、瓜纳华托（Guanajuato）、利马和苏克雷等地建造许多令人印象深刻的城镇房屋提供了收入来源，其中一些现在被用作银行或博物馆。在18世纪的利马，一位富有的商人在房子里建了一座瞭望台，以便观察附近的卡亚俄港船只的到达情况。另一位商人则把一艘船的船头嵌入他房子的正面。在秘鲁和墨西哥，出于对地震灾害的充分考虑，不鼓励建造一层以上的建筑。因此，有着高天花板的大房间被安排在一个位于中央的长方形天井周围。在利马，这些房间位于后面第二个天井处奴隶区的上风处。[1] 在阿瓜斯卡连特斯（Aguascalientes）等省会城市，林孔·加利亚多（Rincón Gallardo）等家族为特殊目的建造的豪宅占据了主广场。在乡村，大片的庄园建筑有时气势雄伟，但通常是乡村朴素风格的，它们是乡村社交的焦点。虽然在拉丁美洲的历史上，关于有权势地主的讨论常常占据主导地位，但不应夸大他们乡村庄园的辉煌。他们的房屋在任何方面都无法与当代英国、法国或西班牙乡村中占主导地位的大庄园相提并论。

16和17世纪正处于西班牙权力和文化的黄金时代的西班牙人，将他们对豪华马车的迷恋转移到了新世界，这可能是比房子更明显，当然也更公开的展示。马车不仅仅是一种从一个地方到另一个地方的交通工具，特别是因为当时的道路即便是牛车也很难通行，明显不适合更精致的轮式车辆。在西班牙，就像愁容骑士（Knight of the Sad Countenance）堂·吉诃德和他

[1] Galindo, *Aristocracia y plebe*, p.79.

的乡村伙伴一样，许多人都是骑马或骡子出行，大多数人则是步行。[1] 马车主要是用来展示的，因此车主非常注重细节。工匠们对车架和厢体的细木进行打磨和抛光，车门上挂着金线或银线布制成的花哨流苏。主人为了强调自己贵族式的克制，为马车仆役和车夫（*lacayos y mozos de silla*）都配备了华丽的服装，骡子也穿上了鲜艳的衣装。

最豪华的马车不是单纯的马车（*coche*），而是像大帆船一样的华丽四 [119]
轮马车（*carroza*）或带玻璃窗的马车（*estufa*），在行进中比今天的兰博基尼更引人注意。事实上，与桑丘·潘沙的妻子特蕾莎（她与丈夫同样质朴）在她最狂野的一次遐想中，想象自己过着被大马车载着走的宫廷生活"让上千个嫉妒的人眼花目眩"，他们会好奇，"马车里的那些女士是谁"？[2] 在美洲的城市里，同样精致的马车密密麻麻。让·德·蒙塞古尔上尉（Captain Jean de Monségur）在1708年眺望墨西哥城时，看到"许多华丽的马车在街道上奔跑，其数量比例与马德里一样多"。在18世纪末，这座城市有"一千名马车夫，数百名马倌"。在利马，马车也特别重要。"贵族们每到星期天都会乘坐马车在阿马特总督（Viceroy Amat）修建的阿拉米达大街上巡游，炫耀自己。"不过，作者接着说，沿海地区地主的特殊情况则是，"相比其他任何东西来说，崇高的社会地位是由一个人所拥有的其他人（即奴隶）的数量所赋予的"。[3]

尽管哈布斯堡王朝和波旁王朝的殖民政府在美洲有强大的增收能力，他们在公共建筑上的投资都不多，或者说，在道路、港口和城市改善方面

[1] Defourneaux, *Golden Age*, pp. 110–111.

[2] Miguel de Cervantes y Saavedra, *Don Quijote de la Mancha*, ed. Martín de Riquer (Barcelona: Editorial Juventud, 1958), 2:919.

[3] Monségur, *Nuevas memorias*, p. 30; John Kizca, *Colonial Entrepreneurs: Families and Business in Bourbon Mexico City* (Albuquerque: University of New Mexico Press, 1983); Flores Galindo, *Aristocracy*, p. 80. 王室于1684年颁布了"反对滥用马车和其他超额消费的原则"，并于1691年和1716年再次颁布，最后一次是针对印度群岛地区的，目的是遏制马车的过度花费以及其他开支。

图 4.5 “总督访问墨西哥城大教堂”。注意那些精美的马车，墨西哥精英们的华丽服饰，以及主广场上帕里安市场（Parián market）的热闹摊位

资料来源：18 世纪初的匿名画作，由墨西哥城国家历史和人类学研究所提供

的投资也不多。殖民政府在韦韦托卡（Huehuetoca）耗时费力地修建了一条巨大的排水运河，目的是防止墨西哥城的湖泊盆地发生水灾，但这是一项艰巨而失败的努力。公共建设资金为数不多的有效使用是建造使利马免受海上攻击的防御城墙以及卡塔赫纳、哈瓦那、圣胡安和维拉克鲁斯等地的大堡垒。罗马拱门与欧洲的石工和木工技术使得当地庙宇和宫殿的内部空间得到了改善，即使仅仅是在规模上。例如莫雷利亚（Morelia）和克雷塔罗（Querétaro）等的几个省会城市中，有些坚固的水渠至今仍然屹立，让人想起西班牙的罗马文化遗产。不过，殖民精英的建筑并不出众，政府当局的公共建筑也没有给人留下深刻印象；事实上，殖民当局建造的任何 [121]
东西都无法像蒙特祖玛的大房子或库斯科的印加太阳神殿（Coricancha）那样明显地让其美洲臣民感到敬畏。

要想看一看设计令人印象深刻的建筑，我们必须关注教堂，美洲拥有数以百计的堂区、迷宫般的修道院、壮观的大教堂以及如利马、基多或特波兹特兰等地的耶稣会教堂这样美妙的巴洛克式建筑，每座教堂在 18 世纪的造价都超过 100 万银比索。当西班牙政府为了发动战争和推行欧洲化的政策而竭力从其殖民地榨取税收时，其教会却将大量的财富回馈给了美洲经济。到了如今，即使是当时教会最令人印象深刻的圣殿，在各个城市玻璃和钢铁的庞大建筑物面前也显得相形见绌，因此我们只能想象 17 世纪人们眼中的教堂塔楼和主建筑是多么雄伟壮观了。[1]

到了西班牙政权在美洲统治的末期，我们看到的不仅有引进了一整套外国物品的**殖民的**（colonial）物质文化，还有**天主教的**（Catholic）物质文化。除其他许多事物之外，后者还要求将基督教的七天历法（一个没有标记

[1] Adriaan C. Van Oss, *Inventory of 861 Monuments of Mexican Colonial Architecture* (Amsterdam, 1978); Kubler, *Mexican Architecture*; Valerie Fraser, *The Architecture of Conquest: Building in the Viceroyalty of Peru, 1535–1635* (Cambridge: Cambridge University Press, 1990).

任何天体运动的时间间隔）强加给受不同时间节奏调节的人们。例如，这种变化意味着，改变阿兹特克和玛雅的十进制周期（即每月 20 天、每年 18 个月）。赶集日现在被扭转成按 7 天的周期排布，全年都在各周的同一天。这种调整是在 16 世纪早期至中期逐步进行的。墨西哥中部的维齐洛波奇科（Huitzilpochco）在 1563 年将原本的 20 天历法改为一周工作制；然而，图兰辛戈（Tulanzingo）直到 17 世纪还一直保持着 20 天的时间周期。[1]

随着新历法的出台，教会的假期、节日、斋戒和仪式的时间表也随之而来。仪式日历的基本庆祝活动（圣诞节、主显节、圣烛节、四旬斋期、圣周、圣体节、万圣节和万灵节等）在美洲和西班牙是一样的，但西班牙民间基督教的流行节庆并没有跨越大西洋。有时，不知是有意还是无意，基督教
[122] 节日与“异教徒”节日的庆祝活动似乎是重叠的。谁在破坏谁的聚会，并不总是很清楚。无论如何，教会通过要求信徒购买一系列精神产品，即支付与弥撒、婚礼、洗礼和葬礼等有关的日常生活中的圣礼费用，促进了有助于建立和维持社会关系的新消费仪式。有广泛的证据能证明其成功。例如，胡安（Juan）和乌洛亚（Ulloa）并不是教会的崇拜者，但他们写道：18 世纪基多的家庭注重葬礼上盛大的展示活动，“浮华和虚荣已经发展到这样的地步，以致家庭被毁掉、财富被败坏，所有这一切都被一种不被视为比下一个人差的愿望所刺激……在这种情况下，我们有理由说，人们在活着的时候工作和挣钱是为了有足够的葬礼经费”。提到什一税收入和其他教会收入的使用情况，一种现代冷静的评估是：“整个地区（米却肯教区）的农业生产都用来支持日常的礼拜仪式……每年仅蜡烛一项的花费就达到了约 3250 比索。”[2]

---

[1] Gibson, *Aztecs*, pp. 353–357.

[2] Juan and Ulloa, *Relación histórica*, 1:378; David Brading, “El clero mexicano y el movimiento insurgente de 1810,” in Arnold J. Bauer, ed., *La iglesia en la economía de América Latina, siglos xvi al xix*, trans. Paloma Bonfil from the English (Mexico City: INAH, 1986), p. 136.

当地人“从最贫穷的村民到地方精英成员都对其教堂的建造和装饰感到非常自豪，就像我们所知的中世纪欧洲人的那种自豪差不多”，并像他们一样产生了一种占有感。我们不太了解古代安第斯或墨西哥工人对他们在帕拉蒙加（Paramonga）或特奥蒂瓦坎（Teotihuacan）大神庙所做的建造工作有什么感受。教会的建筑工程也产生了对大量切割石材、砖块、木材和窗户的需求，同时也需要玻璃工匠、木匠和按日计薪的零工。新建筑的申请书往往明确表示，建筑工程将为社区创造新的就业机会。例如，18 世纪，当塞尔瓦·内华达女伯爵（Condesa de la Selva Nevada）的代理人敦促王室允许在克雷塔罗建造一座加尔默罗会修道院时，他们不仅指出了 21 名年轻妇女每天祈祷所带来的毋庸置疑的好处，而且提到了“建造修道院的工匠和工人”将获得的工资。[1]

教会的典礼和仪式也改变了当地人的饮食和服饰制度。当然，用于弥 [123]
撒的基本用品（面包和葡萄酒）需要当地生产或进口。危地马拉殖民时期的方济会和多明我会修士们要求当地教友为每天的仪式（*servicio*）提供欧洲鸡、鸡蛋和小麦面包等。某些教会节日需要准备并食用特殊的菜肴；周日休息的做法和教会日历上数不清的节日则把乡村居民吸引到主要城镇，一个农村社区一年的全部积蓄可能会用于一次纪念当地圣人的盛大烟火展示。此外，神职人员自身也提出了对专门形式的神职人员服装的大量需求，有些是供高阶神职人员穿的精心制作的进口服装，也有为 18 世纪“不断扩张的神职无产阶级”提供的粗布服装。[2]

神职人员还以其他方式促进了新物品的传播。对热带美洲的居民来说，

---

[1] Van Young, “Material Life,” in Huberman and Socolow, *The Countryside in Colonial Latin America*, p. 53；关于加尔默罗会的建立，见 Archivo general de la Nación Conventos, vol. 18, fol. 160.

[2] Adriaan C. Van Oss, *Catholic Colonialism: A Parish History of Guatemala, 1524–1821* (Cambridge: Cambridge University Press, 1986), pp. 87–88.

在欧洲人所提供的各种物品中，也许没有任何一样东西比铁斧更有价值。把钝的、沉重的、容易折断的石斧绑在粗糙的手柄上，用来完成在森林里无休止的砍树任务，这在今天是难以想象的。随着铁斧的引进，毫不令人惊奇的是“这种神奇金属的名声在白人进入美洲热带森林之前就迅速传遍了整个森林地带”。17 和 18 世纪的耶稣会士实际上是用铁斧换取了皈依者。或者至少说耶稣会传教士早期的成功“必须归功于印第安人对铁斧的迷恋”。黑袍人“是这种金属及其所引发变革的携带者”。铁斧从首次引进开始，不仅“改变了热带地区农业工作的整个节奏”，而且成为后来大多数战争的战利品。殖民时期的耶稣会士还促进了金鸡纳树皮（奎宁的来源）以及“耶稣会茶”即耶巴马黛茶的商业化进程。[1]

16 世纪的入侵者将新的乐器和美学引入了原本那个由鼓、芦笛、排箫和海螺壳组成的音乐世界，这些音乐在欧洲人听起来是不和谐的、嘈杂的。
[124] 这个过程从最初就开始了。在哥伦布第三次启程前往印度群岛时，一道法令指示他“应该携带乐器，供即将去那里的人们欣赏”。从各方面来看，原住民都在寻找方法将新的乐器和音乐理念融入他们的文化。在随后的 500 年里，我们在物质文化的其他领域所看到的交流磋商同样也发生在音乐方面。事实上，正如 20 世纪 60 年代后安第斯乐器在“新歌谣运动”（Nueva Canción）中的复兴所体现的那样，这一过程今天仍在继续。“音乐在前哥伦布时代的仪式生活中占据着核心地位，音乐家享有相当高的地位和声望。”

随着时间的推移，在哥伦布发现美洲大陆之前当地还不存在的欧洲弦乐器与早期现代欧洲的一系列管乐器一起被人们所接受，并成为旋律遗产的一部分。小型的“小号和短号管弦乐队”在市民仪式上表演，殖民地的贵

[1] Alfred Metraux, “The Revolution of the Ax,” *Diogenes*, no. 25 (Spring 1959): 28–40.

族们无疑也喜欢偶尔听到木管乐器和弦乐的声音。尽管如此，教会仍然是音乐的最主要资助方。对位于今玻利维亚的热带莫克索斯省（Moxos）深处的圣母无原罪村（Purísima Concepción）的库存清点，使我们能够直观地看到欧洲乐器的传播，这些乐器往往是由本地工匠制作的，传播到了最偏远的教堂和尚未建立教区（*doctrina*）的印第安人村庄。1787 年，圣母无原罪村的商店里有 13 把小提琴、4 把低音提琴、1 架竖琴、3 架小键琴（monacordios）、2 根双簧管、2 根单簧管和 1 架管风琴。只有 12 种前西班牙时期的乐器被保留在当地曲目中，全部都属于基里米亚管（chirimias），即木制单簧管的一种类型。[1]

最后，教会似乎有可能“用我们当代感知力已失去的方式”帮助调解个人和社区之间的关系。在美洲原住民文化和地中海文化中，许多“非工作”的生活都是在房子外面，在人们倾向于强烈认同的当地社区中的公共空间进行的，这种认同比如今被电视和互联网封闭在自己家里的我们更加强烈。因此，在西属美洲，“最被珍视的物质事物”是村庄广场和“充填其中的物 [125]
品”，尤其是教堂以及神圣的仪式用品。天主教以许多方式为殖民社会中出现的新的消费价值观和物质文化提供了重要的组织整体。[2]

让我们试着想象一下，在 18 世纪后期殖民政权即将结束时，几十名出使印度群岛的王室视察员和好奇的旅行者中，有四五个目光敏锐的观

[1] Pareja Ortiz, *Presencia de la mujer sevillana*, p. 164; Guy P. C. Thompson, “The Ceremonial and Political Roles of Village Bands, 1846–1974,” in William Beezley, Cheryl Smith, and William French, eds., *Rituals of Rule, Rituals of Resistance* (Wilmington, Del., 1994), pp. 309–310; Lourdes Turrent, *La conquista musical de México* (Mexico: Fondo de Cultura Económica, 1993), pp. 115–175; Mason, *Ancient Civilizations*, p. 234; Archivo general de Indicas, Charcas, leg. 623.

[2] Van Young, “Material Life,” in Huberman and Socolow, *The Countryside in Colonial Latin America*, p. 53.

察者，他们在码头边等待着将载他们去欧洲的船只。[1] 在总结他们在拉丁美洲某一地区的经历时，每个人都会带着有依据但难免相互矛盾的报告回来。任何一个旅行者肯定都会对大教堂里的大量石材和艺术品、数以百计的教区教堂、数不清的修道院、耶稣会教堂华丽的巴洛克风格的宝石装饰留下深刻的印象，同时也会惊叹于高级神职人员的华丽服饰和装饰。这个人也会注意到富人们冷漠的豪宅，尤其是坐落于矿业中心和殖民首都城市的那些。他还会注意到繁荣的国际贸易线路，进口商品由批发商在大型商业博览会上陈列，并由零售商在帝国各地分销。就像法国上尉让・德・蒙塞古尔（Jean de Monségur）在几年前注意到的那样，这名旅行者也会看到展示销售的物品包括许许多多的布料、丝带和蕾丝、荷兰奶酪、亚洲丝绸和装饰镶条、优雅的长袜、钢铁、香料和高档家具等。如果他像亚历山大・冯・洪堡那样接着去访问刚刚独立的美国，对比墨西哥城和利马的精致风格、繁华的学院和大学以及奢侈物品，他可能会看不起这个羽翼未丰的共和国的乡土气息。在他不知道西属美洲只剩下几年时间的情况下，他可能会得出结论，认为西属美洲确实处于白银时代。

[126] 另一名观察者在骑着骡子离开殖民城市进入内地时，无疑会注意到许多原住民的生活方式仍然存在。在中部美洲和安第斯的核心地区，数百万人仍然从玉米和马铃薯这些原始植物中获取大部分的日常热量。人们用当地的盘子和锅子吃饭，普奎酒和奇恰酒仍然是最受欢迎的能改变人们意识的液体。衣服大部分还是手纺或编织的；小村庄和更偏僻的小村落里的房子都是用泥笆墙或土坯茅草砌成的，我们得记住，在 18 世纪末，至少有 85% 的人口仍然居住在主要城市和城镇之外。根据实际情况，这名旅行者

[1] 在 18 世纪，这些人都是男人。二三十年后，在 19 世纪的头几年，有几位杰出的女性旅行者写下了令人难忘的经历。路易斯・冈萨雷斯（Luis González）在他精彩的著作（*Pueblo en vilo: microhistoria de San José de Gracia*, Mexico City: El Colegio de Mexico, 1972 ）的第三章中采用了多种意见，比我做得更好。

可能会合理地得出结论，认为伊比利亚的装点覆盖是表面的，“深层的”美洲本质上仍然还是印第安人的。也许这名旅行者私下里认为西班牙的殖民主义已经走到了尽头，那些谈论与祖国分离的“克里奥尔人”（当地领袖当时被称为“克里奥尔人”）是有道理的。

第三名观察者很容易就会反驳同行者的观点。他受到了启蒙运动的真正影响，应该注意到，美洲在被欧洲人占领了三个世纪之后，出现了种类更广泛的植物和动物，有了铁斧和犁，有了机械碾磨等新的加工技术，所有这些都提高了农业生产率。牛和骡子的引进提供了牵引力和马车，扩大了地区食品的运销范围。由于热带的高原很少有稳定的风，所以风车并不可靠。但只要有可能，人们就会在溪流和河流上筑起堤坝，并引进水磨将当地和欧洲的谷物加工成粉，并为矿区的碾压机提供动力。

在大多数地方的中产阶级家庭中，可能会存在相当广泛的普通商品甚至是异国商品。我们的观察者可能会合理地得出结论——欧洲人的入侵在整个美洲的物质文化上留下了印记，这不仅体现在欧洲人或克里奥尔人的家庭中，而且包括有抱负的酋长和首领，更不用说正在不断扩大的当时被称为血统种族的阶层了。在矿业中心和农村的大庄园里，各种钢制工具都因地制宜地受到改造；毛驴和骡子取代了人力和骆驼的马车。这名观察者也不会察觉不到公共和私人空间的重新排序，人们围绕着欧洲人和印第安人的城镇的中心广场被组织起来。他敏锐的目光肯定会发现，新的仪式日 [127]
历与旧的仪式日历有重合之处。到处都是新的消费模式。当然，这些观点中没有一个能准确地描述殖民政权结束时拉丁美洲的物质文化，但综合起来，它们可能是对帝国物质生活的一种非正式的、粗略的总结。

如果我们的最后一位旅行者能够穿越 18 世纪晚期西班牙帝国的整个地区，从今天新墨西哥州格兰德河上游的方济各会布道所去到智利最南部的耶稣会前哨，她不仅会被欧洲人到来 300 年后呈现的巨大差异所震惊，而且会惊诧于每个人都有的共同之处。当然，本地原住民的影响使不同的地区具有鲜明的特色，但我们的旅行者会发现，在这片广袤的土地上，大多数人至少会说一点西班牙语，跪拜同一个上帝，当然还共享着多方面的物质文化。再次强调，这是一种**殖民的**物质文化；在这种文化中，正式的、有导向的变化以及人们在强加的社会等级制度中为争取地位而进行的活动所带来的影响都来自权力，并最终来自征服本身。

西班牙殖民国家和教会的总体结构或多或少有效地将一系列不同的族群和利益凝聚在一个单一的帝国中，但这种结构在 19 世纪的前几十年里已经崩溃，留下了一组令人印象深刻的废墟，其中充满了三个世纪的文化残余。最终，22 个共和国在经历了痛苦和激烈的斗争后出现，最终由支持变革的克里奥尔精英领导；他们既不朝内看向自己的人民，也不向自己的西班牙祖国寻求灵感，而是向法国和英国等的大西洋强国寻求文化及其物品。如今，没有关于服饰的**正式**（formal）指令，除了税收所需的关税之外没有对贸易的限制，没有关于矩形城市规划的王室法令，这些都不会再塑造拉丁美洲人的消费。“自由市场”这一奇妙的社会和政治建构将被赋予更自由的控制权（或者说是统治权）来分配物品。然而，种族和阶级的不安全感和焦虑这种可能无处不在但在殖民社会中尤为明显的特征，一直延续到了
[128] 后殖民时代的等级制度中。克里奥尔人可能会问自己，我们不是真正移民过来的欧洲人吗？新共和国的文化模式及其他们的时尚和消费参照群体难道不应该是英国和法国的“得胜的资产阶级”吗？在新的社会自由竞争中，以前的血统种族阶层会有什么样的社会空间和新的机会？新的机器和技术，新的房屋、服装和食品，再一次受到国外的强烈影响，将在后殖民权力的新等级制度中被现代性的浪潮裹挟而前。

第五章　使物品现代化：第一次自由主义高峰中的物质文化

资产阶级，由于一切生产工具的迅速改进，由于交通的极其便利，把一切民族甚至最野蛮的民族都卷到文明中来了。[1] [129]

那些给我们带来某些好处的欧洲习俗，在另一方面却给我们带来了许多麻烦。在那些过去的日子里，对商业的狂热还没有侵袭我们；没有奢侈，但有体面。[2]

新的、自由的物品世界

到 19 世纪 30 年代，除古巴和波多黎各（以及遥远的菲律宾）外，美

[1]　Karl Marx and Friedrich Engles, "The Manifesto of the Communist Party," in Robert C. Tucker, ed., *The Marx-Engles Reader*, 2nd ed. (New York: W. W. Norton, 1978), p. 477；中文版参：《共产党宣言》，中共中央马克思恩格斯列宁斯大林著作编译局编译，北京：人民出版社，2018。

[2]　Manuel Cabral, *Historia de un martyr* (1897), quoted in *Eadweard Muybridge in Guatemala: The Photographer as Social Recorder*, photographs by Eadweard Muybridge, text by E. Bradford Burns (Berkeley: University of California Press, 1986), pp. 71–72.

洲前西班牙帝国的几乎全部地区都已解体，成为政治上独立的共和国。新的美洲共和国的领导人们与北大西洋盆地的经济强国（主要是英国和法国）建立了商业联系，使早先开始的、后来在殖民统治的最后几十年中得到加强的进程正式化。英国、法国和北美的商人们在主要港口和内陆城市建立
[130] 了自己的生意，商业银行家向新政府提供贷款，一波乐观的欧洲投资者希望重振矿业和工业。与此同时，数百名来自欧洲和美国各地的旅行者涌入新开放的港口，急切地探索可能的商业机会。许多人发表了他们的记述，加上他们对风景和人物的素描和草图，生动地呈现了后殖民时代早期的几十年。

伴随着这一切，女装裁缝、男装裁缝、香水店、理发店和特色食品店开始在港口城镇和主要城市推广伦敦和巴黎的时装和商品。例如，独立后不久，智利瓦尔帕莱索和圣地亚哥的主要商人中有近三分之二是外国人——主要是英国人、德国人和法国人。1839 年派驻墨西哥的西班牙新任领事的苏格兰妻子卡尔德隆·德拉巴尔卡夫人（Mme Calderón de la Barca）在哈拉帕（Jalapa）时注意到，在从维拉克鲁斯到墨西哥城的路上，有一些“大型而精美的房屋，最好的那些照例属于英国商人们”。我们可能会注意到，在经历了三个世纪的殖民统治后，在拉丁美洲最大的城市和它的主要港口之间，仍然没有一条像样的道路，而这段距离只有 130 多英里（约 209 公里）。面对可以乘坐 7 天的骡拉轿子的选择时，卡尔德隆夫人选择了乘坐 5 天颠簸的马车。[1]

棉花和毛织品在独立后的繁华岁月中占据了迄今为止最大的贸易量。仅英国对拉丁美洲的出口就从 1820 年的 5600 万码布增加到了 1840 年的

[1] J. J. Tschudi, *Travels in Peru*, trans. Thomasina Ross from the German (New York, 1854), p. 23; “Matrícula del comercio de Santiago según el rejistro de las patentes tomadas en 1849,” in *Repertorio nacional* (Santiago, 1850), vol. 2; *Life in Mexico: The Letters of Fanny Calderón de la Barca*, p. 72.

2.79亿码。如果进口量平均分配的话，那一年拉美的每个男人、女人和孩子能得到近10码的布，当然事实并非如此。[1] 在秘鲁独立后的头十年里，纺织品占到了所有进口商品的95%。

在早期的岁月里，兰开斯特郡的工厂与拉丁美洲腹地之间的联系，必须要归功于脾气暴躁的骡子。据热心的英国驻秘鲁领事查尔斯·里基茨（Charles Rickets）估计，在1825年，当独立战争的最后战斗仍在进行时，约有8000头骡子从利马向高地城镇运送了超过200万英镑的商品。它们甚至为当地的第一批工厂拖运英国的四轮马车、轻便双轮马车和重型设备，沿着陡峭的山路颠簸前行。就这一点来说，当铁路建设从内陆城市开始时， [131]
机车和铁轨本身就以某种方式从港口被马车和骡车驮上来，就像的的喀喀湖上第一批蒸汽船的发动机和拆卸的船体一样。骡子把德国钢琴从马格达

图5.1　智利瓦尔帕莱索瓦丁顿庄园

19世纪30年代和40年代，英国人约书亚·瓦丁顿（Joshua Waddington）在铜矿开采和贸易中发了财。资料来源：智利和秘鲁的风景，威廉·莱茨·奥利弗收藏（The William Letts Oliver Collection）。加州大学伯克利分校班克罗夫特图书馆藏

[1] Eric J. Hobsbawm, *The Age of Revolution* (New York: World Publishing, 1962), p. 373.

莱纳河（Magdalena River）上的最后一个汽船港口拖运到波哥大，而在更偏远的波帕扬（Popayán），同样的乐器是“由黑人背着翻山越岭”运来的。在没有马车的情况下，骡子拉的轿子，偶尔还有人力运输者，也会将外国旅客从港口运送到内陆城镇。[1]

[132] 英国进口纺织品的价格实际上比当地的布匹更有竞争力，这说明了许多问题。首先，值得注意的是，殖民时期的劳役作坊业主在其存在的三个世纪里，在拥有充裕羊群和潜在市场的土地上，并没有能力使其工厂现代化。其次，与陆地运输的费用相比，海上运输的成本微不足道；最后，如果价格或多或少具有可比性，消费者就不可避免地倾向于购买外国商品而不是本地商品。陆地运输成本高的例子有很多。19 世纪 40 年代，哥斯达黎加太平洋沿岸山麓地带的商人们发现，相比穿行 300 英里（约 483 公里）的山路、越过狭长的国家将货物运往大西洋的利蒙港（Limón），将他们所出售的一袋袋咖啡绕过合恩角行驶 8000 英里（约 12,875 公里）运往欧洲市场，反而更加便宜。又如，哥伦比亚的工匠们将他们的纺织品从当时繁荣的手工业中心索科罗（Socorro）翻山越岭运到委内瑞拉的城镇库库塔（Cúcuta），其成本是从伦敦到马拉开波（Maracaibo）的英国海运费的两倍。1864 年，当地供应商和英国商人从相差甚远的距离以几乎完全相同的价格将货物运到委内瑞拉的内陆城镇。[2] 尽管取得了这些早期的成功，但英国和北美商人们认为，一旦“西班牙统治的枷锁”被解除，就会出现对他们货物的巨大需求。他们高估了拉丁美洲消费者的购买力，毕竟这些人主要还是农村人口和穷人。

---

[1] Kruggler, “Changing Consumption Patterns,” in Orlove, *The Allure of the Foreign*, pp. 34–36; Tulio Halperín Donghi, *The Aftermath of Revolution in Latin America*, trans. Josephine Bunsen from the Spanish (New York, 1973), p. 88.

[2] David Church Johnson, *Santander siglo XIX: cambios socioeconómicos* (Bogotá: Carlos Valencia Editors, 1984), p. 155.

只有一小部分兰开斯特郡的棉布、线和丝带、廉价的花边、简单的刀具和剪子等通过流动小贩流通到了庄园商店或矿区营地，从而到达普通大众的手中。例如，19 世纪中期，智利的一处大型庄园里只出售布料、线、几根别针、一把靛蓝染料和 3.5 磅的巴西糖。[1] 由于 19 世纪拉丁美洲农村地区所有地方的工资中只有一小部分是真正用货币支付的，因此，商品连同每日配给的玉米或面粉及各种“烈酒”（*aguardientes*）通常是用劳动的承诺来预支的。因此，尽管取得了不小的成功，但欧洲商人们最初对大众市场抱有的高期望并没有实现。在二三十年的时间里，早期的纺织品市场已 [133]
经饱和；进一步的贸易需要在运输方面进行投资，最重要的是，需要有收入来源来支付外国商品。

我们必须记住，拉丁美洲的省城甚至是国家首都在今天看来都算是小的，而在 19 世纪中期从巴黎或伦敦而来的旅行者们的眼里，肯定也不是什么大都市。19 世纪中叶的巴黎约有 120 万居民，伦敦的人口是这个数字的两倍。相比之下，在 19 世纪中叶，拉丁美洲最大的两个城市是人口不到 20 万的墨西哥城和有 18 万人口的里约热内卢，哈瓦那当时的人口近 11 万。如今智利的圣地亚哥有 400 多万人，但当时只有 9 万人，布宜诺斯艾利斯则更少一些，利马只有 7.2 万人，波哥大只有 4 万人。离开首都来看城镇的人口，例如，秘鲁没有一个城镇人口超过 2.5 万人，哥伦比亚也没有任何城镇的人口超过 1.5 万人。[2] 不过，在创业精神高涨的地方，城市居民的口袋里开始有了更多的钱，而内地城镇也可以通过骡车、货运道路以及后来的铁路到达，来自大西洋的经济货物在这些本地商店里的流动慢慢变得

[1] “Tienda de Cunaco,” in Arnold J. Bauer, *La sociedad rural chilena desde la conquista española a nuestros dias*, trans. Paulina Matta from the English (Santiago: Andrés Bello, 1994), apéndice. v.

[2] Richard Morse, ed., *The Urban Development of Latin America, 1750–1920* (Stanford, Calif.: Latin American Center, 1971).

明显起来。例如，在秘鲁的瓦拉斯（Huaráz）可以买到法国和英国的袜类、亚麻布、宽幅细毛织品和餐具等，而像瓦努科（Huánuco）这样靠近矿业中心塞罗·德·帕斯科（Cerro de Pasco）的地方，在 19 世纪 50 年代就已经有了丝绸手帕、帽子和相当广泛的其他欧洲进口商品。因此，尽管本地或进口商品缺乏城市市场，但 19 世纪中叶开始，在城市居住的地主、商人和矿业精英的精致品味追求与仍然居住在农村地区的 85% 的人口之间，城市和城镇里出现了一个规模较小但不断扩大的中等消费者阶层。[1]

这些新的人群往往对自己在发展中的共和国社会计划中的地位缺乏安全感且犹豫不定，他们后来被称为（之后又自称为）中产阶级。他们试图通过消费和行为模式将自己与下层的农村大众区分开来，同时在仍然基本被白人占据的精英阶层中摸索联姻和成员资格。新的地位争夺发生在大西
[134] 洋经济加速发展的经济潮流中，也发生在新意识形态的形成中，这是由于作为新共和国领袖而崛起的拉丁美洲人领导着自由现代化和国家建设的事业。

这一雄心勃勃的计划要求驯服因殖民统治的摧毁而被释放出来的“野蛮人”（*barbarie*），并按照西方资产阶级模式的“文明”标准培养新的公民。此外，城镇和城市的日常生活也开始发生变化。即便是各省的城镇居民，每天也都面临着新的机遇和挑战。社会活动从阴暗发霉的厚墙房屋中渗出，进入街道和广场，进入剧院和咖啡馆，进入赛马场、餐馆和下午茶舞会沙龙；在这些地方，商人、家庭主妇、中层专业人员和房产业主等与传统精英是一种不确定的关系，更糟糕的是，他们可能会被误认为是打扮得漂漂亮亮的乡下人或勤劳的工人。

由于 19 世纪中叶的城市仍有一种乡村气息，因此，人们对混淆的恐

[1] Kruggler, “Changing Consumption Patterns,” in Orlove, *The Allure of the Foreign*, p. 34.

惧是明显存在的。每天清晨，街道上挤满了来自邻近农场的小贩人群。有“从乡下来的农场工人，带着装家禽、水果和蔬菜的货筐和篮子；面包师和卖牛奶的妇女也来了，成群结队的卖水小贩出售他们从浑浊的喷泉中得来的日常商品，男人们把鼻子埋到一捆捆苜蓿草里”。[1] 社会秩序的顶端是自诩为克里奥尔人的贵族阶层，他们聚居在离市长广场不远的十几个方形街区里。尽管经常声称自己是殖民地晚期的地主和贵族家族的后裔，共和国的精英们对新的人才和资金还是保持着警惕的开放态度。新出现的中等但**体面**（*decente*）的城镇和城市居民是如何在这些未知的社会水域中航行的呢?

在为数不多的其他礼仪手册和书籍中，一本引人注目的都市礼仪指南恰恰在最需要它的时候出现了。曼努埃尔·安东尼奥·卡雷尼奥（Manuel Antonio Carreño）的《礼貌和良好礼仪手册》(*Manual de urbanidad y buenas maneras*，下文简称《手册》）无疑是拉丁美洲历史上最广泛地销售给本地人的书籍之一。该书 1853 年首次在加拉加斯发售，到 19 世纪 70 年代已经在巴黎出版了 17 个版本（西班牙语）。在纽约市，到 19 世纪末，同样的西班牙语文本已经有了 25 个版本。我自己编辑的版本（Mexico: Editorial Patria, 1987）已经是第 41 版了。[2] 几乎所有其他拉丁美洲国家都推出了自己的无 [135]
数个版本，有的是给儿童看的简化版，有的是在后来版本的基础上进行了更新，以展示在电梯和街车等卡雷尼奥的时代还未为人所知的场所里的恰当的“良好礼仪”。

卡雷尼奥（1812—1874 年）是一位著名音乐家和作曲家的儿子，并一

[1] J. M. Gillis, *The U.S. Naval Astronomical Expedition to the Southern Hemisphere during the Years 1849–50–51–52* (Washington, D.C., 1855), vol. 1 (Chile).

[2] Manuel Antonio Carreño, *Manual de urbanidad y buenas maneras*, 41st ed. (Mexico City: Editorial Patria, 1987).

度以钢琴教师和英语翻译的工作谋生。他致力于女儿的培养，为其寻找最好的音乐导师，或许也是因为他对自己在委内瑞拉尽力避免的“粗暴、不文明、令人厌恶和令人反感”的课堂举止失去了耐心，他于 1862 年移居纽约，12 年后在巴黎去世。

《手册》显然是面向刚刚出现的“中间阶层”的。书中没有提到农民，也没有对“比我们更受人尊敬的其他人”进行任何指导。与我们早先看到的塔拉维拉主教面向格拉纳达的新皈依者所规定的接受成为“国家的基督教徒”需要遵守的行为规范有奇特相似之处的是，卡雷尼奥也为新的、现代化的自由秩序提供了成员准入规则。他告诉自己的同胞们应该如何注意个人的清洁，如何吃饭、走路、说话和移动身体，要抓住谁的目光，什么时候要看向别处等。他用他最喜欢的形容词（恶心的、无法容忍的、粗俗的、粗鄙的、令人厌恶的）来谴责许多令人不愉快的身体机能，如打喷嚏、打呼噜、伸懒腰、擤鼻涕、打哈欠、打嗝、咬指甲、鼓掌、吐痰、抓痒（特别是在衣服下面）或盯着别人看。

《手册》反映了 19 世纪中期的物质世界。我们看到，因为卡雷尼奥无法忍受他的邻居们使用牙签，他将其形容为“一个可笑的习俗，不适合高雅的人”。[1] 他们也会刷牙，至少他们应该这样做。他们总是随手拿着一块手帕，精心布置餐桌，摆放着各种类型的刀叉（四叉的“好”，三叉的则“不文明”）。衣服至少要“一周换两次，内衣裤多换几次”，“上流社会的人总是穿干净和光亮的鞋子”。男人在室内应打领带、穿夹克、穿袜子、穿
[136] 鞋，决不能只穿着衬衫到处走动，这大概有助于解释卡雷尼奥对汗水的持续关注和试图去除汗水的尝试，而汗水总是“激起别人无敌的厌恶”。此外，

[1] 仅仅 20 年前，1839 年 11 月 13 日星期三，在哈瓦那最优雅的贵族晚宴之后，范妮·卡尔德隆·德拉巴尔卡（Fanny Calderón de la Barca）注意到，“牙签被递送给客人们，包括女士们和先生们；宴会上还有咖啡；等等”。*Life in Mexico: Letters*, p. 21. 这使人好奇工人是如何人工制作牙签的。

图 5.2 “等待用餐的庄园主们”，一个 19 世纪的家庭向往曼努埃尔·安东尼奥·卡雷尼奥所倡导的“体面”

资料来源：安东尼奥·贝塞拉·迪亚兹（Antonio Becerra Diaz）的绘画。照片由拉斐尔·多尼兹（Rafael Doniz）拍摄。巴纳梅克斯文化基金会（Fomento Cultural Banamex, A.C.）提供，圣路易斯波托西文化之家藏

还可以看出 19 世纪中叶商业发展步伐的略微加快。虽然男人和女人们在大街上都应该举止得体、有节制，但商人（*los hombres de negocio*）在工作时间内可能不太顾及这些。任何人去办公室也不只是闲聊。时间开始成为金钱。

卡雷尼奥在写作《手册》的时候，大多数房屋仍然保留着地中海式设计的室内天井，还有高大、深邃、格架式的直接面向街道的窗户，他用了好几页的篇幅来描写这个私人空间，因为“窗户是我们必须以最谨慎的态度 [137]
来管理自己的地方之一”。他所说的约束是针对家庭中的女性。她们除了下午晚些时候或傍晚时分之外，不应坐在窗边；说话时只能低声细语；只能适度地发出笑声；不做任何可能有损自己尊严的事情。一个女人如果出现在窗口与非亲属的男人谈话，无论在什么时候都是既不“体面”也不好看的。她也不应该在窗边看书，以免被人解读为浮夸的炫耀或对文学的虚假

兴趣。正如塞万提斯所说的："一切装模作样的事都是不好的。"

说到底，《手册》是针对19世纪中期正在形成的、规模仍然很小的城市中产阶层的教诲。它的主要价值是体现节制、礼仪，尤其是**体面**（*decencia*）。从其几十万册的销量来看，这些价值观显然在19世纪新兴的资产阶级中引起了共鸣，事实上，这些价值观一直延续到近些年。与多明戈·萨米恩托（Domingo Sarmiento）更为著名的《法昆多》（*Facundo*，1845年出版）一样，曼努埃尔·安东尼奥·卡雷尼奥的这本书旨在阐述"现代化的核心公理，即从野蛮到文明的通道"。[1]

从19世纪70年代开始，拉丁美洲的食品、纤维和矿物的出口活动开始蓬勃发展，当地投资随之增加，与出口经济相关的部门的工资和薪金普遍提高。因此，随着人们对本地产品需求的增加，进口制成品的需求种类也扩大了。铁路和蒸汽的出现大大降低了货运成本，有助于解释经济活动的加速。尽管铁路建设在一开始是零星和不连续的，但它的影响很快就显现出来了，再加上不断下降的海运费率，使得各种进口物品更容易获得，尤其是在城市和省级城镇。起初，国家和私人投资者坚持要求铁路从矿区和种植园或庄园向外延伸，用以向世界市场出口铜、锡、咖啡、糖、羊毛、
[138] 小麦和牛肉。因此，这些线路往往不适合将进口货物运入较早的内陆城市及其农业腹地。由此，牛车、骡车和人力运输仍然很重要，被用于在火车中止的铁路末端接运货物，这种情况一直持续到20世纪。

秘鲁商店里的存货此时已经包括五金制品和工具（许多是以前手工制作的）、蒸汽机和机械器具；特色食品如今已经包括罐头鱼、法国葡萄酒和

[1] Beatriz González Stephan, "Escritura y modernización: la domesticación de la barbarie," *Revista Iberoamericana* 60 (Jan.–June 1994): 1–22. 我在本节中大量引用了冈萨雷斯女士的精彩文章。关于生平细节，参见 *Diccionario de historia de Venezuela* (Caracas: Editorial ExLibris, 1988), 3:587。

英国啤酒，各种布料和服装、别针和缝衣针、窗帘，来自英国、意大利和美国的第一批现成的鞋子和靴子，以及鞋油、眼镜、建筑木材、大理石和玻璃。其中一些商品早在 19 世纪 60 年代就出现在商店的库存中，甚至在豪哈（Jauja）和塞罗・德・帕斯科这样相当偏远的城镇。20 年后，库存清单扩大了，我们不仅看到了自行车、打字机、步枪和手枪等，还能找到四轮大马车、四轮小马车、公共马车和二轮轻便马车。

19 世纪后期，自行车曾风靡一时。实际上，最早的自行车是从巴黎进口的法国的轻便三轮车（velocipede），以及 1869 年从波士顿传入墨西哥城的类似机器。到了 1880 年，从美国传来了高轮自行车（high-wheeled bicycles），“因骑手从车把上头朝下摔下来而闻名”。此后，自行车俱乐部和赛车队遍布墨西哥各大城市，在规模仍然很小的城市人群中很受欢迎，但被一名波菲里奥时期（Porfirian）的精英记者所称的“下层人口”所“嘲笑”。在墨西哥繁荣的波菲里奥“美好年代”，自行车是现代性的另一个象征，推动了女性时尚的某种转变。年轻女性“把这项运动看作获得更自由生活的机会”，她们穿着更适合骑车的衣服，包括“大胆的灯笼裤”，在时髦绅士的陪伴下骑车离开，把她们的年长女伴抛在身后。[1]

日常生活中使用的许多消费品对普通市民而言并不像自行车和灯笼裤那样显而易见。如今，任何一家好的五金店都有上千种不同的商品，但只有木匠、水管工或家电维修人员等行业专家才会关注。机械文化的兴起需要用钢丝绳来代替皮带，用钉子和螺栓来代替木钉，蒸汽锅炉、铰链和锁上都需要铆钉，还需要各种特殊工具、钻头、螺丝等，这些东西数不胜数。[139]
所有这些对大多数人来说都是看不见的东西，但它们开始流入新的五金店（*ferreterías*），这一名称本身就反映了从殖民时期的皮革和木材到铁器时代

[1] William H. Beezley, *Judas at the Jockey Club* (Lincoln: University of Nebraska Press, 1987), pp. 44, 50–51.

的转变。富有远见卓识的哥伦比亚作家、政治家米格尔·桑佩尔（Miguel Samper）于19世纪60年代后期在波哥大散步时注意到了商店里的这些小东西，令他不解的是为什么这些东西不能以进口产品三分之一的价格在哥伦比亚当地进行生产。他是否曾有更大的疑惑——为什么长期从事农业生产和使用马匹的哥伦比亚人却要进口斧头、砍刀、锄头、粗犁、镰刀以及马刺和马脚绊？[1]

从自行车、灯笼裤到五金和犁等大多数新的制成品，都是西北欧和美国这些已经实现工业化的国家的创造力和生产能力的结果。这些物品最终的消费者仍然相当有限，诸如利马、波哥大、墨西哥城、圣地亚哥和布宜诺斯艾利斯等港口城市或通过铁路及河流运输与外部世界相连的城市里的居民吸收了大部分新进口的商品。小一些的城镇一般来说只有两三家规模较大的干货或杂货店（*lencerías y mercerías*），其所有者通常是外国人。当地商人有自己的商店，并将他们的商品摆放在主广场周围的拱廊中路人必经的零售摊位上。路易斯·瓦尔卡塞尔（Luis Valcárcel）在他能唤起人们记忆的《回忆录》（*Memorias*）中提醒我们，即使是在库斯科这样一个重要的省会，直到1905年，饮用水都是从一里格（约4.8公里）之外运来的；没有下水道，没有煤气或电灯，只有六七条中心街道有煤油灯，黄昏时点亮，晚上九点或十点熄灭。在19世纪末20世纪初，库斯科的人口不到两万，其中以西班牙语为母语的人不到一半。在这里，罕见的维也纳椅子或沙发、奇特的钢琴、香水和精美的布料依然是由骡车运来的（1908年才有铁路）。库斯科小规模的精英们时不时地展示珍藏的英国火腿、深色德国啤酒或香槟酒、水果罐头等，这些东西只有在豪华晚餐和宴会上才会

[1] Miguel Samper, "Bogotá in the Nineteenth Century," trans. Sharon Kellum from the Spanish, in Gil Joseph and Mark Szuchman, eds., *I Saw a City Invisible: Urban Portraits of Latin America* (Wilmington, Del.: S&R Books, 1996), p. 115.

出现。[1]

我们可以看到，与北大西洋工业国家建立的新商业关系使拉丁美洲人
能够进口一个世纪以前无法想象的物品，并鼓励人们渴望欧洲的消费模式， [140]
但同样真实的情况是，外国和本地投资也开始使人们能够进口资本设备和基础设施，以便制造越来越多的本地商品，这些商品现在开始与进口物品一起出现在商店和市场上。在19世纪最后三分之一的时间里，随着世界对拉丁美洲大宗商品需求的提高，出口获得的收入促使当地投资不断增加，并推动了当地工业的进一步发展。

此前，认为1930年的全球大萧条是拉美工业发展分界线的观点一直受到支持，这一方面是因为缺乏研究，另一方面是由于“依附论”理论家们的意识形态要求。许多人认为，在大萧条之前，过分强调“向外发展”的自由贸易政策几乎没有给拉美当地企业家提供什么鼓励。按照这种观点，直到1930年后世界资本主义体系崩溃或者至少是严重受挫后，关税保护、公共投资、货币政策及其他一系列措施才为工业增长提供了合适的环境。然而，近期的研究改变了这种看法。尽管“自由贸易”在原则上具有强大的吸引力，但由于对海关收入的需要、当地手工业团体的政治影响力、有进取心的拉美人自己对关税保护或特殊优惠的坚持等原因，完全的自由贸易在实践中从未全部实现。因此，轻工业在19世纪中期开始逐步发展，并在世纪末取得了一定的发展势头。由此，从19世纪70年代到20世纪20年代的以出口带动发展的政策并不一定与制造业的内部发展相违背；相反，出口收入往往使制造业的发展成为可能。因此，在第一次自由主义的鼎盛时期，拉丁美洲消费者中仍有相当有限的一部分人可以挑选商品，他们不仅可以从进口公司购买，也可以从出售当地工场和工厂所制造产品的商店购买。

---

[1] Luis E. Valcárcel, *Memorias* (Lima: Instituto de Estudios Peruanos, 1981), pp. 35–46.

棉纺织品占拉丁美洲国家工业产出的最大部分。墨西哥的第一批工业家在 19 世纪 30 年代就安装了机械化的纺纱和织布机器。半个世纪后，约有 100 家工厂生产了超过 1 亿米的棉布。最大的工厂是奥里萨巴工业公司（Compañía Industrial de Orizaba），雇用了 4000 多名工人。在米却肯州的乌鲁阿潘（Uruapan），有一家规模较小但仍令人印象深刻的延伸三个街区的
[141] 波菲里奥时期的纺织厂，在现代经济中仍在为特制布寻找一席之地。一排排如今大多已闲置的机械织机、梳理机和纺纱机都是 19 世纪 80 年代时从英国进口的；“圣佩德罗的老工厂”看起来就像是从兰开斯特郡来的幽灵般的幸存者。

事实上，墨西哥的布料制造行业令人惊叹。当时拥有 720 万人口的巴西，其纺织业规模约为墨西哥的三分之一。秘鲁人以规模庞大的殖民工业而闻名，而且在 16 世纪欧洲人入侵前的几个世纪里就以制布技术而著称，但他们发展现代纺织制造业的速度却很缓慢。例如，1861 年，库斯科富裕的加门迪亚（Garmendia）家族和纳达尔（Nadal）家族为一家新纺织厂从太平洋上的伊斯莱（Islay）运来了法国机械，送到了他们位于库斯科附近基斯比坎齐斯（Quispicanchis）的庄园。这是南部高地地区的第一家现代化工厂，目的是为了与当地印第安农民生产的粗毛织品争夺当地市场。此前殖民时期的劳役作坊似乎根本没有竞争力。不久之后，几乎所有其他拉丁美洲国家都出现了用于纺织制造的进口机器，竞争介于进口产品和日益减少的家纺织品之间的市场。[1] 智利南部康塞普西翁（Concepción）附近的新工厂或玻利维亚在巴勒斯坦人指导下建起的新工厂，都是世纪之交后其他地方可以复制的例子。

---

[1] 参见 Stephen H. Haber, *Industry and Underdevelopment: The Industrialization of Mexico, 1890–1940* (Stanford, Calif.: Stanford University Press, 1989)。1999 年 8 月 9 日，我参观了圣佩德罗的老工厂，作为其所有者沃尔特·伊尔斯利先生的客人。Kruggler, “Consumption Patterns,” p. 36.

铁路的延伸打开了国内市场，改变了生产活动的地理位置。铁轨为更现代化的国家纺织业和面粉加工工业的出现埋下了伏笔，而且由于铁路能为新工厂和磨坊的蒸汽机输送煤，工厂和磨坊都不像以前那样依赖水力资源提供动力。家具和家庭用品的生产商，以及包括面条和各种面食的生产商在内的食品加工厂等，相继开始出现。以饮用葡萄酒为主的西班牙人在殖民时期一开始就引进了啤酒。但美洲原住民及其混血后代更喜欢喝自己的奇恰酒、普奎酒或在 18 世纪流行起来的无数种廉价的烈酒。此外，啤酒容易变质，因此在制冷和可靠的运输方式在 19 世纪最后三分之一的时间里得以实现之前，啤酒厂规模都很小，而且供应的消费者范围有限。

例如，墨西哥的几个城市里都有规模相当小的啤酒厂（到 1901 年共有 [143]
29 家）但在德国酿酒大师、制冷技术、更好的道路运输条件和大量资金投

图 5.3　夸乌特莫克啤酒厂，19 世纪末位于墨西哥蒙特雷（Monterrey）的啤酒厂

资料来源：由夸乌特莫克啤酒厂提供，蒙特雷，新莱昂州（Nuevo León），墨西哥

入的帮助下，蒙特祖马（Moctezuma）啤酒厂、夸乌特莫克（Cuauhtémoc）啤酒厂和莫德罗（Modelo）啤酒厂三家大型企业主导了该行业。同样，布宜诺斯艾利斯郊外的奎尔姆斯（Quilmes）和洛马斯·德·萨莫拉（Lomas de Zamora）及圣保罗的南极洲（Antártica）等啤酒厂的规模也随着这些城市人口的增长而不断扩大，到第一次世界大战时，它们已经在世界上最大的啤酒厂之列。我们很多人都欣喜地记得，在 1994 年北美自由贸易协定（North American Free Trade Agreement，简称 NAFTA）签订之前的很长时间里，这些啤酒的上乘质量使墨西哥人能够将多瑟瑰（Dos Equis）、波西米亚（Bohemia）和特卡特（Tecate）等品牌的啤酒出口到美国市场，这是制造业商品成功出口到美国的罕见例子。[1]

铁路不仅提供了更便利的交通，还促使一些企业家从事工业活动。在智利，当地的铸造厂制造了数百辆手推车，更令人印象深刻的是，1887 年还制造了 30 辆货车和 6 辆机车；在满腔热忱的同时代人眼里，“这值得被任何一家英国制造商所称道”。所以，虽然 1930 年之前的几年出现了一定程度的工业化，但这主要是为了生产消费产品，而不是资本产品。例如，1930 年以前，哥伦比亚只有 3% 的劳动力从事工业生产，这一事实提醒我们，许多地区依然欠缺发展。[2]

出口收入还促进了机器和工具的进口，用于实现糖和咖啡等出口产业的现代化，并使一些土地所有者考虑从工业化国家购买新的农业设备，如收割机、脱粒机、割草机和犁等。1870 年以后，随着英国和德国为本国甜菜制糖而开发的技术被应用到热带地区的甘蔗上，糖业生产发生了根本性

[1] Haber, *Industry and Underdevelopment*, pp. 4, 85–86.

[2] 引用自 Oscar Muñoz, *Crecimiento industrial de Chile, 1914–1965* (Santiago, 1968), p. 17。Colin M. Lewis, “Industry in Latin America before 1930,” in Leslie Bethell, ed., *The Cambridge History of Latin America* (Cambridge: Cambridge University Press, 1986), 4:267–324, 提供了关于这一主题的有用概况。

的变化。这彻底改变了从巴西东北部到阿根廷萨尔塔、从秘鲁北部海岸到莫雷洛斯（Morelos）再到整个加勒比海地区的制糖产业，并导致糖业越来越集中到巨大的中央工厂，同时对季节性工人的需求也越来越大。到了20世纪20年代，古巴境内的美国人所有和古巴人所有的大型糖厂，生产了世 [144]
界上20%以上的糖，并吸引了数以千计的海地和多米尼加甘蔗砍伐工来到农村过着不稳定的生活。

农业机械化的进展要缓慢得多。虽然早在19世纪50年代，一些国家的农业进步主义者（*agricultores progresistas*）就引进了收割机和机械脱粒机，但他们不愿意在容易发生故障的设备上投资，因为零配件稀缺，而且最重要的是，农村工人中基本没人懂得机械方面的知识。除了阿根廷之外，直到20世纪20年代，拉丁美洲国家才出现许多在西欧和美国早已司空见惯的机械创新。工厂、港口、铁路、江河湖泊上的蒸汽运输及农业机械等都改变了我们在本文中一直关注的那些物质文化的供应结构。在新的城市一代看来，乡村如今显得越来越土气，当人们从较大的城镇来到农村时，从蓬勃发展的大西洋经济中进口的、从当地工业或手工业者那里获得的、倾向于聚集在大城市中的商品的数量和种类变得越来越少。

从殖民地到共和国的变化对数百万普通农村人口的饮食影响甚微，直到19世纪最后三分之一的时间里，这些人仍占拉丁美洲总人口的80%至85%。在成百上千个村庄的低矮茅草和土坯房里，在大庄园阴影下聚集着的或者分散在牧场里的乡村小屋里，或在孤独矗立于广袤的潘帕斯草原上的住宅里，男人、女人和他们的家人们继续默默吃着祖先流传下来的菜式，在安第斯地区以块茎为主，在热带沿岸以木薯为主，在墨西哥和中美洲以玉米为主。大批村民、庄园工人和小农以及大量从事收割工作和建筑工地工作的日工（*jornaleros*）和砌筑工（*albañiles*）从根本上保持了他们的饮食习惯。中部美洲的饮食习惯至少有2000年的历史，由玉米、豆类、辣椒和普奎酒构成，安第斯地区的饮食由马铃薯、古柯和奇恰酒构成，热带沿岸的饮食则主要包括木薯。

一个普通农村人饮食的基础包括以下这些：不时补充一些其他蔬菜和水果，有时还有少量的浸煮麦粒（*mote*）或大麦粥，偶尔从后院的鸡、猪、豚鼠和风干牛肉中摄取动物蛋白，以及在节日里不可避免的烈酒。事实上，
[145] 有证据表明，在 1900 年，玉米和马铃薯在普通墨西哥人、危地马拉人或安第斯人的膳食中所占的比例比前西班牙时代更大。很明显，一些原产自亚洲和欧洲的食物进入了当地人的食物体系。不过，对 1820 年至 1880 年间萨卡特卡斯州龙舌兰庄园（El Maguey）几百名工人的仔细研究表明，人们基本能量需求的 75% 来自玉米。由于这是一个以羊为主的畜牧业庄园，所以在农工的饮食中出现了比一般人更多的肉食。[1]

习俗的重要性在 19 世纪晚期的恰帕斯州得到了体现，那里的德国咖啡种植园主们试图说服迁移至此的玛雅农民吃由最早的碱化研磨机（*molinos de nixtamal*）制作的玉米饼，而不是吃由他们自家的磨石碾碎后经烤盘烘焙的玉米饼，但收效甚微。但是在墨西哥中部的其他地方，庄园主们屈服于习俗，甚至雇用了一个食品搬运工（*tlacualero*），让他巡视各个村庄的家庭，从妇女那里收集她们自己做的玉米饼，并将其送到她们的丈夫或儿子工作的田地里。[2]

在秘鲁和玻利维亚，我们很难发现自由进口经济的整个循环周期对普通农村饮食的任何重要影响。19 世纪末对波哥大平原上的农业工人进行的

---

[1] Harry Cross, “Living Standards in Nineteenth Century Mexico,” *Journal of Latin American Studies* 10 (1978): 8–9.

[2] Karl Kaerger, *Agricultura y colonización en México en 1900*, trans. Pedro Lewin and Dudrum Dohrmann from the German, introd. Roberto Melville (Mexico, 1986), pp. 164, 251. 该著作最初分为两册，在 1900 年于莱比锡出版；Oscar Lewis, “Social and Economic Change in a Mexican Village,” *América Indígena* 4, no. 4 (Oct. 1944): 304。

详细研究中感慨地指出了从 18 世纪就开始的饮食种类的减少。马扎莫拉（*Mazamorra*）是用玉米面勾芡的马铃薯和洋葱炖肉，加上大罐的玉米奇恰酒，它们几乎提供了普通农民摄入的全部热量。普通智利农民的饮食反映了那片温带土地上的地中海风情，他们每天吃烤面粉饼（*harina tostada*）、玉米和菜豆（*porotos*），一直持续到 20 世纪。[1] 显然，人们可以发现这种传统图景的例外。即使是生活在新铁路沿线或不断扩张的城镇边缘的普通人，也能找到一些方法来补充日常饮食，比如偶尔加点糖、咖啡和巧克力等。在整个热带美洲的新的香蕉或蔗糖种植园中招募的工人里也可以发现例外。[146]
出口商往往会发现，更划算的做法是在回程途中从波士顿或新奥尔良运来罐头水果或袋装面粉以补充工人们的饮食，而非依赖不确定的当地供应。

服装则是另一回事。从 18 世纪起，当英国和法国的船只开始在维拉克鲁斯、卡亚俄和其他十几个港口的码头上卸下几包布时，拉丁美洲人就暴露了他们在面对西欧先进的纺织业和对时尚日益高涨的热情面前的脆弱性。这意味着，令新商人们高兴的是，富裕的男女不仅被国外新的时尚潮流所吸引，更重要的是，他们接受了一种定期变化的风格模式，这在当时并不常见，但现在对 21 世纪初的消费者来说却是一种神圣的年度仪式。独立后，随着兰开斯特郡棉花市场的迅猛发展，进口纺织品从涓涓细流变成了一股洪流，而当地制造商起初却几乎没有对进口纺织品发起竞争。外国布料通过当地市场、流动小贩与大矿山或大庄园里的商店进入农村。在由于高昂的马车成本而使本地产业受到保护的偏远省份，当地的纺纱工和织布工为自己的家庭织布，并将多余的布拿到当地市场上进行交换。

16 世纪西班牙人引进的臭名昭著的殖民劳役作坊，遍及从克雷塔罗到基多的区域，其中一些雇佣了数百名工人，并已受到 18 世纪法国和英国进

[1] Manuel Cotes, *Régimen alimenticio de los jornaleros de la Sabana de Bogotá (*Bogotá, 1893): pp. 31–32; Bauer, *Sociedad rural chilena*, pp. 181–192.

口产品的打击。到了 19 世纪 40 年代，它们就像殖民时期的幽灵一样，在新的商业曙光的映照下逐渐消失。英国布料迅速席卷城市和省级城镇，并在一定程度上进入了农村地区。即使是 19 世纪晚期必不可少的墨西哥妇女的披肩或长围巾（*rebozo*），也是用进口布料制成的，并不可避免地染成了蓝色或灰色。与此同时，英国的工厂也在努力仿制并销售传统服装，如萨尔提略（Saltillo）的萨拉佩毛料披风（sarape）或阿根廷斗篷。19 世纪 40 年代以当地为背景的小说里，一个人物说道：库斯科附近的老式劳役作坊里的织布机“只是用作母鸡的窝”。到了 19 世纪 60 年代，一位敏锐的法国观察家注意到，即使是智利农村地区的贫寒妇女也开始“用外国人（尤其
[147] 是英国人）以低廉价格带来的棉布遮盖自己”。这种棉纺织品进口的模式以及稍后的毛织品进口的模式可以稳步地扩展到整个西属美洲。[1]

新的公路和铁路以及它们所运载的进口商品，再加上 19 世纪后期在拉丁美洲到处兴建的新纺织厂，对消费者和生产者产生了广泛的影响。价格全面下降，给除了最穷者之外的所有人带来了便宜的布料，实际上是一系列新的布料，但与此同时，许多当地的纺纱工和织布工失去了生意。例如，在智利中部各省 1854 年的人口普查中，纺织工为 35068 人，但在 1895 年只有 4431 人。英国进口产品价格的下降也给哥伦比亚桑坦德（Santander）的女帽匠和女织工带来了沉重的打击。在各省更偏远的地区，由于没有铁路或马车路以及市场的萧条，使用 1 至 4 台织布机、靠不计成本的家庭成员做工经营的家庭作坊并不受进口产品的影响。这些纺纱工和织布工继续坚持制作供当地使用的粗毛布。例如，在秘鲁高原阿桑加罗省（Azángaro）的偏远村庄，进口的布匹和成品服装都找不到市场。最便宜的布都是在小

[1] Kruggler, “Changing Consumption Patterns,” in Orlove, *The Allure of the Foreign*, p. 56，引自小说 Narciso Aréstegui, *El padre Horán* (Cusco, 1848); for Chile, Claudio Gay, *Historia física y política de Chile: Agricultura* (Paris, 1862–5), 1:163.

型家庭服装作坊里制作的，而少数较为富裕的家庭则“继续依靠女装裁缝和男装裁缝制作裙装和套装”。其他当地手艺工匠继续制作传统服饰和帽子等特色产品，这一狭小的市场对工厂生产者的吸引力微乎其微。[1]

从素描、油画及随后在19世纪60年代趋向于取代前两者的照片中看到的图像证据表明，整个村庄和农村地区的服饰种类繁多，难以被简单分类。在第一个殖民世纪里采用的由未经漂白的棉布制作的宽松衬衫和长裤仍然是墨西哥农民的经典服饰。到了19世纪，他们的目标是戴上他们能买得起的最昂贵的帽子，充其量是一顶沉重闷热的毛毡的宽边帽（sombrero）；如果买不起的话，则用稻草替代。“宽边帽无论用什么材料，只要其帽边越 [148]
宽，帽冠越高，就越令人羡慕。”[2] 安第斯地区的印第安农民用惯常的斗篷来遮盖自己，有的颜色鲜艳，有的颜色单调。在高海拔地区，他们一般更喜欢带耳盖的羊毛帽以抵御寒冷，不过，塔拉布科人（Tarabuqueños，靠近玻利维亚的苏克雷）等少数人口继续戴着他们独特的头盔帽，这显然是刚被征服后的那个时期的遗留物。一些艾马拉人女性戴着特有的圆顶毡帽（*hongo*），许多地方的人们直到20世纪仍在佩戴它。

许多普通人穿着生皮或纤维制成的凉鞋。这种鞋很容易制作，所以很多穷人都会自己做鞋。一位观察家认为，即使是在20世纪20年代的墨西哥城，40万居民中只有5万人穿鞋，其余的人穿的都是凉鞋。在安第斯地区，这种土制凉鞋（*ojotas*）最初是用大羊驼或绵羊的皮制成的，到了20世纪20年代则是用废弃的汽车轮胎制成，这种凉鞋的主人被认为是农村的穷人，通常是印第安人。与此同时，越来越多的农村人口进入矿区及城镇。

[1] Arnold J. Bauer, “Industry and the Missing Bourgeoisie: Consumption and Development in Chile, 1850–1950,” *Hispanic American Historical Review* 70, no. 2 (May 1970): 232–233; Johnson, *Santander*, pp. 143–158; Nils Jacobsen, *Mirages of Transition: The Peruvian Altiplano, 1780–1930* (Berkeley: University of California Press, 1993), p. 170.

[2] Beezley, *Judas at the Jockey Club*, p. 71.

路易斯·瓦尔卡塞尔在20世纪初的库斯科注意到，印第安人（特别是女性）坚持穿着他们的乡村服装，但混血人很快就接受了城市时尚，开始以窄长裤和宽松的衬衫来代替斗篷。事实上，混血人竭力避免任何原住民风格的外表，以“最清晰的方式”显示他们与印第安人的不同。[1]在19世纪，鞋类仍然是种族和阶级地位的重要标志。20世纪初，城市里的混血人不仅坚持穿鞋，而且穿的还是擦亮的（shined）鞋，以区别于其乡下伙伴们。随着城市的发展以及种族身份认同的转变，对鞋子和鞋油的需求促使北美和欧洲商业代理商开始急切地推销成品的鞋子和衣服。

在许多旅行者的素描和早期照片中，几乎没有证据表明19世纪农村普通人的房屋或其家具与殖民时期有什么不同。主要的住宅肯定只有一层，而且往往只有一个房间，里面用泥土铺地，没有窗户。墨西哥的整个
[149] 高海拔地带与安第斯地区都使用土坯和茅草造房，热带地区则使用竹子或棕榈茅草。在墨西哥，很少有火炉、壁炉或厨房，尽管有时一侧的斜屋里放有木炭。木炭燃烧时产生的烟比木材燃烧时更少——这是墨西哥人较少建造烟囱的原因之一；这对英美观察家来说是一个令人震惊的损失，他们认为没有壁炉是家庭团聚的一大障碍，而没有烟囱则是原始的标志。普通的安第斯人面对的情况是更寒冷的气候和很少的木炭，他们有更好且更省燃料的炉子。几个垫子、毯子、陶罐和墙上简单的宗教圣像和图像就是家具了。通常这里既没有椅子，也没有桌子和床。天黑后，只有松脂火把或者变了味的、冒着烟的油脂蜡烛闪烁着，将夜色隔绝在屋外。比较富裕的教堂可能买得起蜂蜡蜡烛。男人裹着毯子睡觉，女人则蜷缩在衣服里睡觉。因为一个人“通常拥有的衣服就只有他所穿的那些，所以衣柜是不必要的”。在秘鲁南部高地，“文明的启蒙之光还没有延伸至此”，墙壁上

[1] Valcárcel, *Memorias*, p. 105.

或普通的农家小屋“装饰着被烟熏干的画，代表着殉道者的斩首、受难和被焚”。[1]

在那些拥有大量物品、更好的住房和更丰富饮食的人看来，更为孤立隔绝的印第安人财产稀少的原因，总是可以用他们“根深蒂固的懒散”和“天生的怠惰倾向”来解释。这种论调从殖民时期一直延续到现在。这种观点的背后体现的是在18世纪墨西哥和秘鲁实行的各种商品分摊（*repartos de mercancías*）的做法，迫使原住民以实际上是分期付款的方式购买布、骡子和铁制品等，同时合理化了征收的贡品或人头税。现在的正统观念认为减少税收会促进工业的发展，而与此相反的是，殖民时期以及19世纪的官员和许多普通市民都相信，纳税的要求会激励印第安人更加努力地工作，并最终会使他们欣赏工业时代可能提供的消费品。不然的话，由于印第安人对自己的“需求”定义得太低，他们只会为了获得最基本的衣食住行而工作。

许多人认为，这种令人遗憾的态度阻碍了秘鲁等国家进入现代和进步 [150]
国家的行列，也减少了有抱负的商人的潜在收入。谁都可以看出，对消费品的渴望是激励人们多做工作的动力，进而推动商业和生产。“如果印第安人无知或固执到了无视这个简单原则的地步”，那么现代国家就有权阐明“以武力方式推进消费的文明化效应”。[2]这些意见特别针对的是比较封闭的印第安人社区；在中部美洲和安第斯地区的许多其他地方，如秘鲁的曼塔罗山谷（Mantaro Valley）或矿区和大城市周围的村庄里，原住民赚取现金工资，也更加融入市场经济。

在利马、圣地亚哥、布宜诺斯艾利斯、里约热内卢、墨西哥城和其他

[1] Beezley, *Judas at the Jockey Club*, pp. 68–69; Kruggler, “Consumption Patterns,” 引自 Paul Marcoy, *Travels in South America: From the Pacific Ocean to the Atlantic Ocean* (London: Blackie and Sons, 1875), 1:42.

[2] Kruggler, “Changing Consumption Patterns,” in Orlove, *The Allure of the Foreign*, p. 49.

一些城市，煤气灯和电灯、铺设的街道、有轨电车、室内管道以及填满了优雅的新式两层和三层百货商店的一系列新商品，使农村与城市生活的物质文化迅速分离开来。在本地制造产品、大量进口商品与规模虽减小但仍然存在的手工行业之间，拉丁美洲的消费者做出了自己的选择。现在，让我们来更详细地了解一下新精英阶层成员们的消费模式，他们带着某种地方性偏狭的浮华度过了自由主义发展的高潮，直到这一发展浪潮在 20 世纪 20 年代不光彩地崩溃。

外国化："美好年代"精英阶层的自我异化

新的共和国领导人们毫不犹豫地与位于西北方的欧洲新兴经济体建立了密切的商业关系，这是因为领导独立运动的拉丁美洲精英阶层中的大多数成员都认为殖民时代的所有落后都是出于西班牙的控制，也是因为独立运动本身受到了西班牙军队顽固甚至是残酷的反对，而最重要的原因是，伦敦和巴黎已经成为不可抗拒的经济和文化吸引力的中心。新贸易、新思
[151] 想、新风尚似乎为落后提供了解决方案。那时很少有人能预见到自由主义发展带来的并非完全幸福的后果，即便现在仍然如此。

假设我们现在能够回到西属美洲的任何一个主要城市，比如说，回到 18 世纪 70 年代。我们注意到了站在附近的一个陌生人，衣着得体，显然是白人。我们问朋友："那人是谁？""不用问，他是个西班牙人（*Español*）。"我们大概会得到这样的回答，但不会知道他是最近才从西班牙来的，还是来自一个长期居住在美洲的西班牙家族的后裔："西班牙人"这个词同时适

用于在欧洲和美洲出生的白人。随着帝国和殖民地之间的裂痕在18世纪最后三分之一的时间里不断扩大，那些即将领导独立运动的人（大多数是白人，通常受过教育，衣着体面）逐渐不太被称为“西班牙人”，而是改称“克里奥尔人”；也就是说，这些人尽管出生在美洲，但在别人看来同时在自我认知中是白人与文化本质意义上的欧洲人。他们中的大多数人都宣称对自己的美洲祖国有着紧密的认同感。然而，一旦实现了独立，“克里奥尔人”一词在18世纪的意义上就趋于消失，因为精英们如今希望在政治上以“墨西哥人”“秘鲁人”“智利人”等国家术语来看待自己。他们显然发现“克里奥尔人”具有的18世纪的殖民意味使其不方便公开使用，因为他们渴望认同并领导多种族的共和国。

然而，共和国的精英们虽然是政治爱国者（*political patriots*），但在文化上却同时面临着两条路：一条是通向他们渴望领导的本国异质人群；另一条则是跨越大西洋回到他们的欧洲祖先及其文化和制成品的发源地。虽然这批新精英中的少数更加信奉天主教，且保守的成员们仍然坚持西班牙的价值观，但这些少数人也加入了大多数人的行列，急于接受英国和法国的艺术、时尚和制成品。自由派和保守派都希望把他们的新共和国看作国家体系中的一部分，通过把欧洲的时尚带到墨西哥、波哥大、利马和布宜诺斯艾利斯，他们就可以开始践行为自己的国家带来变革、现代化和进步的崇高使命。在19世纪初的这段共和国成长岁月里，很少有拉美精英人士像1790年的美国或者第二次世界大战后刚刚独立的前非洲和亚洲殖民地那样，以自省的民族主义精神转向自己的人民。相反，新的拉美共和国们 [152]
“坚定地向外看，热衷于学习和模仿来自法国或英国的任何东西”。[1]

[1] 关于这个话题的大量文献，见 Sergio Villalobos, *Origen y ascenso de la burguesía chilena*, pp. 89–90; Claudio Véliz, *The Centralist Tradition in Latin America* (Princeton, N.J.: Princeton University Press, 1980), pp. 163–188。

与此同时，如果拉丁美洲的主导群体认为自己在种族和文化上与大众是分离的，那么他们也因为这些相同的特征而与下层同胞捆绑在一起。如果精英阶层的成员们认为自己比混血成分更复杂的人口肤色更白，他们同样会意识到自己与大多数同胞说着同样的语言，也与他们一起参加弥撒。正因为他们可能与普通民众相混淆，这些上层群体才竭力通过接受一切欧洲的东西来衬托自己，尤其是法国和英国的。从 19 世纪六七十年代开始，世界对化肥、咖啡与糖、石油与铜、小麦与牛肉等的爆炸性需求所带来的收入，使那些从贸易中受益的人们能够进口进入欧洲时尚世界所需要的商品，从而使自己与不那么幸运的公民区别开来。

事实上，外来性的标记是进口物品吸引力的一个重要部分，应该与可得性和成本等其他属性一起考虑。这个观点很难说是独创性的，因为进口物品在今天的许多社会中都扮演着重要的角色，甚至在特罗布里恩群岛（Trobriand Islands）的美拉尼西亚人（Melanesian）这样的初级消费者中也是如此，很早以前的研究就表明，那里的某些物品正是因为来自遥远的国度而更受重视。不过，“异国的诱惑”在后殖民时代的拉丁美洲似乎还是格外强烈。在 19 世纪最后三分之一的时间里，外来性与进步之间的联系一再出现。许多不同的群体都相信有可能创造出一种本地版本的现代性，也就是说，他们可以加入人类迈向未来的普遍性进程，这个未来将不同于并优于被习惯束缚的过去。外国物品代表着现代性，因为它们与代表着现代性中心的欧洲相关联，也因为它们与当地的实践有明显的对比。[1] 从 19 世纪中期到 1930 年的这一时期，传统上被称为**出口**经济时代或“外向发展”时
[153] 代。实际上，**进口**经济一词也可以被强调，因为在交换种类有限的大宗出口商品的同时，拉美人也得以广泛选择一系列改变社会和文化的物品。

[1] Benjamin Orlove and Arnold J. Bauer, “Giving Importance to Imports,” in Orlove, *Allure of the Foreign*, p. 13.

正如我们所看到的那样，在进入16世纪的印第安世界时，西班牙征服者与随后的殖民地政治及社会领导人们在一开始就引入了一种大都市的物质文化。这种物质文化是地中海、伊斯兰和亚洲世界的丰富混合体。他们的目的是通过食物、服装和建筑来构建自身与原住民以及低阶层的梅斯蒂索人和穆拉托人之间的区别。当然，他们也试图通过展示富足的生活（更大的豪宅、更大的宴会、奢华的礼物和仪式）来建立自己在多文化、多种族社会中的主导地位。300年后，在19世纪后期的利马、墨西哥城和其他主要城市的上流社会小世界里，男女们把伦敦和巴黎的资产阶级视为着装的合适参照群体，在城市设计、家具和食物方面也是如此。就像世界上其他地方一样，在类似的情况下，他们努力在自己和那些现在更迫切地想在社会阶梯上向上爬的人之间构筑一道屏障。

从巴黎进口的男式西装和女式礼服被用来对付那些暴发户（*arriviste*）冒充者，对这类人的奇特的叫法包括智利的“siútico”，利马的“huachafo”以及其他地方的“gente de medio pelo”。库斯科当地数量极少的精英们无法直接从法国采购，就以“巴黎”裁缝铺（*Sastreria*）的形式将巴黎带到了安第斯地区，绅士们可以在那里订购手工制作的优雅衬衫、礼服大衣，甚至还可以订购烟。智利小说家路易斯·奥雷戈·卢科（Luís Orrego Luco）在20世纪40年代以揶揄的笑容回忆起他在19世纪90年代的“少年虚荣者的野心”，“佩戴着杜塞的领带，穿着皮诺先生的西装”。[1]

我们可能会顺便注意到，在我们自己的世界里，几乎有无尽的商品被

[1] Valcárcel, *Memorias*, pp. 38–39; Luís Orrego Luco, *Memorias del viejo tiempo* (Santiago, 1984), 58; Ramón Subercaseaux, *Memorias de 50 años* (Santiago, 1908). *Siútico* 一词（起源不详）通常被错误地认为在词源上与英文的“西装”（suit）有关，该词据说是在19世纪中期观察瓦尔帕莱索的英国商人的着装后得出的。*Gente de medio pelo* 字面意思是“发量中等的人”，大概是指殖民时代后期介于不修边幅的人和戴假发的人之间的一个社会阶层。参阅 middle-brow（平常、中等）一词。

[154] 认为是地位和身份的标志；与此形成对比的是，事实上在殖民时代，一个人可以展示财富和权力的方式要少得多。我们有行政套房、豪华汽车、度假屋、“可向他人炫耀的”妻子或丈夫、心知肚明的设计师标签、精美的肴馔，还有来自尖端印象公司（Sharper Image）的上千种精致的物品。殖民精英们的财产种类则少得多，但他们的财产是显而易见的：基本上是土地和奴隶或依附的工人，一座通常低矮但规模庞大的豪宅和其中的仆人，炫耀性捐赠建造的一座镀金的教堂，承载着丰盛宴席的餐桌。一旦共和国的精英们离开其明显的农村威望基础，转移到更为同质化的城市环境中，他们就需要一系列新的财产来彰显身份。服饰和个人装饰为此提供了灵活便携的地位标志。

在 19 世纪后期大西洋经济蓬勃发展的物质世界中，人们对炫耀性消费的冲动变得更加强烈，但拉丁美洲的富人们可能展示的商品很少能在他们自己的国家买到。诚然，人们可以建造更大的联排别墅、驾驶优雅的马车或者更巧妙地参与私人的权力仪式。托斯丹·凡勃伦（Thorstein Veblen）大约于同一时期在自己的纽约和芝加哥的同胞中发现了这一特点，并在他有趣古怪的文章中写道：“对贵重物品的炫耀性消费是休闲绅士们享有声誉的一种方式。随着他手中财富的积累，他个人的努力无益于通过这种方法充分地把他的富贵表现出来。因此，他借助于朋友和竞争者们，通过赠送贵重的礼物和举办昂贵的宴会和娱乐来实现。”[1]

英国的制造业或巴黎的食品和时装对“美好年代”精英们的吸引力是很难夸大的。从 19 世纪 70 年代开始，社交生活越来越多地从私人住宅转移到公共场所，进入优雅的新式咖啡馆和餐厅，进入下午茶舞会、剧院和歌剧院。当代的照片和绘画作品展示了在时尚的舞会和餐馆里头戴高礼帽的

[1] Veblen, *The Theory of the Leisure Class*, p. 75.

绅士们和穿着长款露肩礼服的女士们。到了 19 世纪 80 年代，法国菜肴“风靡一时”，黄金屋（Maison Dorée）和雷卡米尔餐馆（Fonda de Recamier）等城市里最优雅的餐厅，“没有法国厨师的话都不敢开门”。[1]1891 年，墨西哥百万富翁伊格纳西奥·德拉托雷·伊米耶（Ignacio de la Torre y Mier） [155]
先生说服“巴黎名厨”西尔万·道蒙（Sylvain Daumont）来到墨西哥城，创造了巨大的成功，道蒙先生在一年之内就开了自己的店，几乎完全复制了一家正宗的法国“美好年代”的餐厅。

在 1888 年为致敬总统波菲里奥·迪亚斯（Porfirio Diaz）而举办的宴会上，八道菜中有格拉维赫法式清汤（Consommé à la Graviarre）、煎鳟鱼配慕尼酱（Truites a la Meuniere）、戈达尔法式煎牛排（Filet de Boeuf a la Godard）、英式松露火鸡（Dindonneau Truffé a l’Anglais）。菜单当然是用法语写的，配的是适度的木桐·罗斯柴尔德酒庄（Mouton Rothschild）和罗曼尼·康帝酒庄（Romanée Conté）的酒，这也许是勃艮第葡萄酒（*vins bourguignons*）中最好的了。当时葡萄根瘤蚜（phylloxera）这种流行疫病摧毁了多达 90% 的法国葡萄园，使得进口葡萄酒变得极其昂贵。“对外来文明的追求”在 1910 年独立一百周年庆典上达到了意想不到的高度，当时“在专门为这一爱国场合举办的数十场晚宴中，没有出现一道墨西哥菜”。[2]当代的一本回忆录记述，人们仅仅是听到“法式点心（*Dulcería Francesa*）”这两个词就会满心欢喜。这两个词“让孩子们联想到迷人的玩具；女性们联想到的是独特的夹心软糖（*bon-bons*）和法式小蛋糕（*petitfours*）；男人联想到的则是上等的葡萄酒和美味的糕点；这些都在那些迷人的商店里出

[1] Colin MacLachlan and William Beezley, *El Gran Pueblo: A History of Greater Mexico* (Englewood Cliffs, N.J.: Prentice-Hall, 1994), pp. 132–133; Beezley, *Judas at the Jockey Club*, p. 14.

[2] Jeffrey M. Pilcher, *Qué Vivan los Tamales!* (Albuquerque: University of New Mexico Press, 1998), pp. 64–65.

售，在生日的早晨，这些商店里挤满了上流社会的成员”。[1] 波菲里奥时期的精英阶层从来没有超过墨西哥总人口的 2% 左右，他们进口亚麻日用织品、大型钢琴、欧洲的葡萄酒和烈酒，订阅法国的书籍和杂志，出国旅行，把孩子送进欧式的学校，并相信他们这样做能“拥有与国际上流社会人士相同的活动与态度”。从墨西哥城到布宜诺斯艾利斯的上千家沙龙里，巴黎的《两个世界杂志》（*Revue des deux mondes*）都半开着放在那儿，很可能没有人翻阅过。

与此同时，陆地和海洋运输的改善使得拉丁美洲人可以通过出口他们的产品来支付欧洲的进口物品，这也促使精英们到英国和欧洲大陆进行巡游。回忆录和小说讨论了这些旅行，有时会不经意地展现出滑稽之处。一大家子人、家庭教师、厨师和奶妈登上前往勒阿弗尔（Le Harve）或波尔
[156] 多（Bordeaux）的蒸汽船。1882 年，一个显要的智利家庭由于担心奶妈撑不过从瓦尔帕莱索到波尔多的 33 天旅程（并相信马奶有益健康），就把一头刚生产的母驴和 50 包干草带上了船。[2]

这些描述可以在拉丁美洲各国首都广泛适用于数量较少但有影响力的精英阶层。利马的上层阶级热衷于加入私人高尔夫和赛马俱乐部，而“利马人的最高抱负是穿上巴黎风格的衣服”。即便是在大规模的硝酸盐出口允许智利精英们沉迷于无节制地进口奢侈品之前，英国领事就注意到“优雅的典范都是法式的”。[3] 像 1910 年开张的加思和查韦斯（Gath y Chaves）以及普拉之家（Casa Pra）这样的高档新店，在抛光的木质和玻璃盒子上展示

[1] René Rabell Jara, *La cocina mexicana a través de los siglos*, vol. VI, la *bella epoca* (Mexico City: Clio, 1996), pp. 44, 36. *Dulcería francesa* translates as “French sweetshop.”

[2] Francisco R. Undurraga Vicuña, *Recuerdos de 80 años* (Santiago, 1943), pp. 86–87.

[3] Manuel Burga and Alberto Flores Galindo, *Apogeo y crisis de la república aristócratica*, 2nd ed. (Lima: Mosca Azul, 1981), pp. 4, 96. Horace Rumbold, *Report by Her Majesty's Secretaries . . . on the Manufactures, Commerce, etc. . . . of Chile* (London, 1876), pp. 365–366.

欧洲商品。埃菲尔公司（Eiffel & Company）建造的中央火车站看起来就像是巴黎北站（Gare du Nord）搬到了智利。难怪当智利的财产被卖给外国人而引起争议时，“美好年代”的一位花花公子狡黠地问道：“为什么我们不把整个国家卖给法国，再给自己买个靠近巴黎的小一点的房子呢？”

19 世纪末的拉美人也意识到需要在国外激发其他人对自己国家的正确观念。各种世界博览会和展览会带来了这样的机会；在这些场合里，秩序和进步以及欧洲化社会阶层的文明品位得以被展示出来，那些仍然残留的野蛮气息则被舍弃。1900 年，圣地亚哥的报纸《未来》（*Porvenir*）得到风声，“一些不寻常的企业家”正准备带一批阿劳坎人去参加巴黎的大博览会。该报疑惑的是：“把那一小撮看起来几乎野蛮、残暴、堕落、令人生厌的印第安人作为智利的样本带到巴黎展出，这对促进国家利益有什么好处？”[1]

圣地亚哥的历史博物馆如今收藏了世纪之交智利数百次私人和公共晚 [157]
宴的菜单，这些菜单与当代墨西哥的菜单一样，几乎全部是法语的。人们可以从中看到，在公共宴会上和私人餐厅里，客人们喝着来自伏旧园酒庄（Clos de Vougeot）或波玛酒庄（Pommard）的葡萄酒，啜饮波尔多的“特级葡萄酒”和滴金酒庄（Chateau d’Yquem）极其美妙的苏玳白葡萄酒。事实上，在智利，精英阶层的成员们不仅到巴黎进行文化朝圣、购买法国商品，一些人还努力将自己构建成智利的波尔多“酒庄”（chateau）主人。

在法国大革命后，新富豪们在波尔多建立的新葡萄园和葡萄酒厂中出现了一个强大的模式，后来被称为“酒庄”（chateaux，另意为城堡），而法国大革命的目的是摧毁原有的、真正的、旧制度（*ancien régime*）的城堡。1868 年，罗斯柴尔德男爵（Baron Rothschild）收购了拉菲酒庄

---

[1] 引自 Patrick Barr-Melij, *Between Revolution and Reaction: Cultural Politics, Nationalism and the Rise of the Middle Class in Chile* (Chapel Hill: University of North Carolina Press, 2001)。Mauricio Tenorio, *Mexico at the World's Fairs: Crafting a Modern Nation* (Berkeley: University of California Press, 1996).

（Chateau Lafite），同时还收购了拉图（Latour）、奥比昂（Haut-Brion）和玛歌（Margaux）酒庄。智利人不仅从波尔多带回了著名的赤霞珠和梅洛砧木的扦插苗，还进口了最先进的酿酒设备。更为雄心勃勃的是，他们在迈波谷（Maipo）和阿空加瓜谷（Aconcagua）建造了自己的“酒庄”，并引进了法国、意大利、英国的景观艺术家和建筑师，设计了像如今圣丽塔酒庄（Viña Santa Rita）或圣地亚哥郊外皮尔克（Pirque）的苏伯卡索（Subercaseaux）豪宅这样的宏伟花园。通过这一切，他们的目的是要在智利酿造出一种“法国”葡萄酒，并显示他们与欧洲的文化联系。我们不必夸大其词。确实，即使在“美好年代”的鼎盛时期，某种消费民族主义也渐渐出现了。在政治活动或仪式上，党派领导人在宣布总统竞选人的宴会上都会特意供应智利葡萄酒，比如 1899 年智利和阿根廷的总统们在麦哲伦海峡（Strait of Magellan）南部一个有争议的边境地区举行的会议上就是如此。在更低的消费层次上，更多国内葡萄园（viñedos del país）酿造了普通人喝得起的葡萄酒。[1]

最好的男装和女装裁缝们将英国和法国的时尚带到了拉丁美洲精英阶层的身边。人们很早就开始关注服装了。1907 年，一个 13 岁的巴西男孩
[158] 在字条上署名为“小保利诺”，他要求父亲去买衣服：“一件白色法兰绒外套……三个桑托斯 · 杜蒙（Santos Dumont）风格的小领子和一条白色领带，可以在科伦坡之家（Casa Colombo）购买，如果没有的话，就从埃菲尔铁塔（Torre Eiffel）店里购买。备注：如果找不到法兰绒布料的，就买以相同方式剪裁的粗斜纹布的。”[2] 保利诺的父亲可能是去里约热内卢的中心大

[1] Pozo, *Historia del vino chileno*, pp. 65–100.

[2] 引自 Jeffrey Needell, *A Tropical Belle Epoque: Elite Culture and Society in Turn-of-Century Rio de Janeiro* (Cambridge: Cambridge University Press, 1987), p. 140。

道（Avenida Central）或欧维多街（Rua do Ouvidor）购物，1906 年以前这里一直是精英文化和社会的中心。这半英里（约 805 米）长的里约热内卢区域，除了是欧洲商品的圣地之外，也是一条时尚的长廊，是精英阶层的聚集地，“一切新奇和‘文明’的东西”都会首次出现在这里的商店橱窗里。在这里，时尚裁缝们用从法国带来的材料创造出自己的作品，而其他女性则从巴黎购买最新的时装，花一大笔钱购买一件查尔斯 · 弗雷德里克 · 沃斯（Charles Frederick Worth）的礼服和相应的珠宝。

近期的一本充满活力的书审视了当时配有插图的时尚书籍，追踪了女性裙装的变化，从 19 世纪中期大片沙沙作响的裙衬到裙撑，“在 19 世纪 70 年代和 80 年代期间臀部的花式以各种夸张的风格起落”。到了 1900 年，裙下摆已经演变成了豪华的裙裾。在每个阶段，女性都强迫自己穿上紧身衣，并套上好几件衬裙。1914 年，一位当地的八卦专栏作家总结道：“女人们穿的是又长又宽的裙子，还有厚重的衬裙，展示着她们纤细的腰身……在紧身胸衣的衬托下更显得突出。她们穿塔夫绸和美利奴羊毛织品……靴子要扣好或者系得很高，戴着手套的手中总是拿着一把丝绸扇或纱扇。她们不化妆……里约热内卢的女人们像是象牙或蜡制成的雕像……当她们成群结队地经过时，会让人想起一排行进的尸体。”[1]

如果说女性的华丽服饰让人感到不舒服、压抑，需要有学问的人才能在满屋子的人中游刃有余，那么“美好年代”下里约热内卢的男性服装则提供了一个特别有说服力的例子，说明服装在身份构建中的重要性。实际上，它证明了人们极其荒谬地将欧洲消费者作为参考群体，而没有因实用性或舒适性做出丝毫的让步。

女性时装和其布料来自法国，而男装的帽子和布料则从英国进口。当

---

[1] Needell, *A Tropical Belle Epoque*, pp. 166–168, 170.

图 5.4　1900 年左右里约热内卢的欧维多街

这是"美好年代"期间里约热内卢最优雅的购物商业街。请注意看热带地区穿得很暖和的男士们。资料来源：照片由马克·费雷兹（Marc Ferrez）拍摄。由盖蒂研究所（Getty Research Institute）提供

地的裁缝将通常是黑色的羊毛布料剪裁成长裤、马甲和双排扣长礼服。在这两层羊毛外装之下，得体的男士还穿着棉质或亚麻布的长内衣和衬衫，衬衫上有翼领，系着领带——所有这些都“丝毫不考虑行动、血液循环、 [160] 温度或经济性方面的便利”。在冬天寒冷、房屋供暖条件差的英国，这一切似乎都很正常。但我们说的是地处热带的里约热内卢，尤其是老城，商人们在这里度过一天中最热的几个小时，穿着“凝重的黑色英式羊毛服装”在“冒着蒸气、令人发烧的夏天”里工作。1890 年的一位巴黎记者写下了这样的观察：“在使人窒息的气候里，在树荫下温度计有时也能达到 40 摄氏度（华氏 104 度）的城市里，在炙热的太阳光线足以使人一瞬间死亡的夏天里，巴西人顽固地继续坚持欧洲人的穿戴和生活方式。他们在一天中最热的时候工作；像伦敦的商人一样，从上午九点到下午四点去办公室上班；穿着黑色长礼服、头上戴着礼帽，用最完美的毫不在乎的方式上演自己的殉难记。”

他们为什么要这样做？很显然，深色、厚重、明显是欧式的服装象征着现代、文明和贵族。因此，以白人为主的精英们，“穿着黑色的羊毛上衣和马甲，穿着窄小的紧身衣和厚厚的裙子，忍受着闷热的天气，自我陶醉地彰显着欧式风格，自满地区别于那些半裸着身体、公然显示粗鄙低下的肤色更深且穿着更凉爽的穷人”。[1]

直到 1870 年左右，拉丁美洲的城镇和城市大多都保持着 16 世纪哈布斯堡王朝（Hapsburgs）强加的传统棋盘式规划，当时西班牙人设想为其在印度群岛的所有城市都制定一个标准的城市四边形布局，并以“绳索和尺子”为基础，即使人口增加，这一规划也将延续下去。事实上，这一计划一直持续到了 19 世纪 70 年代。但随后，对外贸易的快速增长迫使港

[1]　引自 Needell, *A Tropical Belle Epoque*, pp. 167, 169。

口城市和老首都推行现代化建设。城市有了最初的下水道和供水系统，墨西哥的阿拉米达（Alameda）在1873年有了煤气灯；到处都出现了有轨车，即最初由骡子拉着在铁轨上行进的车（所谓的血轨车[*ferrocarril de sangre*]）。简而言之，主要城市，或者至少是其中部分城市，都变得欧洲化了。出于当地人的自豪感，危地马拉人或智利人喜欢把他们的首都称为“危地马拉的巴黎”或“智利的巴黎”；到了1911年，甚至连法国激进派国会议员乔治·克莱蒙梭（Georges Clemenceau）也称布宜诺斯艾利斯为
[161] “一座伟大的欧洲化城市”。[1] 在波菲里奥时期的墨西哥，何塞·卡瓦拉里（José Cavallari）和安东尼奥·里瓦斯·梅尔卡多（Antonio Rivas Mercado）这两位名人都毕业于巴黎美术学院，他们在赋予华雷斯（Juárez）、夸乌特莫克（Cuauhtémoc）和罗马（Roma）等新区以国际大都市的面貌（“就像凡尔赛、布鲁塞尔和伦敦一样富有贵族气派”）方面发挥了重要作用。这种宽阔的城市布局促进了“别墅、豪宅和官邸”等的建设。[2]

社会的自由世俗化意味着，仪式和典礼开始从旧的、以教堂为中心的广场转移到商业街以及新的公园、广场和市集。教会的财产被正在进行现代化转型的政府没收并出售给私人，以资助在郊区开发新的定居点，这些新定居点很快就会通过有轨车线路和宽阔的大道与旧中心连接。许多老城市常发生的地震也为新的城市规划提供了额外的机会。这一切都发生在欧洲人（如塞纳省省长）为城市改建提供大胆模式的时候，追求进步且崇拜法国的拉美人一定不会错过这些模式。奥斯曼男爵（Baron Haussmann）对巴黎进行了大规模的改造，新建了85英里（约137公里）的街道，修建了

[1] 引自 Ramón Gutiérrez, “La ciudad iberoamericana en el siglo xix,” in *La ciudad hispanuamericana: sueño de un orden*, p. 261。

[2] Jorge del Arenal Fenochio, “Ideología y estilo en la architectura de finales del siglo xix,” in Fernández, *Herencia*, pp. 463–475.

宽阔的行车道与绿树成荫的人行道，这些道路都呈直线排列，几乎没有什么交通设施。这是一项戏剧性的事业，尽管最终可能只是平庸的，与他同时代的马克思认为这项工程混合了“野蛮与轻浮”。[1]

拉丁美洲的城市改革发生在大多数拉美自由主义领导人拒绝接受西班牙殖民的过往对现代性的拖累之时，因此，新的呈对角线分布的大道是在象征性地反对旧的、不再被认可的四角形格局，旧格局如今充满了哈布斯堡王朝的、反宗教改革的正统派观念。墨西哥的改革大道（Paseo de la Reforma）、哈瓦那的普拉多大道（Prado）、布宜诺斯艾利斯的几条新大道、蒙得维的亚（Montevideo）七月十八日大道（18 de Julio Avenue）的延长工程等，都是新城市规划中将大道从旧的核心地带延伸出来或穿过旧的殖民 [162]
区的例子。从旧城市广场延伸出来的新林荫道两旁排列着新哥特式的三四层楼高的联排房屋，它们有着第二帝国风格的双重斜坡屋顶。直到今天，它们仍然坐落在布宜诺斯艾利斯的主要大道两旁，而在波哥大、圣地亚哥或墨西哥城里的玻璃和钢铁建造的摩天大楼之间，我们也还能看到其他类似房子的身影。

与此同时，那些有能力承担成本的郊区业主放弃了以天井为中心、外立面与人行道齐平的单层地中海式建筑综合体，转而建造了两层或三层的“豪宅”和“宫邸”，四周用高大的锻铁栅栏围起来，与街道保持一定距离，向参观者展示出一个更宏伟的入口。圣地亚哥的“库西尼奥宫”（palacio Cousiño）建于 19 世纪 70 年代，通过卡拉拉大理石、法国吊灯、欧洲风景画、优雅的椅子和沙发等，向社会展示它的欧洲面貌。它没有任何智利的特色。生活空间的内部组织与官邸拥有者们本身的双面性相映成趣。在当

[1] Roger Magraw, *France, 1815–1914* (Oxford: Oxford University Press, 1986), p. 183; Alfred Cobban, *A History of Modern France* (Baltimore: Pelican, 1965), 2:167–169. 奥斯曼还促进了下水道的建造，维克多·雨果在《悲惨世界》中对其有着骇人的描写。

代里约热内卢的一座官邸里，会客厅、台球室、图书馆和入口大厅“在装饰和陈设上都更加仔细地欧化了”。主人们在这里接待访客，并展示他们与欧洲文化的亲近性。内部的房间则转向普通的生活空间，实际上更具巴西风格，床和餐厅更加随意和舒适，家具也更加传统。在里约热内卢，即使是在昂贵的豪宅里，这样的房间也有吊床和地垫。至少在这座城市里，连房子两边的礼节都是不同的。在前面的会客区，为了符合法式风格，饭菜是按顺序上桌的；而在家庭餐厅里，所有饭菜都是同时上桌的。[1]

食物、衣服、住所等所有这些都是一个更大进程（即世界资产阶级或至少是西方资产阶级的形成）的一部分。对欧洲物品的狂热消费、前往欧洲的旅行以及与欧洲知识分子、艺术家和工程师等的接触，不仅仅是“虚伪的姿态或追随最新的时尚。这是将自己置于历史时刻的巅峰，或者也许可以被想象成处于所有历史的中心”。这将是“现代”的。例如，歌剧“无
[164] 论是刻薄还是柔情”，都可以被“正在取得成功的资产阶级”的成员们在广泛的地域内及类似的、熟悉的环境中享受到，“从意大利斯卡拉剧院（La Scala）、伦敦考文特花园、纽约大都会歌剧院到马瑙斯（Manaos）或者圣地亚哥的市政剧院”。[2] 我们甚至可以加上墨西哥的省级城市，1903 年波菲里奥·迪亚斯亲自乘火车前往瓜纳华托，观看在精美的华雷斯剧院落成典礼上上演的《阿依达》（*Aida*）。

从布达佩斯到托尔斯泰的圣彼得堡再到利马，世界各地的新精英们都能通过进入更大的时尚世界“感受到欧洲风情”。尽管拉美与欧洲的关系是这一更大进程的一部分，但其精英阶层特有的双重性赋予了他们双重任务。一方面，他们隔着古老的海洋回望过去，寻求与北大西洋的强国们建立联系，以便把他们认为的先进思想和成果带到自己的共和国。作为这个计划

[1] Needell, *Tropical Bell Epoque*, pp. 150–151.

[2] Villalobos, *Origen y ascenso*, p. 78.

图 5.5　圣地亚哥的市政剧院

该剧院以巴黎歌剧院为蓝本，这一圣地亚哥版本最初建于 1853 年，后来被烧毁，并于 1873 年重新开放。作为现代性和文明的象征，这张照片中的该剧院似乎是在存在需求之前就建成的。资料来源：《智利和秘鲁的风景》，威廉・莱茨・奥利弗收藏（William Letts Oliver Collection）。由加州大学伯克利分校班克罗夫特图书馆提供

的一部分，他们鼓励铁路建设、港口更新、金融政策和对外国投资者的优惠，以促进食品、纤维和矿产的出口。

他们同时也向内看，向自己的国家看，由于从一开始就存在的种族和文化上的不明确性，他们试图通过消费欧洲物品来维护自己更“文明”的身份，并把自己与低等的同胞区分开来，毕竟他们很容易被误认为同类。这种误认不太可能发生在肯尼亚的白人移民和基库尤人（Kikuyu）之间，或者是法国种植园主和越南人之间。这种模棱两可的不明确性以及被认为是“其他血统种族”的焦虑无疑是拉美精英们热衷于消费和展示的部分原因。这与他们对现代化的热情是一致的，与此相联系的还有他们所抱有的并不是那么强烈的希望——希望他们的下层社会同胞在适当的时候可以逐渐从野蛮走向文明。

第六章　发展物品

国家生产什么，你就得消费什么。[1] [165]

拉丁美洲漫长的19世纪并不是随着1900年在历法上的到来而结束的，甚至也不是在一场遥远的世界大战的炮火中结束，而是在20世纪20年代经济、政治和社会环境的交汇中结束。在随后的四五十年间，直到20世纪60年代，强烈的民族主义情绪、国家对经济事务的干预、不断高涨的反帝国主义情绪以及社会主义的实验等，导致整个拉丁美洲的物质文化发生了巨大变化。在我们描述人们在吃、穿、住等方面的选择以及他们对越来越多闻所未闻甚至难以想象的新物品的消费之前，让我们先从“美好年代”精英们偏狭的世界主义转移到拉丁美洲的小城镇和农村腹地，以便追踪消费文化在偏远地区的逐步发展情况。

[1] 这是亲爱的仆人塔拉·罗德里格斯（Tala Rodríguez）于1954年10月在墨西哥城对作者的劝诫。

两个城镇

在 20 世纪之交，米却肯州的圣何塞－德格拉西亚小镇（San José de Gracia，简称圣何塞）之内及其附近的三四千名居民相当典型地代表了墨西哥中西部的小农、混血社区。他们的经历可能有助于理解普通人如何感受
[166] 物质文化的日常变化。如果在一定程度上考虑收入、种族，特别是其相对靠近美国的位置，我们就可以想到那些进入当地生活的物品大致上能代表整个拉丁美洲其他类似规模的地方的情况。[1]

圣何塞的人们挤牛奶、制作奶酪、生产蜂蜜和蜂蜡等来供应当地市场，同时种植玉米、豆类、鹰嘴豆与一些小麦和大麦等普通作物以维持生计或偶尔出售。崎岖不平的土路将他们与州府和其他城镇隔绝开来，很少有人冒险离开他们的田地，活动范围不超过他们肉眼从村子广场上的小教堂屋顶上看到的地方。在 20 世纪的最初几年，骡夫偶尔会从墨西哥城带来关于电灯、留声机和其他令人惊异的事物的描述。1906 年，邮件开始由人骑马送达，每周一次。镇上有三个人订阅了墨西哥城的报纸《国家》（*El Pais*），该报讲述了一些令人惊奇的故事，包括人乘着带翅膀的仪器飞行、哗哗作响的电报、汽车、潜水艇和有轨电车等。

这时圣何塞的一些房子有了自来水，有几条街道铺上了鹅卵石。一天，有人带着照相机出现了。镇上的许多人摆姿势拍照，表情是“带着震惊的严肃”；对另一些人来说，“地球上没有任何力量能让他们面对镜头”。[2] 大

[1] 以下内容主要参考 Luís González’s delightful *Pueblo en vilo: Micro-historia de San José de Gracia*，其英译本参 John Upton trans. *San José de Gracia: Mexican Village in Transition* (Austin: University of Texas Press, 1974)。参考页来自西班牙语版本。

[2] González, *Pueblo en vilo*, p. 156.

地图 6.1　文中提到的地名

资料来源：由加州州立理工大学洪堡分校的塞巴斯蒂安·阿拉亚提供

约在同一时间，拜耳公司的一名代理商推出了阿司匹林。1905 年，“一个戴着小帽子、穿着时髦的人出现了。他敲开了镇上主要房屋的门。有些人把他当成了牧师，亲吻了他的手”。事实上，他是辛格缝纫机公司的巡回推销员，他成功地让五个家庭对这种近代最具变革性的机械设备之一产生了兴趣。一个月后，五台锃亮的机器被送到了这里，一起到来的还有一位负责演示机器工作原理的年轻女子。这些年里，还有人开了一家小杂货店，里面摆满了各种织物、杂货和金属锅碗瓢盆。

20 世纪 20 年代，变革的步伐加快了。汽油灯开始取代兽脂蜡烛和松脂
[168] 火炬，在 1926 年还有一位有进取心的市民安装了第一台小型发电机，在教堂和二十几栋较好的房子里点亮了一些黄色的电灯泡。两年后，在圣何塞出现了第一台玉米磨粉机，这是另一种变革性的设备，注定要改变数百万墨西哥女性的生活。这个研磨机将浸泡过的玉米粒（在古老的纳瓦特尔语中是 *nixtamal* 一词）磨成潮湿的粉，用以制作延续已久的、几乎是中部美洲每个人生活必需品的玉米饼。

1938 年，有个幸运的人得到了第一台电池收音机。1942 年有了电线和电力，1944 年有了电影。同时也出现了一些杂志。在圣何塞较富裕的居民中，最受欢迎的是《读者文摘精选》（*Selecciones del Readers Digest*），人们可以在这本杂志里读到“永不放弃希望的人们的故事、关于科学成就的报道、对于其他国家的描述、小说的概述、关于资本主义慷慨和英雄主义的一面以及社会主义残酷的一面等”。[1]

1943 年，由碎石和沥青铺成的“国家”公路将公共汽车带到了圣何塞，从中我们可以看出具有发展意识的墨西哥政府为促进“内向增长”和国内市场所做的努力；现在人们可以看到宣传当地啤酒、可口可乐、衬衫和裤子、

[1] González, *Pueblo en vilo*, p. 259.

牛饲料以及众多新产品的广告牌，这些都是快速工业化的社会生产出来的。但即便如此，一个普通牧工的年收入也很微薄，勉强能够支付食品、一点糖和煤油、肥皂和香烟、鞋子和衬衫的费用。他们几乎没有剩余的钱来购买更昂贵的商品，这些商品开始从被政治家和经济学家称为新进口替代工业（import substitution industries，或称 ISI）的行业里生产出来。

道路、报纸和电台广告也给圣何塞的年轻人带来了“生活在监狱里的感觉”。他们想要更多的东西——“赚钱、认识女孩、做他们觉得想做的事，甚至去美国或墨西哥城”。[1] 到 20 世纪 50 年代，圣何塞每 10 个 15 岁以上的人中就有 9 个去过墨西哥城或瓜达拉哈拉，数千人在得克萨斯州和加利福尼亚州找工作挣美元。

在 20 世纪 50 年代和 60 年代，随着“墨西哥奇迹”下工业主导的发展
扩散到了圣何塞这样的地方，宽松的白棉衬衣和长裤等古老的印第安农民 [169]
服饰被普通的裤子和有颜色的衬衫所取代；一般的鞋子取代了皮条编织凉鞋（huarache）。美国带来的文化影响（和美元）体现在住宅变化上：以前是土坯建造的、以天井为中心的住宅，敞向天空和飞鸟，两旁摆满盆栽鲜花；如今变成了更紧凑、更平坦的混凝土和砖房，配有马桶、水槽、浴缸和煤气炉。到了 1965 年，出现了第一台电视；更加精致的人们开始使用除臭体香剂。同年，喷气式飞机每天两次穿过圣何塞的上空。

在秘鲁的北部高地，瓦伊拉斯镇（Huaylas）一带的 4000 多个居民遵循着一种消费体制，与圣何塞镇在 1940 年后类似的内向型经济增长的情况下形成的消费体制非常相似。[2] 与圣何塞的人们一样，几乎所有瓦伊拉斯的居民都认为自己是梅斯蒂索人；到 1960 年，只有 2% 的人认为自己是印

[1] González, *Pueblo en vilo*, p. 262.

[2] 本节参照的是在 20 世纪 60 年代初进行的民族志研究，出处是：Paul L. Doughty, *Huaylas: An Andean District in Search of Progress* (Ithaca, N.Y.: Cornell University Press, 1968)。

第安人。然而，在瓦伊拉斯所有的女性中，约有 10% 的人只讲克丘亚语，而且与没人讲原住民语言的圣何塞非常不同的是，瓦伊拉斯的大多数人都会讲西班牙语和克丘亚语这两种语言。[1]1960 年，这个小镇通过一条狭窄的土路与海岸相连，随着季节的变化时而尘土飞扬、时而泥泞不堪，卡车（兼作公共汽车）和集体出租车需要行驶 9 到 10 个小时才能到达利马。

普通的瓦伊拉斯人在吸收安第斯饮食制度的基本特点的同时，也像他们在圣何塞的同时代人一样，在饮食中加入了欧洲和亚洲的元素。除了早餐之外，所有的饭菜都是以汤或炖菜开始的，并以惯常的安第斯马铃薯增稠，还有原产于安第斯地区和欧洲的蔬菜，较富裕的家庭中还有零星的牛肉、鸡肉或猪肉，配有小麦或大麦面包。由于秘鲁与墨西哥一样实行进口替代政策，沿海的食品加工业供应金枪鱼罐头、包装好的大米和面条、本

图 6.1　玻利维亚的缝纫机

缝纫机发明于 19 世纪中期，引进到拉丁美洲的时间相对较晚，约在世纪之交。它们彻底改变了裁缝行业和服装业。资料来源：照片由加芙列拉·罗曼诺（Gabriela Romanow）和国际行动（Acción International）组织提供

[1] 这质疑了以口头语言定义民族的普遍做法。

地生产但听起来像外国货的雀巢咖啡，以及荷兰猪油或智利罐装桃子等偶尔进口的商品。

与墨西哥一样，瓦伊拉斯的服装也在不断脱离原住民模式。如今，即 [170]
使是下层阶级的男子也穿上了现代西式剪裁的服装。有些衣服是自家缝制的；有些则是购买的成衣，如棉质衬衫等。一些自家缝制的裤子是用家纺羊毛或沿海纺织厂生产的棉布制成的。与在圣何塞一样，缝纫机在这里是迄今为止最重要的现代设备，发挥了它的魔力；在瓦伊拉斯，82% 的富裕家庭、40% 的中等收入群体，甚至 14% 的“下层阶级”家庭都拥有这种机器。许多女性都“擅长做衣服”，大多数衣服都是自家缝制的，其中很多的 [171]
样式都是从旧的蒙哥马利・沃德（Montgomery Ward）或西尔斯与罗巴克（Sears & Roebuck）时装目录上抄来的。[1]

直到 1963 年，瓦伊拉斯只有 40% 的房屋有电，而两年前新的电力设施到来之前，这一比例更远低于此。由于缺乏电力，除了电池驱动的设备外，收音机、留声机、搅拌机等物品都减少了，甚至没有了。不过，缝纫机是靠脚踏来驱动的；实际上，在瓦伊拉斯的数百台缝纫机中，只有十几台是电动的。尽管政府努力促进本地工业的发展，而且到了 20 世纪 50 年代末，这里和墨西哥一样，本地资本和外国资本的合资企业已经创造了各种各样的消费品，但人们对民族工业的感情仍然很矛盾。虽然关税和运输提高了成本，但有负担能力的人还是倾向于花更多的钱购买进口商品和电器，而不买本地产品。

[1] Doughty, *Huaylas*, pp. 72–74.

内向发展：内向型增长与消费

圣何塞和瓦伊拉斯居民消费模式的转变是在迅速变化的社会和经济境况中发生的。20 世纪 20 年代初，第一次世界大战后的资源短缺带来了短暂的全球性需求，之后，糖、咖啡、硝酸盐、食品和纤维等拉丁美洲主要产品的价格开始下滑。甚至早在 1929 年纽约股市崩盘以及随后整个大西洋世界的首个自由秩序崩溃之前，许多拉美人就已经开始质疑他们为工业化国家提供原材料以换取制造业产品这一对于比较优势的国际安排。随着世界价格的下滑，拉美人起初试图通过生产更多吨数和袋数的产品（如糖和咖啡等）来补偿价格的下降，以维持他们的总收入。但此举进一步压低了价格，使恶性循环继续下去。[1]

[172] 在这种情况下，为了减少在不可预测和不可控制的外国市场面前的脆弱性，拉丁美洲的经济思想家和政治领导人们对更自主的发展产生了迫切的兴趣。许多拉美国家的外国和本地投资者已经建立了纺织厂、食品加工业和其他轻工业，其中一些可以追溯到 19 世纪后期。然而，20 世纪 30 年代的危机使政府与一部分企业家合作，在促进工业发展方面发挥了更积极的作用。

十年后的 1948 年，联合国新成立的拉丁美洲经济委员会（Economic Commission for Latin America，西班牙文缩写为 CEPAL）为新政策提供了理论基础和统计数据支持。该委员会，或者更准确地说是其最重要的发言人——阿根廷经济学家劳尔·普雷维什（Raul Prebisch）努力证明，比较优

[1] Victor Bulmer-Thomas, "The Latin American Economies, 1929–1939," in Leslie Bethell, ed., *The Cambridge History of Latin America* (Cambridge: Cambridge University Press, 1994，后文简称 *CHLA*), 6.1:65–116.

势的理论和实践有利于欧洲和美国的工业“中心”，而不利于拉丁美洲“边缘”国家的利益。普雷维什和他的追随者们认为，这是因为“中心”国家工业产品生产效率的提高并没有导致这些商品的价格在圣地亚哥或布宜诺斯艾利斯有所降低，而是让底特律有组织、有要求的工人们获得了更高的工资。另一方面，该理论认为，拉丁美洲农业生产的改善确实使其大宗商品在世界市场上的价格下降，部分原因是农村劳动力过剩，因此价格低廉，而且这些农村劳力仍处于前资本主义状态，无法要求提高工资。

这就解释了为什么**贸易条件**（terms of trade）——比如购买一台辛格缝纫机所需要的咖啡袋数——在过去的半个世纪里变得有利于工业产品出口商，而不利于原材料或农业生产者。拉美人不得不跑得更快，但仍然失去了优势。的确，在目前的例子中，1900 年拉美人只需要卖出 6 袋咖啡或小麦就能买到一台缝纫机，但在 1939 年，同样的机器需要卖出 10 袋咖啡或小麦才能买到。这是拉丁美洲持续“欠发达”（underdevelopment）的一个核心解释，该词在 20 世纪 40 年代流行开来。解决方案是内向型增长（*crecer hacia adentro*），即在保护性关税的高墙背后实行国家扶持的工业化政策，甚至是发展国有工业。这个项目旨在在国内生产那些以前通过进口获取的产品，用当时的语言来说，就是发展进口替代工业。当地工业将因此得以 [173]
吸纳未充分就业的农村人口，人们相信这反过来又会推高拉美原材料的出口价格。这些政策在所有主要的拉丁美洲国家实施，在 20 世纪 50 年代和 60 年代的经济产出和消费模式中产生了惊人的结果。[1]

那些考虑过这些问题并警惕过度依赖美国的政治领导人和其他人士最初希望获得公共财政资本，相当于第二次世界大战后振兴欧洲的马歇尔计划的一个小版本。然而事实证明，拉美新工业的资本大多数来自欧洲与主

[1] Joseph Love, “Economic Ideas and Ideologies in Latin America since 1930,” in *CHLA*, 6.1:403–418.

要来自美国的私人投资者，他们的投资形式是与当地资本家合资或者建立公司子公司，例如大众汽车在巴西和墨西哥建了工厂，福特和通用汽车在几个国家建了装配厂。

其实，在拉美各个主要城市的郊区，各种源自外国工业的分支机构如雨后春笋般涌现，包括普瑞纳饲料公司（Purina Feed）、软饮料装瓶厂、家具和厨房电器制造商、生产炉灶和冰箱的通用电气（General Electric）、固特异轮胎制造商（Goodyear）以及各种食品加工业的厂家。事实上，在20世纪四五十年代，圣何塞和瓦伊拉斯这样的小城镇就出现了这些企业。甚至还有一家大型金属紧固件厂的分公司，其工厂就设在圣地亚哥郊外，用8英尺（约2.4米）高的油漆大写字母大大方方地做着广告，上面写着“美国螺丝智利”（American Screw Chile）。对于20世纪60年代智利的年轻一代反帝国主义者们来说，在动词的主语上刷上一个“s”的诱惑是无法抗拒的。

在20世纪40年代、50年代和60年代，拉丁美洲工业化的发展必不可免地促成了由政府、跨国公司及作为次级伙伴的国内企业家组成的三方联盟。主要来自美国的私人投资者们需要安全保障，因此战后出现的好战政治倾向“必须加以控制，以获得足够的商业信心”。[1] 拉美的发展由此开始依赖外国资本，这就需要政治上的“稳定”。在这个过程中，拉美企业家阶
[174] 层在美国找到了整体上比较热情的盟友。美国的政策制定者们除了名义上支持其公民投入资本的那些国家的社会安宁外，还认为“不稳定”是共产主义的“温床”。因此，在第二次世界大战后的整个40年冷战时期，美国不仅鼓励拉美各国政府将马克思主义拒之门外，而且还不遗余力地反对“进步的”社会民主运动。

---

[1] Rosemary Thorp, “The Latin American Economies, 1939–c. 1950,” in *CHLA*, 6.1:134–135.

虽然大部分拉美领导人支持该地区多数较大国家所开展的某种类型的工业发展，但反对的声音也从不同的方向传来。从一开始，进口替代政策就伴随着一股强烈的经济民族主义和反帝国主义的潮流。英国和美国的石油公司被征用为国有的墨西哥石油公司（Petróleos Mexicanos，或称 PEMEX，其口号“为祖国服务”表明了围绕其形成的民族主义情绪），这是一个早期的例子，随后在阿根廷、巴西（实际上是外国和本国资本的混合经营）、秘鲁以及委内瑞拉也进行了类似的国有化。1953 年，巴西的民族主义情绪非常高涨，归化入籍的公民乃至与外国人结婚的土生土长的公民都不能拥有新成立的国家垄断企业巴西石油公司（Petrobrás）的股份。[1] 因此，在外国资本涌入该地区的同时，许多政府征用了外国持有的自然资源或公用事业并将其国有化，建立了大型国有企业，如巴西、智利和墨西哥的钢铁厂等。[2]

有三个国家最终形成了对美国政策、外国公司及其国内盟友的强烈反对。事实上，在 1969 年对拉丁美洲进行“事实调查”期间遭遇民众的强烈敌意之后，就连纳尔逊·洛克菲勒（Nelson Rockefeller）也曾写道：“（拉丁美洲的）许多人甚至可能是大多数公民都认为美国的私人投资是一种剥削或经济殖民主义。”[3]1959 年开始行动的古巴革命者们、1970—1973 年的 [175]
智利人民团结政府以及 20 世纪 80 年代尼加拉瓜的桑地诺民族解放阵线都努力通过社会主义计划来遏制资本主义统治的浪潮。

当然，我们不可能把这部关于拉美工业化的纪录片倒回去，以不同的

[1] Rollie Poppino, *Brazil: The Land and the People*, 2nd ed. (New York: Oxford University Press, 1973), pp. 275–276.

[2] 更为矛盾的是，美国有时也为这些企业提供资金（当然还有设计和机器），例如，巴西的沃尔塔·雷东达（Volta Redonda）钢铁厂，见 Thorp, “Latin American Economics,” pp. 121–122。

[3] 引自 Thomas O’Brien, *The Century of U.S. Capitalism in Latin America* (Albuquerque: University of New Mexico Press, 1999), p. 141。

参与者或政策重新运行。如果拉美人在政治上能够根据自己的设计、按照自己的条件来发展自己的工业，那么该地公民所能获得的消费品范围可能会大不相同，可能会更有限、更原始或者更糟糕。我们无法知道本可能会发生的事情，但可以看到，19 世纪由商业代理人推销的商品以及 20 世纪从广告牌到电视广告随处可见的具有强加性质的消费模式，保证了在瓦伊拉斯和圣何塞等地（事实上横跨了一个半大陆）的拉美人能买到与在丹佛或达拉斯销售的商品大致相同的皮卡货车、床、炉子、锅碗瓢盆、扳手、马达、石膏板和牛饲料等。同时，大多数拉美人肯定很高兴能买到如此多种类的商品，也往往并不重视这些商品的原产国家。

上文提到的圣何塞和瓦伊拉斯的例子，可以说明拉美物质文化的一个可追溯到第一批欧洲人到达时的特点。我们注意到，在这两个城镇里，几乎每一件新的机械产品（除了我们将要谈到的一个重要的例外）都来自外国，要么是直接从外国县城进口的，要么最初是由外国设计，如今用进口机械并主要由外国资本在拉美本地制造的。当我们从这两个城镇走出去，进入矿山和农业腹地，或者回到环抱拉美各大城市的以北美或欧洲名字命名的新工业，穿过小镇和城市的街道，我们会发现五金电器店、马达、水泵、螺丝、螺栓和螺帽以及不计其数的修理店和服装店，还有钩子、卡扣、透明塑料 T 型尺等许多平时不被人注意的物品。那些通电的独立住宅如今有了锅碗瓢盆、搅拌机、煤气灶、浴缸和水槽等用品。人们的橱柜里装满了高达奶酪（Gouda cheese）和玉米片。

乍一看，一个来自德国或美国的访客或旅行者在注意到所有熟悉的品
[176] 牌名称后，可能会对拉丁美洲物质文化的“外国性”感到惊讶。但到了 20 世纪 50 年代和 60 年代，商品已经开始失去其民族特性。由墨西哥工人在墨西哥生产的“桂格燕麦”（Quáquer Oats）还是美国的麦片吗？尽管飞机由波音公司制造、在旧金山维修，智利人难道不认为智利国家航空（LAN

Chile）是他们本国的航空公司？当葡萄酒是在智利用法国赤霞珠和梅洛葡萄酿制而成，当酿酒厂是由来自加利福尼亚州的资本所建，我们还有“智利”葡萄酒吗？芝加哥的北美人当然认为用当地原料制作的墨西哥卷饼（tacos）和辣肉馅玉米卷（enchiladas）是“墨西哥食物”，但没有一个阿根廷人会认为，用在潘帕斯草原饲养的安格斯牛或海福特牛制作的小牛排（baby bife）或T骨牛排（T-bone）是来自英国的。有些东西，比如可口可乐这个明显的例子，对许多人来说是北美文化帝国主义的经典象征，但与此同时，数以百万计的人热切消费着可口可乐。底特律的美国工人把棒球棒涂画在田纳西州制造的丰田汽车上，他们大概认为这些是日本汽车。就在我写这篇文章的时候，法国出现了广泛的反对麦当劳汉堡或者说是“**麦当劳帝国**”（McDomination）的示威活动。这家美国公司的回答是，在法国的几百家加盟店都是法国人开的，公司在法国只雇用法国人，所有的原料都是在法国生产的，顾客也是法国人，所以为什么要小题大做？这些矛盾是没有办法解决的。显然，衣服、食物、飞机等物品在个人和国家认同的层面上都承载着沉重的象征意义。同样显而易见的是，一件物品的民族特性更多地存在于我们的脑海中，而不是在任何对品牌名称、外国所有权或原料的国家来源的分析中。[1]

在工业政策吸引新工人的同时，人口增长和来自农村的移民加速了城市的扩张。城市的发展不仅为本地产品创造了更大的市场，而且还使成千上万的新参与者登上了政治舞台。在1930年至1990年间，拉丁美洲的总人口从1.1亿增加到4.48亿，几乎是北美人口增速（从1.34亿增加到

[1] 关于多米尼加共和国的食物和民族主义的、相当珍贵且值得一读的讨论可见 Lauren Derby, “Gringo Chicken with Worms,” in Gilbert Joseph, Catherine LeGrand, and Richard Salvatore, eds., *Close Encounters of Empire* (Durham, N.C.: Duke University Press, 1998), pp. 451–493。

2.76亿）的两倍。城市极速地扩张。例如，在拉丁美洲的6个主要国家中，
[177] 1940年只有37%的人口被认为是城市人口。在短短一代人的时间里，到1980年，这一比例几乎翻了一番。城市人口的增加在大城市中尤其明显。到1980年，这6个国家的2.72亿人口中，约有7300万居住在人口超过200万的几个大都市里。[1]

在脱离西班牙和葡萄牙统治后的头几十年里，对财产、文化程度和性别的要求意味着在一开始，即1940年之前，只有一小部分、通常是10%左右的拉丁美洲人在国会或总统选举中投票。乌拉圭的选民范围最为开放，也是第一个通过女性选举权的国家（1932年），这意味着在1934年的总统选举中，约占总人口20%的居民参与了投票。但以智利为例，该国的男性普选权可以追溯到19世纪70年代，但直到1945年，投票人数也不超过总人口的8.4%。[2] 面对孤立、排斥或压制，普通公民也无法通过罢工或示威来有效地间接影响国家政策。但随着城市人口的增长，他们的政治意识和公共诉求也在增长。与此同时，随着拉美国家的领导人们在20世纪40年代、50年代和60年代致力于工业发展，无论是军政府还是平民政府，都认为有必要将以前被边缘化的群体纳入国家，扩大政治支持以巩固政权。从20世纪40年代末开始，选民参与率迅速上升。

新的政治活动偶尔会以革命的形式出现，如20世纪20年代以来的墨西哥和1959年以后的古巴。更常见的是，在阿根廷、智利、巴西、哥伦比亚、委内瑞拉、秘鲁和哥斯达黎加，军事领导人和民选的“民粹主义者”

---

[1] Orlandina de Oliveira and Bryan Roberts, “Urban Growth and Urban Social Structure in Latin America, 1930–1990,” in *CHLA*, 6.1:253–324, 尤其是第257、319—324页。这6个国家是阿根廷、巴西、智利、哥伦比亚、墨西哥和秘鲁。“城市”（urban）是指居民超过2000人的地方。

[2] Jonathan Hartlyn and Arturo Valenzuela, “Democracy in Latin America since 1930,” in *CHLA*, 6.2:99–162, 尤其是 pp. 130–132; Karen Remmer, *Party Competition in Argentina and Chile* (Lincoln: University of Nebraska Press, 1984), p. 84. 除乌拉圭和巴西（1932年）外，其他拉美国家的女性直到二战后才获得选举权。

组成了新的政党，并通过收入分配政策获得支持。他们倡导经济和文化民族主义。新的道路和电气化项目旨在促进全国性市场的形成；学校、广播、全国性的足球联赛、国鸟和国花等应运而生。旨在聚合全国性市场并鼓励民族主义情绪的这些资源主要依靠的是外国投资，这其实颇为讽刺，但因其似乎是有效的，讽刺意味在很大程度上就被忽视了。 [178]

混血主导地位

工业发展和新的政治组织也有明显的种族因素。20 世纪 30 年代之后，绝大多数涌入城市的男人、女人和孩子以及爆炸式发展的大都市中心都源于欧洲人和美洲原住民长达几个世纪的融合。此外还有加勒比和环加勒比地区的大量非洲人。拉丁美洲漫长的种族混合过程始于 1492 年之后的首次接触，并在随后的几个世纪里加速发展。从 18 世纪起，整个拉丁美洲出现了迅速增长的混血人口。这不是一个一致的过程。在墨西哥中部和北部，征服者将自己植入阿兹特克世界的心脏地带，狂热的修士们迅速引入了基督教，种族混合很早就开始了，到殖民时期的后期已经得到了很好的发展。瓦哈卡、恰帕斯和危地马拉高地等在欧洲人的入侵中处于边缘位置，因此相比西班牙化程度更高的地区，它们保留了更完整的本土文化和消费模式。

秘鲁保持了更为持久的种族分离，这是由于原住民对征服的反抗以及西班牙人随后决定将他们的副都利马建在沙漠海岸而非人口密集的山脉地区。例如，到 20 世纪中期，47% 的秘鲁人被全国人口普查人员据主要基

于语言的原则定义为“印第安人”，而这一比例在墨西哥人中只有 8%。[1] 在
[179] 智利和阿根廷的内陆地区，原住民人口在 18 和 19 世纪要么被欧洲人的侵略所消灭，要么被迫进入难民区，要么逐步地被主流文化所吸收；阿根廷沿海地区接收了大量的意大利和西班牙移民。哥伦比亚、委内瑞拉与危地马拉以南的中美洲，遵循的是介于智利和安第斯中部模式之间的种族混合步伐。

瞥一眼窗外，我们就会知道，我们正在构建或者已经为自己构建了种族身份。就目前的情况而言，从一开始，西班牙人和葡萄牙人就打破了当地原有的权力和声望等级，并将新的价值观和权力关系引入其殖民地。正如一位秘鲁本土的编年史家在 17 世纪初所感叹的那样，他们“创造了一个颠倒的世界”，在这个世界里，被别人宣布或认为是某一种族的人有着重要的特权或劣势。随着时间的推移，种族类型出现了结构复杂的扩散，种族的划分不再只由外貌和语言决定，而更多是由消费决定。不同种类的食物、服饰、住房都有了沉重的象征意义。由此，在随后的几个世纪里，数百万人走向了极端，“放弃了原住民语言、服饰、饮食习惯、宗教，有时还放弃了亲属关系，以转移被视为是印第安人（*indios*）的负面后果，同时构建自己的混血或白人身份”。[2]

这种压力在 20 世纪继续存在。许多州都支持“土著主义”（*indigenísmo*），这个项目时而宣称真正尊重遥远的前哥伦布时期文化，但同时又执行旨在逐步将“当地的印第安人”西方化或纳入全国性西方文化的政策。到 20 世

---

[1] Florencia Mallon, “Indian Communities, Political Cultures and the State in Latin America,” *Journal of Latin American Studies* 24 (1992): 35–54; Alan Knight, “Racism, Revolution, and Indigenismo: Mexico, 1910–1940,” in Richard Graham, ed., *The Idea of Race in Latin America, 1870–1940* (Austin: University of Texas Press, 1990), pp. 71–113. 奈特在第 74 页指出了“将一个连续体切成两个或更多的离散部分的难度”。

[2] Jorge Klor de Alva, “Colonialism and Post Colonialism as (Latin) American Mirages,” *Colonial Latin American Review* 1, nos. 1–2 (1992): 3–24，尤其是第 3—5 页.

图 6.2　日历艺术

这一普通的日历艺术很好地描绘了 20 世纪 30 年代和 40 年代的理想。鹰和蛇所代表的阿兹特克人的过去，以及以教科书和现代的却仍具当地特色的服饰所代表的进步，都是墨西哥混血民族主义的元素。种族混合本身由玉米和小麦的混合体来象征。圣母和神圣家族占据了整个场景，具有浓厚的宗教色彩，但同时也具有较强的世俗色彩。纪念碑代表了国家，但教堂和十字架却没有出现。在原作中，“圣母”身着红、白、绿相间的国旗色衣服

纪中叶，混血人口在大多数国家在数量上占主导地位，并横跨整个社会阶层。大多数人自认为且被其他人认为既不是欧洲人也不是印第安人，而是介于两者之间的人，或者用官方的说法是梅斯蒂索人。

混血政治有着明显的表现，例如，在20世纪二三十年代的墨西哥革命
[181] 时期，在20世纪50年代危地马拉和玻利维亚的革命以及秘鲁人民革命联盟的一些区域，还有1968年的贝拉斯科·阿尔瓦拉多（Velasco Alvarado）政权中都有所体现。[1]所有这些运动都创造了（并非没有异议）一种他们的自我意识，一种“主流叙事”，一种新的种族民族主义从16世纪印第安人和西班牙人的痛苦相遇中以胜利的姿态出现了。到了20世纪中期，甚至更早，大多数拉丁美洲的政治领导人、作家和艺术家们都认识到自己国家的人口现实，并开始在文化上将自己定义为混血人。这种情况在中部美洲和安第斯地区尤其明显，而在19世纪末和20世纪接受了相对大量欧洲移民的国家如阿根廷、乌拉圭和智利等，情况就不那么明显。加勒比地区的类似情况是强调黑人传统或承认非洲的过去。还有些人料想着，殖民统治所强加的“白人”和“黑人”的种族类别会让位给克里奥尔性（*créolité*）或种族混合。政治家们经常宣称，学校里也经常讲授，大众媒体也经常表示，“基因和文化的混合构成了大多数拉丁美洲国家普遍认定的本质”。[2]

明确的种族认同感并没有创造出刚才提到的政治运动，也没有从这些运动中全面爆发出来。但就我们这里所说的目的而言，新形式的大众文化和艺术模式以及与之相伴的新商品和消费模式开始表现出来，并从混血民族主义的发展中衍生出来。不断发展的物质文化本身是欧洲、非洲和美洲原住民混合的产物，并吸收了来自各民族谱系的元素。不仅以前的白

[1] 参见 Knight, “Racism” in Graham, *The Idea of Race in Latin America*。该文提供了较新的且专业的总结。

[2] Klor de Alva, “Colonialism,” *Colonial Latin American Review* 1, pp. 2–5.

人、克里奥尔精英最终被吸收进新的民族身份中，甚至克里奥尔（*criollo*）这个形容词本身现在也被用来描述那些"正宗的"或深具民族性生活的特征，如阿根廷的烤肉（*asado*）、智利的斗牛（*rodeo*）、墨西哥的恰罗牛仔（*charro*）。虽然一些较贫穷的混血人认同原住民社会，但"绝大多数"混血人"从欧洲—美洲的模式中构建了他们的文化习俗"，同时在20世纪的大部分时间里，他们努力将原住民人口纳入现代化和西方化的项目中。[1]

混血民族的身份认同及其相应的物质文化是在不同的社会环境下逐步 [182]
发展起来的，有时几乎难以察觉。例如，它体现在墨西哥的马利亚奇街头乐队（*mariachi*）或牧场歌曲（*canción ranchera*）中，音乐和乐手的服饰都具有混血特质；它也体现在智利的奎卡舞（*cueca*）中，那是一种从乡村酒馆转移到中产阶级体面住宅里的乡村舞蹈；它还体现在智利租地佃农（*inquilino*）的转变中，他们长期以来被描述成乡村小丑（以及受地主精英压迫的乡村仆人），而在20世纪30年代他们被重新塑造成肤色各异的、骄傲的农村人（*huaso*），他们的城市化、民俗化版本成为了各种爱国主义场合的固定节目，成了"正宗的"克里奥尔智利的代表。另一个从以欧洲为中心逐渐转变为地方流行文化的表现也发生在智利：1910年，由政府赞助的独立百年纪念晚宴在市中心的圣卢西亚公园举行，在管弦乐队演奏古典音乐的同时，还提供了法国美食；而在四分之一世纪后的1935年，在独立日庆祝活动中，智利人在同一地点跳起了奎卡舞。[2]

事实上，与城市精英或以移民为主的城市相比，乡村及其土地上的其

[1] Klor de Alva, "Colonialism," *Colonial Latin American Review* 1, pp. 2–5. 在过去的15年或20年里，国家应该由一个或多或少同质的"种族"构成的想法已经被泛印第安人（而不是原住民）的论述所动摇。该论述主张在民族国家内不同种族的联合。

[2] 参见 Barr-Melej, *Between Revolution and Reaction*；以及 Alberto Cabero, Chile y los Chilenos, 3rd ed. (Santiago: Editorial Lyceum, 1948), pp. 80–83, 101–112。将农村及其居民"建设"为一个国家的本质和灵魂，是一个政治上的保守项目，在同一时期的许多不同国家都可以看到。

他社会产物，如高乔人或恰罗牛仔，被小说家和社会评论家认为是更真实的阿根廷或墨西哥人。在华金·爱德华兹·贝洛（Joaquín Edwards Bello）广受欢迎的小说《克里昂酒店的女孩》（*La chica del Crillón*，获 1943 年智利国家文学奖）中，贵族出身的年轻的特蕾莎·伊图里戈里亚加（Teresa Iturrigorriaga）并没有在外国化精英的浮躁青年中找到她的爱情和救赎，而是投向了一个刚毅的、古铜色皮肤的、明显是混血人的本地男人的怀抱。有几位作家开始指出，真正的智利人并不觉得或者不应该觉得他们是渴望在香榭丽舍大街上漫步的欧洲人，而应把自己看作无畏的征服者和不屈不挠的阿劳坎人的幸运的混血后代。

一整代的玻利维亚小说家们在灾难性的查科战争（Chaco War，1932—1935 年）之后写出了谴责白人精英的作品，并在民族主义的混血领导人
[183] 身上寻求民族复兴的可能。在 20 世纪 20 年代和 30 年代的墨西哥革命中，明确的种族混合成为一个高度的原则，不仅体现在迭戈·里维拉（Diego Rivera）和何塞·克莱门特·奥罗斯科（José Clemente Orozco）的壁画中，而且体现在后来挖掘出的纪念墨西哥特诺奇提特兰陷落的大神庙（Templo Mayor）的主要牌匾上。这里镌刻着官方认可的观点，即这场战役既没有胜利也没有失败，而是标志着混血墨西哥的诞生。[1] 所谓的“混血主导地位”（mestizo ascendancy）不仅对它所推动的政治和经济项目有影响，而且对 20 世纪 30 年代以来的物质文化和消费的观念和实践的变化也有影响。[2]

我们在本书中努力追踪的物质文化的三个主要类别（即住房、衣着和食物）在 20 世纪走上了几条通往现代化的道路。在较贫困的地区，涌入不

[1] Mallon, “Indian Communities,” *Journal of Latin American Studies* 24, p. 35; Marta Irurozqui Victoriano, “La tiranía de los mestizos: electiones y corrupción en Bolivia, 1900–1930” (作者拥有的未发表文章，1994).

[2] 可对比美国记者兼作家斯图尔特·艾尔索普（Stuart Alsop）的著名术语，即“白人新教徒主导地位”（Wasp ascendancy）。

断扩张的城市郊区的农村人起初只能用纸板和瓦楞金属搭起棚屋，后来往往能够自己建造更牢固的房屋。绝对的贫困不可避免地使这些住所呈现出相似的面貌。在不同建筑材料和技术的影响下，小城镇和农村地区普通人的住宅往往从本地风格的土坯房或16世纪引进的以天井为中心的地中海模式住房演变为平顶混凝土或混凝土砌块建筑。从20世纪40年代开始，政府住房部门为了跟上移民涌入的步伐，建起了大型的、统一的、有补贴的大众公寓楼，从哈瓦那和加拉加斯到利马和里约，到处可见。模仿都铎式建筑的“别墅”或“独栋房屋”，或是源自欧洲或加利福尼亚州的“农场风格”房屋，扩散到了经济条件较好的郊区，有时甚至在诸如炎热的马那瓜（Managua）这样的地方还配有壁炉和烟囱。除了一些壮观的住房实验（如墨西哥城南部富有的佩德雷加尔市[Pedregal]将玻璃和石头建筑融入古老的熔岩床这样的开发项目）外，我们很难找到许多本地设计的元素，让人可以追溯到更深的文化根源或寻求特定的拉美原创性。

1930年后的服装在布料和颜色上呈现出更加多样化的趋势，但在大体上仍属于西方化的样式。无论是“美好年代”时期正式且有时较为华丽的 [184]
风格还是本土服饰，都被浓缩成一种混血人的风格。一些原住民，尤其是危地马拉和恰帕斯高原的玛雅人还有安第斯地区中部的许多克丘亚人或艾马拉人，都坚持穿着传统服饰。原住民乃至乡村身份的一些主要标志包括：多层衬裙、家庭自制衣服、通常精致而美丽的土布百褶裙、披肩或长围巾以及独特的头饰等。但更常见的情况是，原住民（尤其是男性）为了“避免被当成印第安人的负面后果”，倾向于采用混血风格或西式的衬衫、裤子和鞋子。正在扩张的混血人口也尽可能模仿社会阶层更高的人们的服饰并忍受该阶层人士的嘲笑，同时确保摆脱与他们印第安人或乡村过往的任何联系。20世纪50年代，我在墨西哥认识的一位中产阶级的混血女性曾说，她“绝对不会做戴长围巾这样的窘事”。

对危地马拉西部同一地区的两项研究（分别是在 1938 至 1939 年期间以及 1952 至 1953 年期间开展的）揭示了物质文化在 1944 年后与混血人领导的危地马拉革命有关的变化。虽然玛雅女性继续穿着她们“古老的”裙子（事实上，当时正由主要来自托诺尼卡潘的印第安织工重新改制），但印第安男性“在他们的服饰上做了巨大的改变”，抛弃了传统的黑色羊毛开袖罩袍（*capishay*），换成了“拉地诺式夹克”、T 恤和成品鞋子，它们“在这些印第安人中是全新的东西”。[1] 皮鞋或皮靴是西语美洲各地区分城市与农村或混血人与印第安人的最明显的标志。到了 20 世纪初，皮鞋和鞋油已经成了新的进口商品清单上令人惊讶的重要物品。即使在今天，拉美人鞋子上的亮丽光泽也与盎格鲁－撒克逊人通常暗淡无光且布满灰尘的鞋子形成了鲜明的对比。

路易斯・瓦尔卡塞尔在 20 世纪初的库斯科注意到，“梅斯蒂索人从来没有以原住民的方式使用任何衣服或饰品，因为他们想以最明显的方式将
[185] 自己与原住民区分开来”。[2] 家庭普遍使用的缝纫机是梅斯蒂索人主导地位的象征性机械设备，而成衣越来越普及，使这一过程变得更容易。

进入 20 世纪后，专门用于工作和娱乐的服装也变得越来越普遍。20 世纪初的农场工人和一些产业工人所穿的多用途的宽松白棉服装或家纺羊毛服装，逐步让位于哔叽裤和后来的牛仔裤。铁路工人和机械工人则采用了英国和美国铁路工人所穿的连体工作服或工装裤和条纹帽。从各种照片收藏来看，混血工人们都努力购置一套合适的深色西装，作为自己最好的周日服装。1907 年智利硝酸盐工人罢工的照片、索诺拉州卡纳内阿

[1] Morris Segal, “Resistance to Cultural Change in Western Guatemala,” *Sociology and Social Research* 25 (1940–41): 414–430; Segal, “Cultural Change in San Miguel Acatán, Guatemala,” *Phylon* 15 (1954): 165–176.

[2] Valcárcel, *Memorias*, p. 105.

（Cananea）铜矿工人的照片以及秘鲁高地的肉类包装工们的照片都显示男人们身着西装和白衬衫、打着领带、戴着草帽或软呢帽。这种源自西欧和美国的资产阶级的装束在文员、商人、工会领袖和政治家等中已经很常见了。男式和女式的泳衣与踢足球时穿的短裤和鞋子也都出现了。服饰发展的结果是种类更加多样化，但仍属于一个狭窄的西化、混血的物质文化的范围内。这些"消费者参照群体"的模式是西欧模式，如今则越来越美国化了。[1]

民族美食

在构成物质文化的所有要素中，一个民族的饮食通常是最亲切、最个人化、最原始、最根植于当地食材、最保守但也最容易进行实验和适当创造的。对于大多数穷人来说，1930 年后的普通食物仍然是豆子和米饭或者以各种形式的玉米和马铃薯为主的本土主食，偶尔加点蔬菜或廉价的肉块来调剂。在特殊的场合，女性可能会烹饪本地版本的肉和蔬菜的炖菜，根据国家的不同，称为卡苏埃拉炖菜（*cazuela*）、普切罗炖锅（*puchero*）、桑 [186]
科恰多炖菜（*sancochado*）或马萨莫拉炖菜（*mazamorra*）。在经济条件较好的阶层中，特别是在新城市移民和不断扩大的中产阶级中，1930 年之后的几年里，欧洲、非洲和亚洲的食材被更多地融入本土的基本食物体系中。

[1] 例如，见马丁・尚比（Martín Chambi）专门拍摄的库斯科及其周边地区的混血文化。*Martín Chambi*, *Photographs*, *1920–1950*, foreword by Mario Vargas Llosa, introd. Edward Ranney and Publio López Mondéjar, trans. Margaret Sayers Peden from the Spanish (Washington, D.C.: Smithsonian Institution Press, 1993).

在其他阶层里，人们看到的是出现了更精致的本土菜肴，而外来元素是居于从属地位的。不管是哪种情况，总体趋势都是向着混合（在某些地方被称为克里奥尔）菜系发展。

在上一章中，我们看到了拉美上层阶级中数量很少的一部分人对法国厨师和高级烹饪（*la grande cuisine*）的热情，以及有抱负的中产阶级对印第安食物的鄙视。第一次自由主义的高潮时期，在 1910 年墨西哥百年庆典期间，"没有一道墨西哥菜出现在任何一个为爱国节日而举行的晚宴上。西尔万·道蒙餐厅（Sylvain Daumont）提供了大部分食物，G. H. 穆姆（G. H. Mumm）提供了所有的香槟酒"。[1] 除了对欧洲食物的赞赏之外，几位波菲里奥时期的知识分子还谴责作为大众饮食基础的玉米本身是一种低劣的谷物，至少是造成下层阶级可悲状况的部分原因。一位有影响力的人物，著名的知识分子、工程师兼参议员弗朗西斯科·布恩斯（Francisco Bulnes）提出了谷物塑造历史进程的理论：吃小麦的人更优越，吃大米的人次之，而吃玉米的人则注定营养不良而懒散。如果墨西哥要实现现代化，那么民族饮食也必须现代化。就像欧洲移民可能有助于改善社会一样，现代化的食物也将来自于外部，而不是来自于本土的实践。[2]

虽然我们不能把一小撮人的口味和意见误认为是普遍的信念，但在 19 世纪，印第安大众食物确实让一些精英阶层和大量混血人觉得尴尬，尽管他们毫无疑问地无法抗拒街边小摊上的塔基多卷饼（*taquitos*）、玉米粽子或偶尔的莫莱酱。非印第安人尽可能食用小麦面包，尽管小麦面包的价格一般是玉米的两倍以上，而且他们通常会试图（但不总是成功）消费普通地中海饮食中典型的烤肉、炖菜、水果、蔬菜、啤酒和偶尔的葡萄酒。

[187] 影响力越来越大的混血人们不断变化的意识与 1910 年墨西哥革命释放

[1] Pilcher, *Qué Vivan los Tamales*, p. 65.

[2] 同上书，第 77 页。

的能量改变了这一切。无论胜利的革命者私下里渴望吃什么或喝什么，他们对原波菲里奥时期精英阶层的国际性虚饰都没有展现任何公开的同情。20 世纪 20 年代和 30 年代，作为“土著主义”计划的一部分，墨西哥人开始宣传本土菜肴的优点。著名的壁画家们为本土植物和食物专门留出了空间；玉米卷饼和玉米粽子从街边的小摊进入了越来越多的私家厨房；人们开始对自己国家的烹饪历史感兴趣。长久以来被忽视的本土食物突然在富裕阶层的女性中成为时尚，而有进取精神的餐馆老板们开始为蓬勃发展的旅游业提供“正宗墨西哥食物”。

到 1946 年，约瑟芬娜·贝拉斯克斯·德莱昂（Josefina Velázquez de León）已经将墨西哥的各种美食首次汇集在一本广为销售的烹饪书中，该书称赞“大众食物在烹饪层面表达了民族身份认同”。[1] 在这几十年的时间里，“玉米不再带有因其印第安起源而带来的污名”，以前用大蒜炒的龙舌兰虫和蚱蜢等“令人厌恶的食物”也变得时髦，这也许是农民食物融入墨西哥民族混合菜肴的最奇异的例子。更常见的情况是，本土和国外的元素被结合在一起。墨西哥厨师们找到一种方法将玉米黑粉菌（*huitlacoche*）裹在法式薄饼里，玉米黑粉菌在外国人眼里一般是一种不幸地具有纳瓦特尔语名字的、毫无吸引力的玉米真菌。当季的时候，人们如今可以在优雅的圣安吉尔酒店（San Angel Inn）的菜单上找到玉米黑粉菌。把碎肉填充在辣椒里，再撒上坚果酱和石榴籽，就做成了一道最近很受欢迎的老菜肴——核桃酱酿辣椒（*chiles en salsa nogada*）；另一位厨师将切开摊平的牛肉里脊与绿色的墨西哥玉米卷饼结合起来做成烤嫩切牛排（*carne asada a la tampiqueña*），在 20 世纪 40 年代的墨西哥广受中产阶级欢迎。精致的绿莫莱酱提升了古老的卡斯蒂利亚烤肉的口感，而外国食材成分多于本地食材

[1] Josefina Velázquez de León, *Platillos regionales de la República Mexicana* (Mexico City, 1946).

的普埃布拉莫莱酱偶尔被吹捧为国菜。[1]墨西哥玉米卷饼、玉米粽子和辣肉
[188] 馅玉米卷的十多种不同组合在墨西哥城成为流行的食物，并与不可思议的玉米煎饼卷（*burritos*）和炸卷饼（*chimichangas*）一起迅速越过边境北上，成为美国各地的“墨西哥菜”。普奎酒没有进入新的混血中产阶级，而是留在了农村或城市更贫困的地区。

由于必胜客和肯德基炸鸡等美味此时还没出现，各社会阶层和种族的墨西哥人晚上都会坐下来吃一盘黑豆和玉米薄饼。本土玉米碎做成的炖玉米汤（*pozole*）曾经是原住民的秘密，现在却成了瓜达拉哈拉“马利亚奇街头乐队菜肴”的象征。[2]这些菜肴经常用由大众工匠制作的陶罐和盘子盛装，而不用骨瓷容器，与来自欧洲和亚洲的传统食物并列摆放在墨西哥的餐桌上，是一种完美的混血文化组合。由德国酿酒师始创的墨西哥啤酒取代了进口啤酒。第二次世界大战后，这一切还往往伴随着令人无法抗拒的美年达或百事可乐，甚至是糟透了的宾堡面包（Pan Bimbo）。到了 20 世纪 50 年代，绝大多数非印第安人的墨西哥人所吃的饭菜种类已经发生了根本性的变化。通过结合墨西哥原住民的农家菜，但同时对仍然被边缘化的印第安人本身保持模棱两可的态度，当地出现了一种刻意统一不同地区和社会阶层的民族性美食，这是混血人“广泛种族”的文化胜利。

1930 年以前，几乎所有制作玉米薄饼和玉米粽子的磨细湿玉米粉都是由单个家庭中长期辛苦劳作的女性生产的。而两种非凡的机器让不断增加的数百万城市居民能够享用墨西哥的本土美食。它们代表了本土技术和欧洲机械文化的融合，是解决一个国家难题的混合方案。这样的发明和发展

[1] 本部分参照令人钦佩的著作：Pilcher, *Qué Vivan los Tamales*, pp. 129–134。（墨西哥城里经久不衰的圣多明各旅店是吃核桃酱酿辣椒的最好地方之一。）许多文雅的作家都对普埃布拉莫莱酱做过满怀热情的描述，如 Alfonso Reyes, *Memorias de cocina y bodega* 和 Paco Ignacio Taibo, *Breviario del mole poblano* (Mexico City: Editorial Terra Nova, 1981) 等。

[2] Pilcher, *Qué Vivan los Tamales*, p. 131. 马利亚奇音乐和牧场歌曲都是墨西哥混血文化的典型元素。

图 6.3 经久不衰的玉米饼店

在经过至少 4000 年后，女性在臼石上的艰苦劳动在 20 世纪 30 和 40 年代被机械磨坊所取代

源于当地人天才般地开发了适合当地情况的机器。

至少 4000 年来，现今墨西哥和危地马拉的人们，或者更准确地说是女性们，每天都用手把玉米粒从玉米棒上剥下来，在有孔的陶罐中清洗，将其浸泡在 1% 左右浓度的石灰溶液中，然后加热（但不是煮沸）20 至 40 分钟。经过浸泡和软化的玉米粒，现在在纳瓦特尔语中被称为“碱化玉米” [190]
（*nixtamal*），然后在“名叫臼石的三脚黑石头”上费力地磨碎和重新研磨。[1]从各方面来看，这都是一项非常累人的工作；妇女们通常每天早上都要花五六个小时为玉米饼制作面团。1839 年，退休的陆军上校米格尔·玛丽亚·阿兹卡拉特（Miguel María Azcárate）进行了一项统计研究，他写道：在 500 万墨西哥的总人口中，312,500 名女性必须为供应每日的玉米薄饼而

[1] Pilcher, *Qué Vivan los Tamales*, p. 99. 考古学家将玉米薄饼的传播与女性的肩部和手臂骨骼的异常磨损联系在一起。

劳作。后来他重新思索了这个数字，考虑到“教区牧师、地主、牧场主和许多私人住宅里的女性除了提供早餐、中午和晚上的热玉米饼外，没有其他任务”，因此女性数量可能更接近于 150 万。[1]

到了 19 世纪末，人们开始感受到制作玉米饼的机械革命的第一次轰鸣声，到了 20 世纪 20 年代，甚至在更小的城镇里都出现了应用碱化研磨机的改良玉米磨坊，先是用汽油驱动，后来则用电动机驱动。第一台碱化研磨机在 1925 年出现在墨西哥城南部的特波兹特兰小镇，正如我们所见，1928 年圣何塞小镇也出现了这种机器。随着政府项目提供了电力，到处都可以看到新式磨坊，而且几乎都是由混血人们经营。在 1935 年至 1940 年的 5 年时间里，这种磨坊的数量从 927 家增加到了近 6000 家，在随后的 10 年里，它们迅速扩展到了邻国危地马拉。也许有人会问，碱化研磨机的发明为什么这么晚，在地中海地区的小麦和大麦面粉磨坊发展了整整 2000 年之后，在墨西哥人能够亲眼看到由西班牙人引进的水力磨坊与将堂·吉诃德逼得心烦意乱的风力磨坊的 400 年之后？然而，欧洲人用来研磨干燥的小型谷物的机器从来都不适合碱化玉米（即浸泡过的玉米粒，这是制作玉米薄饼和玉米粽子的关键）。显然，湿玉米粒堵塞了磨刀，无法生产出足够细的制作玉米饼的面粉。在碱化研磨机之后，人们又多次尝试研制一种自动制作玉米薄饼的机器，或称玉米饼机（*tortilladora*）。1954 年，一个名
[191] 叫阿方索·甘达拉（Alfonso Gándara）的人在技术上取得了突破，他是国立理工学院（National Polytechnic Institute）工程系的学生。从 1960 年到 1980 年，最大的制造商售出了大约 4.2 万台机器，是其最大竞争对手销售量的两倍。[2]

---

[1] 阿兹卡拉特的著作引自 Sonia Concuera de Mancera, *Entre gula y templanza* (Mexico City: Fondo de Cultura Económica, 1990), p. 59。

[2] Ramón Sánchez Flores, *Historia de la tecnología y la invención en México* (Mexico City: Fomento Cultural Banamex, 1980), pp. 389–394, 604–605.

在使用机械碾磨机的问题上出现了性别冲突。玉米饼的做法深深根植于传统的家庭文化中，很少有男性帮忙剥玉米且他们绝对不会研磨玉米。在碱化研磨机出现后，甚至连被人看到把玉米运到磨坊对男人来说都是“极大的耻辱”。[1] 然而，男人长期以来习惯于吃女人做的玉米饼。例如，大庄园里经常会雇佣专门的跑腿人员，从各个村子的房子里收集一包包用布包好的玉米饼，然后分发给地里相应的工人们。对一些家庭来说，磨坊研磨的碱化玉米的成本太高，这让他们望而却步。特波兹特兰的男人们抱怨机械制作玉米饼的味道更差，而且在 20 世纪 30 年代和 40 年代，男人们不止一次地强烈反对碱化研磨机，理由是它会导致女性们走出家门、进入公众视野，从而引起流言蜚语、无所事事甚至不忠。

由于女性越来越意识到碱化研磨机的好处，她们开始参与到 20 世纪 30 年代的革命十年所掀起的政治热潮中。政治领袖们不顾一切地支持碱化研磨机。参议员鲁文·奥尔蒂斯（Rubén Ortiz）建议将碱化研磨机作为一种公共事业，由拉萨罗·卡德纳斯（Lázaro Cárdenas）政府保障。事实上，在科阿韦拉州（Coahuila）出现了一种以加比诺·巴斯克斯（Gabino Vázquez）为代表的“碱化玉米首领”（nixtamal cacique），他们组织女性联盟，并通过村社银行（Banco Ejidatario）为磨坊安排贷款。卡德纳斯本人也利用碱化研磨机的拨款来吸引新的党派成员。最终，人们接受了新的玉米饼制作技术，并由此解放了女性，使她们摆脱了“臼石奴隶制”，这成为农村生活革命性转变的一部分。[2]

混血人口的增加与流行的民族主义给拉丁美洲的其他地方带来了烹饪上的变化。稻米伴随着 16 世纪的征服而出现，但直到 19 世纪中叶中国和日本的移民到来之后，亚洲的食材和烹饪方法才在秘鲁混血居民的餐桌 [192]

[1] Lewis, *Tepoztlan: Village in Mexico,* p. 25.

[2] Pilcher, *Qué Vivan los Tamales*, pp. 100–110; Bauer, “Millers and Grinders,” pp. 1–17.

上出现。此外，从 19 世纪的最后三分之一时间开始，各种各样的意大利面食侵入了整个拉丁美洲的厨房和餐厅。随着 19 世纪后期食品加工业的兴起，几乎每个国家都出现了意面工厂，生产供大众消费的面条、干宽面（tallarines）和方形饺（raviolis），供大众消费。这种对拉美烹饪的外来补充也许是自西班牙征服以来最重要的一次，直到 20 世纪后期北美快餐入侵拉美。

在秘鲁，皮萨罗决心将首都建立在沿海地区，将殖民地划分为利马和高地，这也将烹饪风格在沿海与高地省份之间做出了划分，前者的烹饪属于西班牙 – 非洲式的，且从 19 世纪后期开始越来越受亚洲影响。尽管秘鲁的种族混合不如墨西哥中部，欧化文化和本土文化的断裂和相互对立在沿海与高地之间表现得也更加明显，但来自五大洲的各种烹饪元素还是共同创造了西半球最令人印象深刻的美食。20 世纪初，各地区之间差异很大；诸如马铃薯淀粉（*chuño*）、奇恰酒、古柯、腊肉（*charqui*）和豚鼠等本土主要食物在很大程度上不被沿海混血菜肴所接受。虽然 19 世纪晚期的利马小规模精英群体和波菲里奥政权的精英们一样，认为法国烹饪与他们的地位最为相称，但冈萨雷斯·普拉达（Gonzalez Prada）和马里亚特吉（Mariátegui）等民族主义知识分子们却都赞同地注意到，烤牛心（*anticuchos*）、万卡约马铃薯沙拉（*papas a la Huancaína*）和酸橘汁腌鱼（*ceviche*）等在 20 世纪 20 年代变得更加普遍。各种各样的当地菜肴是“西班牙 – 安第斯人种族混合的结果”，包括桑科恰多炖肉汤（*sancochado*），“在利马居民中是最受欢迎的一道菜”。这是一种不粘稠的以羊肉或牛肉为基础的炖菜，在秘鲁沿海地区的饮食中提供了相对较多的动物蛋白。[1]

路易斯·瓦尔卡塞尔向我们详细介绍了 20 世纪头些年在库斯科省逐渐

[1] Burga and Flores Galindo, *Apogeo*, p. 181, Augusto Ruiz Zevallos, “Dieta popular y conflicto en Lima de principios del siglo,” *Histórica* (Lima) 16, no. 2 (Dec. 1992): 204–206.

出现的混合饮食的情况。尽管他告诉我们，种族（即“肤色”）是社会关系的决定性特征，但在总共 1.9 万人口中的 50 多家奇恰酒吧或奇恰酒铺里，顾客们似乎有意借鉴和混合。在最贫穷的酒馆里，印第安农民们坐在泥地 [194]
上，“用奇恰酒淹没自己的沮丧”。在这之上的是光线更好、更干净的地方，被经常光顾的年轻、富有冒险精神的“体面人”（*gente decente*）赋予了一定的声望。在这里，人们用克丘亚语点奇恰酒，吃着“本土风格”的马铃薯小吃，伴着磨碎的辣椒、羊肉串、浸煮麦粒配蚕豆，以及更丰盛的菜肴如块根落葵（*papa lisa*），甚至是烤兔子或豚鼠等。马丁·尚比（Martín Chambi）在 20 世纪 30 和 40 年代拍摄的精彩照片为库斯科的混血文化提供了一幅生动的画面。[1]

图 6.4 奇恰酒铺里的女士们

秘鲁库斯科，1927 年。年轻的混血女性们在喝奇恰酒。资料来源：照片由马丁·尚比拍摄。马丁·尚比的后嗣们提供，秘鲁库斯科

[1] *Martin Chambi*, pp. 52, 55, 58, 69, etc.

更传统的库斯科中产阶级在市中心的几家体面的商店里喝茶、喝啤酒或吃冰淇淋。在瓦尔卡塞尔自己的家里，一顿饭从杂烩汤（*chupe*）或放有蔬菜和切碎的玉米穗的肉汤开始，然后是炖肉，总是配有米饭，还有一根烤玉米、藜麦或蔬菜面点，最后是水果和热巧克力。根据瓦尔卡塞尔的说法，杂烩汤是不可缺少的开胃菜，它在人们的心目中与女性的创造力和赋予生命的品质有着强烈的联系。[1]然而，与墨西哥相比，秘鲁的美食就与其民族主义一样，都更加碎片化。部分原因是，秘鲁种族混合的比例较低，秘鲁的混血人对将印第安人纳入国家计划的热情也较低。在20世纪20年代和30年代，墨西哥人正处于社会革命的高峰，而且面临的历史和地理分歧没有秘鲁那么深刻，“墨西哥（混血人）精英们更容易接受土著主义”，而秘鲁人则不然，“对他们来说，种姓战争和回归野蛮的威胁似乎确实存在”。[2]

总体而言，秘鲁的混血人倾向于“克里奥尔”烹饪谱系中的欧洲一方；虽然高原印第安人从一开始就将大麦和小麦、蚕豆和羊肉纳入了他们的食物体系，但秘鲁并没有出现像墨西哥那样明显来自本土基础的综合性民族美食。或者换种说法而言：秘鲁的食物体系有太多的来源，以至于到了20世纪40年代和50年代，没有任何单一的来源能占主导地位。

在智利，扎根不那么深的原住民文化要么被消灭，要么被赶到南部的多雨森林和明亮的湖泊地区。智利中部相对较少的幸存者被吸收入西班牙
[197] 社会，因此，大多数智利人，或者至少是在19世纪晚期思考过这个问题的人，喜欢把自己想象成基本上是移居此地的西班牙人，在一定程度上与来自西欧和美国的少数中产阶级移民混合在一起。在南部康塞普西翁市和比奥比奥河（Bio Bio River）之下，一个马普切人的少数民族即使在19世

[1] Valcárcel, *Memorias*, p. 97.

[2] Knight, “Racism,” in Graham, *The Idea of Race in Latin America*, p. 77.

图 6.5 1926 年库斯科—圣安娜线的铁路员工

穿着专门的服装是各地铁路工人的特点。资料来源：照片由马丁 · 尚比拍摄。马丁 · 尚比的后嗣们提供，秘鲁库斯科

纪 80 年代智利军队进行了压倒性的“平定”运动并占领了他们的土地后，仍然坚守着自己的民族身份。经历了 20 世纪 60 年代和 70 年代的动荡之后，马普切人在 20 世纪 90 年代重新确立了自己的地位。然而，在这个相当近的转折之前，智利关于差异的论述一般都强调阶级而非种族。实际上，智利是一个混血社会，到了 20 世纪初，随着越来越多的混血人走上社会和政治舞台，智利混血人或克里奥尔文化的符号开始微妙地出现了。

这方面在烹饪领域的表现可以通过如今圣地亚哥历史博物馆中保存的几百份私人和公共宴会的菜单来追踪。这些菜单上不仅有法国进口的波尔多和勃艮第葡萄酒，而且从 19 世纪 80 年代左右开始，菜单本身用的就是法语。到了 1905 至 1910 年，这种矫揉造作逐渐消失了，大约在同一时间，民族主义者和克里奥尔（即混血人）作家们抨击“外国化”的精英阶层是

图 6.6　埃塞奎尔·阿尔斯（Ezequiel Arce）家的马铃薯收获场景

秘鲁库斯科，1934 年。鞋类和其他服装将混血人与印第安人区分开来。资料来源：照片由马丁·尚比拍摄。马丁·尚比的后嗣们提供，秘鲁库斯科

一个“挥霍”和浪费的阶层。朴素的鸡肉蔬菜汤（*cazuela de ave*）或玉米烤饼（*pastel de choclo*）等具有混合性民族起源的农家菜（鸡肉、玉米和橄榄在当地制作的浅陶罐中烘烤）成了“正宗”智利的代表。20 世纪 70 年代初，在汉堡王和购物中心食品泛滥之前，自称“克里奥尔社会主义”的领导人萨尔瓦多·阿连德（Salvador Allende）可以通过呼吁一场“肉馅卷饼和葡萄酒”的革命，吸引智利人跨越阶级界线尝试爱国主义美食。[1]

虽然在 20 世纪 20 年代和 30 年代，并不是所有阿根廷人都认为高乔的历史可以代表“正宗的”阿根廷，但更多的人认为，典型的高乔食物——被形容为克里奥尔的烤肉（*asado*）代表了阿根廷的烹饪灵魂。烹饪书能让我

[1] Hernán Eyzaguirre Lyon, *Sabor y saber de la cocina chilena*, 2nd ed. (Santiago: Editorial Andrés Bello, 1987).

们对烹饪价值有一定的了解。《高乔的美食》（*La cocina del gaucho*）一书提供了一趟穿越阿根廷各省的乡村美食之旅，不仅向我们介绍了腊肉、烤肉（*churrasco*）和其他丰富的烤肉种类，还介绍了混合炖菜，如桑吉洛（*sanguillo*）或各种加入粗磨干玉米（*chuchoca*）的洛克罗浓汤（*locros*），这些菜的名字透露了它们的克丘亚血统。许多食谱都使用了木薯粉和当地 [198]
树木及植物的果实。彼得罗娜·卡里索·德甘杜尔福（Doña Petrona Carrizo de Gandulfo）的《彼得罗娜夫人之书》（*El libro de doña Petrona*）是阿根廷最畅销的烹饪书，首次出版于20世纪30年代，到1980年已经拥有74个版本，销售量比《马丁·菲耶罗》（*Martin Fierro*）和《圣经》都要多；它是大西洋沿岸地区更精致的克里奥尔烹饪方式的纪念碑。这本书包含了大约1800份单独的食谱，其中只有6份是基于美洲本土食物，包括盐肤木酱（*salsa sumac micanqui*）和木薯奶酪包（*chipá*）等。还有5页的鸡尾酒配方，包括“血腥玛丽”“布朗克斯”“我的帽子”“曼哈顿”和“劳埃德·乔治”等。[1] 在巴西，浓稠的、几乎让人无法抗拒的黑豆炖肉饭（*feijoada*）用的是来自欧洲、非洲和美洲的食材，起源于东北部地区的奴隶食物，但在20世纪的前几十年里发展为里约热内卢和圣保罗中产阶级餐桌上公认的菜肴。对一些新一代的民族主义者来说，这种混合了当地黑豆、木薯粉（*farinha de mandioca*）、棕榈油和香肠的食物可以被视为“葡式热带主义”的完美饮食表达。

要让食物在一个国家产生社会整合的效应，即使没有一种民族美食，至少也要有一些让消费者觉得自己是民族美食共同体的一部分的菜肴。感恩节大餐在美国已经有至少100年的历史了，它可以为北美的读者们提供

[1] *La cocina del gaucho* (Buenos Aires: Ediciones Gastronómicas, El gato que pesca, 1978), pp. 44, 132, 148. Petrona Carrizo de Gandulfo, *El libro de doña Petrona*, 74th ed. (Buenos Aires: Talleres gráficos, 1980).

一个熟悉的例子，说明食物和民族情感如何融合在一道菜里。也许与西半球其他国家相比，美国受本土食物的影响较小，但绝大多数白人人口却顽强地坚持19世纪中叶发明的“传统”，即在感恩节当天吃被认为是来自印第安人的食物。餐桌上的主菜是烤火鸡，在20世纪50年代《周六晚邮报》（*Saturday Evening Post*）的封面上，诺曼·洛克威尔（Norman Rockwell）画作中的烤火鸡形象根深蒂固，全美各地的人们都庄严地享用了这只火鸡。此外，从后勤保障成为可能的那一刻起，武装部队就竭尽全力为最遥远的战壕或战舰上的士兵和水兵们提供一块裹着肉汁的国家圣餐。毫不夸张地
[199] 说，如果以某种方式提供碎蟹肉或千层面来代替火鸡的话，数百万美国男女会感到被彻底抛弃，与更大社会的基本联系至少暂时被打断了。

由于殖民社会固有的物质文化有引起分化的做法，曾为西班牙殖民地的美洲地区的居民发展民族美食的速度通常很慢。墨西哥将印第安农民食物作为民族美食的首要元素，其动力来自底层，是在民族主义者、混血人革命的能量下推动产生的。厄瓜多尔、秘鲁和玻利维亚的人们在地理上和社会上是碎片化的，他们有强烈的区域性烹饪特色，对美食民族主义的抵制力更强。在智利、阿根廷和乌拉圭等其他地方，从19世纪最后三分之一的时间开始，移民和混血人口的增加往往导致人们对“外国化”精英在烹饪上的虚荣做作不屑一顾（但却继续模仿）以及其对本土菜品的一种困惑的兴趣，并最终使其发展出了克里奥尔美食。

到20世纪70年代，始于20世纪30年代的“内向型增长”周期及相关的物质文化实践正在逐步结束。制造业的年增长率在20世纪50年代和60年代达到7%左右，在20世纪70年代下降到4%以下，而在80年代则骤降到0.3%。包括20世纪70年代初石油价格上涨4倍、从国外大量借款、国内市场仍然较小（这是拉丁美洲内部长期收入分配不均的结果）等在内

的各种因素综合在一起，导致制造业部门停滞不前，经常以高价生产劣质产品。各地的高通货膨胀率甚至到了失控的程度，使经济失衡，增加了进口消费品的成本。[1] 拉丁美洲经济委员会的经济和社会发展模式努力引导拉美人摆脱对北大西洋工业强国的过度依赖，在本地购买以前进口的商品。在可能的范围内，消费者被鼓励向可能利用自己本国的食谱、设计和建筑的消费模式靠拢。

在 20 世纪 70 年代，拉美人来到了一个“小径分岔的花园”。在许多人看来，民粹主义的收入分配政策使官僚机构膨胀，导致了通货膨胀，但 [200]
并没有缓解不平等。左倾的是古巴，它是拉美唯一一个把精力完全放在最贫困人口一边的国家。面对美国不可调和的敌意，古巴人成功地发展了令人钦佩的公共卫生和教育系统，并为其人民创造了更大的机会平等，但这最终造就了一个窄小而清冷的社会和缺乏生气的经济。在智利，萨尔瓦多・阿连德的“人民团结联盟”走了往左的岔路，被称为“智利的社会主义道路”，面对美国与智利本国大多数公民的反对，把经济搞垮了。尼加拉瓜的桑地诺运动，遭到由美国支持的、凶残的反革命分子的反对，结果既是悲剧又是闹剧。

强大的模式出现在太平洋地区。20 世纪 80 年代，蓬勃发展的“亚洲四小龙”为资本主义发展提供了一个有吸引力的模式。例如，在 1980 年至 1992 年期间，它们的人均国内生产总值以每年近 7% 的速度增长，而拉美的人均国内生产总值实际上每年下降 0.5%。在拉美本土，1973 年皮诺切特（Pinochet）资本主义独裁统治灌输的新自由主义“休克疗法”开始在经济领域显示出积极的效果，从 1983 年到 20 世纪 90 年代末，经济每年以 6% 的

---

[1] Ricardo Ffrench-Davis, Oscar Muñoz, and José Gabriel Palma, “The Latin Amerian Economies,” in *CHLA*, 6.1:159–252; 制造业的增长率，见 table 4.6, p. 198.

速度增长。[1] 最后，在 20 世纪 80 年代末 90 年代初，东欧和苏联的社会主义国家几乎是一触即发地相继发生了剧变或解体。社会主义或者至少是社会主义的理念已经存在了一个半世纪；如今，中国共产党也在发展工业自由贸易区，并鼓励市场力量的发展。在国际货币基金组织和各大国际银行的强硬手段下，美国在新兴的全球经济中日益增长的主导地位缺乏任何现实的替代方案，因此除了古巴之外的所有拉美国家现在都走上了新自由主义的道路。这在很多方面（当然是在不同的条件下）似乎回到了过去。

[1] Gary Gereffi and Lynn Hempel, "Latin America in the Global Economy," *NACLA: Report on the Americas* 29, no. 4 (Jan.–Feb. 1996): 20, 21.

第七章　全球的物品：自由主义回归

如果不把它弄得满地都是，它就不适合你。[1] [201]

20 世纪 80 年代，与新自由主义相关的经济和社会观念的巨变将长期以来的民粹主义分配政策一扫而空。国家退出了许多其近期参与的活动；对市场的信仰取代了对政府的信仰，成为新政权的意识形态基础。这种即将成为正统的观念推动了如今人们熟悉的三部曲——对国际贸易开放的经济、公营企业的私有化以及放松管制，所有这些都是为了使该地区对外国投资者"市场友好"并释放创业活力。[2] 关税壁垒倒塌，公营企业往往以低廉的价格出售，外国投资如洪水般涌入。拉丁美洲的领导人们及其财政和经济部长在民众的大力支持下，把自己和其他国家推入全球经济。这常常导致新的商业精神的出现、大量进口消费品的流入、惊人的收入分配不均、暴富新贵的诞生、高失业率、大范围的贫困和大城市前所未有的犯罪活动。

[1] 美国流行的汉堡包广告，广告中番茄酱、蛋黄酱和油脂都滴在快乐的食客的上衣和鞋子上。

[2] 与之前的进口替代阶段相比，现在有更大份额的投资用于生产出口的制成品。尽管拉丁美洲三分之二的出口仍然来自农业和矿业，但在墨西哥和巴西，制成品占总出口的一半以上（Gereffi and Hempel, "Global Economy," pp. 18–21）。

在 2000 年，我们还不清楚转向自由市场和无节制的消费主义是一个新的更
[202] 加繁荣的时代到来的浪潮，还是疲惫不堪的资本主义模式最后的、绝望的、野蛮的海啸，而它之所以占据主导地位只是因为没有其他能想到的选择。不管结果如何，新自由主义在过去的 10 年或 15 年已经彻底改变了曾为西班牙殖民地的美洲地区的物质文化。

在 140 年前第一波自由主义浪潮兴起的时候，一位敏锐的观察家注意到："一方面，工业和科学力量开始活跃起来，这是人类历史上任何时代都未怀疑过的。另一方面，存在着远超罗马帝国时期恐怖情况的衰败症状……新的财富来源被某种奇怪的咒语变成了贫穷的源泉。艺术的胜利似乎是以品格的丧失换来的。这种现代工业与科学之间的对立、现代苦难与消亡之间的对立……是一个显而易见的事实。"[1]无论这种判断在我们这个时代看起来多么熟悉，除了相似之处，第一次自由主义和现在的自由主义之间也有着重要的区别。

在这两种情况下，国外的模式都为消费提供了重要的参考。一个世纪前，数量很少的精英阶层被伦敦和巴黎昂贵的家具、优雅的定制服装及上等葡萄酒所吸引。如今，吸引力的源头主要是美国流行的物质文化，这些物品的号召力比以前更加深入地触达拉美社会。来自全球市场的各种商品，尤其是来自美国的各种东西，都涌入了新的购物中心，甚至渗入了拉美乡村最偏远的小角落。除了以前无法想象的各种有用且往往价格低廉的商品之外，美国流行文化中最粗俗的过度行为也随处可见，令人无法抗拒。文化评论家抱怨，我们的枪支和暴力文化吸引了数以百万计的人进入电影院和音像店，好莱坞的大预算电影基本上扼杀了一度前途无量的拉美电影业。有线电视使委内瑞拉或墨西哥的球迷们能够关注达拉斯牛仔队（Dallas

[1] Karl Marx, "Speech at the Anniversary of the Peoples' Paper," in Tucker, *The Marx-Engles Reader*, pp. 577–578.

图 7.1　1984 年秘鲁库斯科的耐克鞋子

资料来源：私人收藏，由玛丽·阿尔蒂尔（Mary Altier）提供

图 7.2　低热量食品

资料来源：Editorial Clío, Libros y Videos. Miguel Angel de Quevedo 783, Coyoacan, Mexico City, 04330

Cowboys），而在玻利维亚最偏远的地区，人们可以找到印有北美球队标志的运动夹克和 T 恤。蓝色牛仔裤、棒球帽、耐克鞋和锐步鞋都是标准装备，
[204] 在年轻人中随处可见。“无脂肪”食品和“健怡”百事可乐都是为在美国销售而设计的，因为超重在美国是可以理解的全国性问题，但即便是拉美城市中最贫穷的社区里营养不良的人们也可以买到这些产品。

在一个技术越来越统一的世界里，广播和电视几乎渗透到了每个家庭，而电子邮件、扫描仪和互联网的普及也紧随其后。由最专业的美国广告代理商制作的广告出现在巨大的广告牌和电视上。与商业代理或旅行推销员的简单传单和普通目录相比，如今媒体的说服力当然是惊人的。19 世纪的精英们只有伦敦和巴黎遥远的资产阶级作为他们的参照群体；现在广泛的民众被电视困在自己的家里，电视提供了一系列令人眼花缭乱的“选择”，但实际上正在尽一切努力将美国的消费模式复制到拉丁美洲。

在 20 世纪的最后 15 年里，汉堡王和必胜客在拉丁美洲的特许经营店扩张了一百倍；主要城市的新商业区“布满了肯德基炸鸡、丹尼斯快餐
[205] （Denny's）和麦当劳的门店”。标准化是快餐的魅力之一。无论是在瓜达拉哈拉还是在圣保罗，人们都有信心在炸薯条中找到相同种类的马铃薯，在肉馅饼中找到相同的脂肪含量。完美的爱达荷马铃薯经过机械化的去皮和切片，被冷冻并空运到智利的汉堡连锁店。在墨西哥城，仅仅一家沃尔玛超市一天就能卖出价值超过 100 万美元的货物。阿尔玛·吉勒莫普里托（Alma Guillermoprieto）写道：“即使是低薪的办公室职员也办理了信用卡和汽车贷款。在雾霾笼罩的墨西哥城中心或在其庞大的、遍布劣质建筑物的郊区辐射区域内……进步以破坏的形式冲击着墨西哥，一些是生态上的，而大部分是审美上的。”[1]

[1] Alma Guillermoprieto, *The Heart That Bleeds* (New York: Alfred A. Knopf, 1994), p. 238.

“汉堡王店里飘来皇堡（Whopper）毋庸置疑的香味。美国睿侠（Radio Shack）无线电器材公司的一名员工通过遥控汽车来招揽生意。扩音器里播放着《他们将老迪克西拖倒的那一夜》（The Night They Drove Old Dixie Down）。”这不是发生在普通的美国郊区的场景，而发生在 1996 年 11 月智利圣地亚哥的上拉斯孔德斯（Alto Las Condes）购物中心。[1] 事实上，在拉丁美洲有关于“购物中心十年”的说法。商业和民众已经从主要城市以前的中心广场搬到了诸如波哥大新郊区地带的拥有 360 家商店的统一中心商场（Unicentro Mall）等地。周围是更多的商场，标牌上写着“全景电梯，快餐露台，充足的停车空间”。这家哥伦比亚超市的特色是“来自美国的进口产品，如纳赫・奥莱玉米片（Nach-Olé Tortilla Chips）、贝蒂・克罗克超级湿润的软糖大理石蛋糕粉（Betty Crocker Super Moist Fudge Marble Cake Mix）和佩迪格瑞幼犬食品（Pedigree Puppy Dog Food）等”。

在哥斯达黎加圣何塞的文化广场，人们现在可以享受到麦当劳、阿尔奇（Archies）、汉堡王和塔可贝尔（Taco Bell）带来的便利，可能还很喜欢它们的味道。这里甚至还有一家日本高档超市，可以买到来自中国台湾地区乃至以色列的罐装芒果汁。在城市的边缘，新的多用广场（Multi Plaza）拥有 200 个店铺，另一家圣佩德罗购物中心（Mall San Pedro）有维多利亚的秘密（Victoria’s Secret）和其他 259 个吸引人的店铺。基多现在有 8 家购物中心，其中最大的一家有 400 个店铺；除了服装之外，那里出售的其他商品几乎都不是在厄瓜多尔制造的。拉美人在商场里**购物**（shopping），这是西半球的西班牙语中最常用的英语单词之一。进口商品是吸引力所在。“人们不会蜂拥到商场里去观看并购买本地生产的消费品。”事实上，本地 [206]
所产消费品的数量更少了。[2]

---

[1] Alejandro Reuss, “Consume and Be Consumed,” *Dollars and Sense*, no. 212 (July–Aug. 1997): 7.

[2] Forrest D. Colburn, “The Malling of Latin America,” *Dissent* 43, no. 1 (Winter 1996): 51–54.

1876 年，英国驻智利参赞霍勒斯・伦博尔德（Horace Rumbold）对安静长街上的私人房屋印象深刻，“大多数都是按照巴黎小旅馆的风格建造的……一辆漂亮的有篷四轮马车或装备精良的大马车的咔嗒声，可能让人以为身处布洛涅森林公园（Bois de Boulogne）附近”。伦博尔德注意到那些穿着考究、容貌精致的女士在扫得很干净的人行道上缓缓走过：“优雅的典范都是法式的。”但在他看来，圣地亚哥看起来就像“巴黎的几个部分散落在一个巨大的、杂乱无章的印第安村庄中”。[1] 关于 19 世纪的收入分配，目前还没有确切可靠的定量数据，但几乎所有的观察家都会同意伦博尔德先生的看法，即收入和财富在阶级和种族上有明显的差别。大多数人也会认同，“美好年代”时期的自由发展使地主和企业家精英阶层获得了更多的财富，尽管城市中产阶级有所增加，但阶级差异却在扩大。到目前为止，占人口大多数的农村人口仍过着最原始的物质文化生活，甚至以如今简朴的农村人的标准来衡量也是很贫穷的。[2]

目前的自由主义转向也产生了类似的结果。最成功的新自由主义政权的收入分配也是最不平等的。在巴西，最富有的 10% 的人口控制了该国家庭收入总和的 51%；在智利，最富有的 10% 的人享有全国 49% 的收入。在天平的另一端，巴西最贫穷的 40% 的人只拥有所有家庭收入的 7%；智利更为不幸的 40% 的人只拥有国民收入的 10%。[3] 在今天的墨西哥，9000
[207] 万人口中约有 4000 万人生活在“贫困线”之下；在智利，25 年的出口导向型增长已将“贫困”人口的比例从 32% 降至 28%。据说，墨西哥首富的个

[1] Rumbold, *Report by Her Majesty's Secretaries*, pp. 365–366.

[2] 在 19 世纪和如今的拉丁美洲，社会阶层和种族之间存在着密切的联系。关于收入分配，一些来自农村财产税的数字显示了土地分配的极端不平等，但我们只有关于收入方面的估计。

[3] Markos Mamalakis, “Income Distribution,” in Tenenbaum, *Encyclopedia*, 3:251–259. 当然，在美国也出现了不平等加剧的发展趋势。在智利，贫困人口的比例已经有所下降，从 20 世纪 70 年代末的 32% 下降到了目前的 28%。

人财富超过了他最贫穷的 1400 万同胞的年收入总和。[1]

尽管拉丁美洲的收入不平等日益加剧，至少有三分之一的人口长期处于赤贫状态，但在拉美最偏远的角落里却可以找到来自全球经济的产品。大型跨国软饮料公司在说服数以百万计的消费者（包括一些世界上最贫穷的人）方面取得了巨大的成功，使他们认为地位、便利和“与之为伍”等因素比营养更加重要。快餐专营店仍然主要局限于驾驶汽车的中产阶级，但也不甘落后。可口可乐和巨无霸汉堡（Big Macs）目前只是两种在全球经济中流转的、非常显眼的商品。我们不要想象可乐和美国特许经销店的汉堡包会在大多数拉美人的意识中占据核心地位。然而，这两种同时象征着美国的才能和庸俗的普通产品的历史发展，可用以说明目前席卷拉美的革命性消费模式的重要趋势。

可乐和汉堡

可口可乐成功地超越了其创始人们最大胆的梦想，它作为一种年轻的、充满活力的现代性标志，早已被老生常谈地提升到了作为美国帝国主义象征的地位。1880 年，可口可乐在约翰·彭伯顿（John Pemberton）的亚特兰大药店的后屋中诞生。在这里，他在一个铜制的大桶里用木柴生火煮出了

[1] 如果一个户主家中有 5 口人仅靠他一人养活，而他每小时收入为 1 美元，8 小时则有 8 美元，一年 300 个工作日的总收入为 2400 美元，再除以 5 口人，相当于每个人的年收入为 480 美元。再乘以 1400 万，我们的这位上榜“福布斯”的亿万富翁只需要“身价”67 亿美元就已经相当于所有这些贫穷同胞的收入总和了，这在如今是一个微不足道的数字。当然，将资本与收入相比较，可能会产生误导。但这些数字仍然表明存在某种不平等。

一种由草药、种子、糖、咖啡因和古柯叶组成的奇怪混合物。这种混合物最初是用来治疗头痛、抑郁和宿醉的药物，当不小心与苏打水混合后，它
[208] 就从药用饮料变成了一种能令人愉悦的饮料。但遗憾的是，这种饮料只吸引了几百个顾客。彭伯顿把它卖给了更有远见的企业家阿萨·坎德勒（Asa Candler）。坎德勒接手后的第一件事就是聘用了彭伯顿的前会计（负责标签的书法字迹的人），然后在 1892 年创立了可口可乐公司。10 年后，近 80 家装瓶厂相继投产，到 1904 年，超过 350 万升的浓缩配方饮料销往全国各地。Takola Ring、Coca Conga、Coca Gola、Coca Kola 等异名产品的竞争一夜之间冒了出来。坎德勒担心口渴的普通顾客可能会随意选择这些听起来名字相似的饮料中的任何一种，这促使他的一个合伙人想到了一个好办法。诀窍是设计一种一眼就能认出来的瓶子，甚至是蒙着眼睛都能识别出来的。1913 年，公司设置奖赏以征集最佳设计，很快，一名在官方历史上被称为“某爱德华兹”（a Certain Edwards）的无名学生设计出了可能是地球上最广为人知的图标。他在《大英百科全书》（*Encyclopedia Britannica*）中搜索古柯植物（其叶子是可乐配方的一部分）时，无意中看到了一幅类似榴弹凸出纹理的可可树豆荚草图，而作为巧克力来源的可可树与可乐毫无关系。他从鼓胀的豆荚模型开始，在石膏模型上塑造了一个底座，拉长了瓶颈，并在侧面画了垂直的槽线，让人联想到一个穿着飘逸衣服的女人。事实上，这个曲线型的瓶子更像是那个时代穿着窄底裙的、身材丰满的吉布森女孩（Gibson Girl）。红白相间的字样取自美国国旗。一年后的 1914 年，可口可乐公司最初发行的 100 美元的单股股票价值上涨到了 1700 美元。1919 年，坎德勒的继承人以 2500 万美元的价格出售了他们持有的股票，当时是北美工业史上最大的一笔交易。[1]

---

[1] 这来自阿根廷作者 Osvaldo Soriano, “Coca-Cola es así,” *Debate* (Lima) 11, no. 57 (Sept.–Oct. 1989): 36–43。

在美国禁酒时期（1920—1933 年），可口可乐在公司最大股东罗伯特·伍德鲁夫（Robert Woodruff）的领导下蓬勃发展。伍德鲁夫被称为“可乐先生”，是公司的官方“英雄”，他所倡导的一个关键特征一直没有被抛弃。无论是在日本旅行的美国人，还是在墨西哥旅行的意大利人，都不会注意到可乐的味道或表现形式有丝毫不同。不管用什么地方的水，地球上任何地方的可乐浓缩液都必须是一样的。伍德鲁夫很有智慧地看到，花体的字样和吉布森女孩样式的瓶子都会在世界范围内被认可。他在 1929 年提 [209]
出的广告语“享受清凉一刻”（The Pause That Refreshes）至今仍在我们身边使用，现在有了 80 种语言的版本。

1941 年，面对战时限制国内消费的可能性，伍德鲁夫制定了两个策略。他设法将可乐转化为爱国主义的标志，把可乐瓶放在“战争的前线而不是后方”，随时准备鼓舞军队的士气。战争中的男女无论在哪里，都应该能以 5 美分的价格买到可乐。他宣称，这种饮料会唤起士兵心中对遥远祖国的记忆，让他们知道自己的女友或母亲在同一时刻也可能在享用可乐。这是个绝妙的举动，该公司成功地将在遥远前线作战的部队与国内的团结一致联系在一起。通过可乐，海外的士兵和国内的家人通过同一种“圣餐”联结在了一起。公司设计了特殊的搬运设备，使可乐瓶可以不受破损地在坦克、飞机、吉普车和卡车上运输。1943 年 6 月，盟军在欧洲的最高指挥官艾森豪威尔将军向位于亚特兰大的可口可乐总部发出紧急请求，要求向北非前线运送 300 万瓶可乐。一年后，公司打破了之前所有的销售记录；到 1948 年，公司每年在广告上的花费达到 2000 万美元，这对其他任何行业来说是不可想象的。[1] 伍德鲁夫的第二个策略，是在欧洲仍处于战争状态的情况下

---

[1] Soriano, “Coca-Cola es así,” *Debate*, p. 43. 又见 Osvaldo Soriano, “Historia de un símbolo del capitalismo moderno,” *Araucaria de Chile* (Pamplona, Spain) 35 (1986): 49–59，尤其是第 53 页. 同时可见 Mark Pendergrast, *For God, Country and Coca-Cola* (New York: Charles Scribner’s Sons, 1993)。

进军拉丁美洲市场。

1926年，可口可乐在危地马拉和洪都拉斯开设了装瓶厂，次年又在墨西哥和哥伦比亚设厂，但随着第二次世界大战的爆发，可口可乐才开始大举渗透拉美市场。1942年，公司在阿根廷设立了首批装瓶厂，并取得了意想不到的成功。到20世纪70年代初，布宜诺斯艾利斯超越纽约成为可口可乐在世界上最大的单一城市市场。在战后的年月里，美国软饮料公司在拉美进行了大量投资，广告力量全面转向了数以百万计的潜在消费者。巨大的可乐“瓶子”在斗牛场上舞动，数以百万计的灯光招牌、雨伞、记分
[210] 板、空白的墙壁、餐巾纸——任何“可能被一双以上的眼睛同时看到”的东西都印有可口可乐的商标。[1]

拉丁美洲的市场迅速扩大。当可口可乐在当地遇到竞争时（比如在巴西广受欢迎的瓜拉纳[Guaraná]饮料或者是更晚出现的地区性的图百依那饮料[*tubaínas*]，事实上，瓜拉纳早在1942年可口可乐到来之前就已经出现了），公司降低了产品的价格，或者为当地的装瓶商提供了一整套难以竞争的营销方案，尤其是可口可乐公司能够花费80万美元来确定用一只充满母性的母袋鼠作为最可能吸引女性消费者的广告手段，女性群体贡献了该公司在巴西80%的销售额。1993年，可口可乐公司占有巴西60%的市场份额，百事公司占有13%的市场份额，这使得当地其他生产商不得不争夺剩下的份额。[2]在秘鲁，印加可乐（Inka Kola）从1935年被发明以来，就作为替代进口软饮料的民族主义产品得以推广。许多秘鲁人将印加可乐视为民族自豪感的象征以及该国丰富美食的完美补充。到1995年，这家秘鲁公司还能跟上可口可乐的步伐，基本上分享了每年约7500万加仑软饮料

[1] Soriano, “Historia,” *Araucaria de Chile* 35, p. 57.

[2] “Coke Taps Maternal Instinct with New Latin American Ads,” *Advertising Age* 68, no. 2 (Jan. 1997): 13.

（每人约 50 罐或瓶）的相对较小的市场。然而，在 20 世纪 90 年代末，可口可乐公司收购了这家秘鲁公司 50% 的股份。[1]

墨西哥人是拉丁美洲最热衷于软饮料的消费者，事实上，他们的人均消费量和总消费量在世界范围内仅次于美国居民。虽然面临着来自当地生产商与百事可乐等企业的一些竞争，但可口可乐公司仅 1998 年就在此售出了 16 亿箱。这相当于墨西哥男人、女人和儿童每年的人均消费量约为 426 瓶，即每天消费一瓶以上的可乐。20 年前，墨西哥的软饮料年消费量约为每人 250 瓶。[2] 由于墨西哥放宽管制，取消了北美自由贸易协定前对外国软饮料征收的 40% 的税，百事可乐和可乐都向该国倾注了数十亿美元，后来 [211]
又开始收购当地的软饮料公司。可口可乐在墨西哥软饮料市场的占有率从 20 世纪 80 年代早期的 40% 上升到了如今的 65%。[3]

尽管瓜拉纳、印加可乐、巴里托斯（Barrilitos）和其他水果口味的本地软饮料在当地被宣传为更健康的、民族主义的可乐替代品（即便可口可乐巩固了它作为美国帝国主义最重要象征的地位），但越来越多的拉美人依然选择且正在选择彭伯顿先生发明的令人愉快的混合物。可口可乐的吸引力渗透了社会各个阶层，该公司的广告以儿童和穷人为目标，这种做法被一位营养专家称为“商业性营养不良”。[4]

回到本书开篇的问题，我们为什么获得我们所拥有的东西？为什么拉

[1] “Peru’s Pride That Refreshes: Kola of a Local Color,” *New York Times*, Dec. 26, 1995, p. A4. “Coca Cola Buys Half of Peru’s Inka Kola,” *Beverage Industry* 90, no. 4 (Apr. 1999): 13.

[2] 一箱相当于 24 个 12 盎司的罐子或瓶子。J. C. Louis and Harvey Z. Yazijian, *The Cola Wars* (New York: Everest House, 1980); *The Coca-Cola Company*, Annual Report, 1998.

[3] Sonia Martínez, “Due South: U.S. Beverage Trends Are Migrating to Mexico,” *Beverage Industry* (May 1997): 36–38. 位于蒙特雷的 FEMSA 公司的子公司就是一个例子。见 “Coca-Cola to Buy Stake in Mexico Firm,” *Los Angeles Times*, Apr. 27, 1993, business section, p. D2。

[4] Richard J. Barnet and Ronald E. Muller, *Global Reach: The Power of the Multinational Corporations* (New York: Simon and Schuster, 1974), p. 184.

丁美洲人喝那么多可口可乐？第一个答案可能是，它比水更安全；另一个答案是，它相当便宜。对中产阶级来说可能是这样，但对普通人而言，一罐 12 盎司的可乐可能要花掉近一个小时的工资，比瓶装水贵得多。其他的人可能只是喜欢这种味道，或者觉得瓶装饮料方便。但可口可乐不仅仅是一种软饮料。它的广告一直将可口可乐与现代性和“美好生活”联系在一起，包括摇滚乐队。大力度的营销将软饮料融入到新的家庭仪式中，而这些仪式本身也是由广告创造出来的。当完成一项任务或是一家人聚在一起时，那就是时候“享受清凉一刻”了。求爱、跳舞、摇滚音乐会和体育赛事等都离不开可乐。最后，它本身的外来性也是一种资产。可乐整齐地包装着放在冰柜里，用壮观的专用卡车运载，这些都印载着熟悉的标志，代表着现代的、都市的、世界的——这些词曾经是“文明的”同义词。

图 7.3　秘鲁皮萨克的可口可乐和百事可乐

资料来源：私人收藏，由玛丽·阿尔蒂尔（Mary Altier）提供

虽然有些人认为可乐是傲慢的帝国主义的另一种肤浅表现，但对更多的人来说，也许只是在潜意识中，可乐让其饮用者与更大的世界联系在一起，就像 18 世纪墨西哥的混血泥瓦匠在掰开一块小麦面包时的感觉一样，也许也与一个“美好年代”时期里约热内卢的花花公子在穿上一套新的英国 [213]
花呢西装时的感觉一样。在这三种情况下，消费部分衍生于权力——不是来自总督的法令，也不是来自遥远的英国萨维尔街（Savile row）的优雅模特，而是来自广告所创造的直接、持续的形象。为什么是可口可乐而不是百事可乐？为什么有了可口可乐，“一切都变好了”？也许是因为老彭伯顿的会计用他的专业书法画出了令人难忘的原始标志，或者是因为“某爱德华兹”在丰满的吉布森女孩身上看到了他独特的瓶子设计的原型。

麦当劳在世界范围内的起步比可口可乐晚，但现在金色拱门的标识遍布各地，引领着整个拉丁美洲快餐店的爆炸性增长。1937 年，理查德·麦当劳和莫里斯·麦当劳（Richard and Maurice McDonald）兄弟在加州帕萨迪纳市开了一家小型汽车餐厅。在成功的激励下，他们在洛杉矶以东 50 英里（约 80 公里）处的一个蓬勃发展的工人阶级小镇上购置了另一个更大的地方。到了 20 世纪 50 年代中期，由于福特式的汉堡包流水线制作方式，他们每年的收入达到了 35 万美元。这引起了以向食品工业销售电子搅拌设备为生的雷·克罗克（Ray Kroc）的注意。其他人曾提议将他们的方法推广到其他餐馆，但麦当劳兄弟缺乏雄心壮志，他们说“我们现在赚的钱都没办法花掉”。克罗克先生则更有说服力。理查德和莫里斯加入了他的团队，然后同意以很低的价格出售他们的名称、特许经营商的命名权与他们的制作系统本身。到 1961 年，巨无霸汉堡在全国 250 家带有金色拱门标识的餐厅里煎炸制作，麦当劳兄弟被踢下了船。

为了保证产品的统一性，克罗克建立了自己的“大学”，专门培训管理人员和工人，有竞争对手将其与海军陆战队相提并论。到 1987 年，也就是克罗克去世的三年后，麦当劳连锁店已拥有 9900 家分店，公司销售额达到 143 亿美元。当时，麦当劳的 9900 家餐厅还贡献了可口可乐全球销量的 5%。那一年，仅在美国，消费者每天吃掉的绞碎牛肉就达 500 吨，如今这一数字已达到了两倍多。1987 年，公司已经在广告上花费了 6 亿美元，仅电视广告就投入了 3.25 亿美元。这比通用汽车公司多出了 5000 万美元，也是其业务内容最类似的竞争对手汉堡王的两倍。像其他快餐和垃圾食品
[214] 的供应商一样，麦当劳的广告也以孩子为目标。他们的代理公司创造了一个讨人喜欢的小丑“麦当劳叔叔”，他会表演滑冰、骑自行车、游泳和打球等。“麦当劳叔叔”是孩子们的好朋友。这些策略得到了回报。在 20 世纪 80 年代末，麦当劳获得了 42% 的 7 岁以下顾客，比快餐业整体数据高出 10%。[1]

麦当劳第一次进军海外是在 1970 年，当时快餐在国外市场还相对不为人所知，尽管在美国已经很普遍了。即使如此，该公司还是不得不调整其菜单以适应当地人的口味。一开始，生意清淡；打入加拿大市场需要降价 20%，而且最初 6 年根本没有利润。但此后，生意有了起色。到 1987 年，海外有 2000 多家麦当劳分店，贡献了全部销售额的 20%。

这家公司进入阿根廷的时间较晚，阿根廷的大部分中产阶级甚至部分工人阶级早已习惯于每月几次外出就餐。但到了 1985 年，当麦当劳第一次植入其金色拱门和当地版本的快乐小丑时，收入分配模式呈现出人们熟悉的、现代的、不平等的形态。对餐馆食品的需求萎缩，并呈现两极分化。“高档”餐厅迎合了新精英阶层，而大量以前能够“坐下来用桌布和餐巾，吃两道不同的菜，外加一瓶酒、甜点和咖啡”的人，发现自己如今只能偶

[1] 参见 Eliseo Giai, “Las transnacionales agroalimentarias de la comida rápida: McDonald’s en la Argentina,” *Realidad Económica* (Buenos Aires) 89 (1989): 104 –123。

尔吃巨无霸汉堡和炸薯条了。[1]

然而，阿根廷是个例外，该国的工人阶级能买得起麦当劳或其他快餐。到目前为止，快餐是较富裕阶层的零食。在进入阿根廷的同年，麦当劳也来到了墨西哥，但当地只有“穿着考究”的顾客才会排队品尝第一批四分之一磅汉堡（Quarter Pounders）。车辆在麦当劳汽车餐厅的窗口前堵得水泄不通。该店宣称开业第一天就卖出了10,000个汉堡包。[2]在巴西也是如此，麦当劳的销售市场还没有广泛渗入城市中产阶级以下的阶层，但即便如此，巴西的人口超过1.8亿，而且大部分城市人口集中在里约热内卢和圣保罗，麦当劳公司在这里取得了其在拉美地区最大的成功。从1979年在科帕卡巴 [215]
纳（Copacabana）建立第一家分店开始，麦当劳在20年的时间里将巴西打造成其在全球的第七大市场，设置了近千家餐厅和摊位。[3]1997年底，该公司宣布将再投资10亿美元，将拉美地区的分店数量增加一倍，以抵消美国市场销售放缓的影响。跨国食品公司的影响在拉美人口中迅速扩散，虽然这部分人口规模相对较小，但仍在不断增长，这些人驾驶汽车、去商场消费购物。跨国食品公司还提供各种各样的美味食品，如水果圈（Fruit Loops）、多力多滋（Doritos）薯片、可可脆饼（Cocoa Krispies）、莱芙士薯片（Ruffles）和玉米芝士片（Pizzarolas）等。例如，百事公司（Pepsico）是墨西哥最大的咸味零食和饼干加工企业。[4]我们可以自信地预测，进入21世纪后，金色拱门、巨大的塑料小丑、闪烁的巨型热狗标志和吸引人的

---

[1] Giai, “Las transnacionales agroalimentarias de la comida rápida,” *Realidad Económica*, pp. 119–120.

[2] *Los Angeles Times*, Dec. 20, 1985, business section, p. D1.

[3] www.mcdonalds.com.br. “McDonald’s No Brasil.” 巴西排名第七，排在美国、日本、加拿大、德国、英国和澳大利亚之后。1999年，麦当劳在全世界有2.1万家分店。

[4] *New York Times*, Oct. 1997, p. D4; Charles Handy and Suchada Langley, “Food Processing in Mexico Attracts U.S. Investments,” 16, no. 1 (Jan.–Apr. 1991): 20–25; Brad Miller, “Pass the Fruit Loops, Por Favor: U.S. Junk Food Invades Mexico,” *Progressive* 55 (Feb. 1991): 30–32.

肯德基上校将把美国先进的饮食制度更广泛地传播到拉丁美洲热切的消费者中间。

虽然新自由主义的冲击往往会排挤本地的生产商，转而提供统一的工业化产品，但墨西哥手工业生产的增长却为标准化提供了一个显著的对比。尽管墨西哥在20世纪50年代开始了强制性的工业化计划并一直持续到后北美自由贸易协定时期（1994年至今），但艺术和手工艺仍然蓬勃发展；事实上，手工艺匠人的数量比以往任何时候都多。例如，在1980年左右，大约有600万人（当时总人口的10%）从事艺术和手工艺。在资本主义扩张的条件下，手工业生产如何在有大量印第安人成分的拉丁美洲国家生存甚至增长？

有一个直接的解释：人口增长以及土地稀缺导致较贫穷的农村居民寻求更多的收入，因此他们转而从事具有深厚传统的工作。他们制作布料、衣服、陶器和许多不同的艺术和手工艺品。墨西哥政府在20世纪60年代通过国家艺术工艺发展基金（The National Fund for the Promotion of Arts and Crafts，简称FONART）支持这种努力，将其作为进口替代工业政策的一
[216] 部分以及推进内部社会统一、国家形成和国家建构的意识形态目标。国家提供的鼓励措施还旨在减缓农村向城市的移民，促进社会稳定。从这个意义上说，艺术和手工艺非但不是矛盾，实际上还符合资本主义霸权的全局，因为它们有助于提升社会凝聚力和社会的自我再生产能力。[1]

墨西哥的艺术和手工艺品也依赖于大量的墨西哥和外国游客，他们有各自的理由购买手工艺品。在一个商品消费与生产越来越分离的世界里，许多人似乎想"用更简单的生活方式建立象征关系"，寻求与自然和

[1] 这来自内斯托尔·加西亚·坎克里尼（Néstor García Canclini）的精彩研究：*Transforming Modernity: Popular Culture in Mexico*, trans. Lidia Lozano from the Spanish (Austin: University of Texas Press, 1993)，尤其是第3章。

“代表那种失去的亲密性的印第安工匠们”建立更紧密的联系。因此，数以百万计的游客（仅 1977 年墨西哥米却肯州就有 200 万游客）摒弃首都城市大型的、便利的国家艺术工艺发展基金大卖场，甚至不去如今美国那种更方便的大型奥特莱斯，而选择直接从乡村的手工艺匠人们那里购买物品。美国密尔沃基（Milwaukee）的客厅里摆放着来自埃龙加里瓜罗（Erongaríguaro）的工艺品，也是在“为出国旅行作证明”（并暗示社会经济地位和闲暇时间），表明一个人有足够的“文化”去接受这些异国商品。此外，在一个越来越统一的世界里，“广告悄悄向我们所有人耳语”，告诉我们所有使自己的生活与他人不同的方法。[1]

但是，有人可能会问，如果周围充斥着种类繁多的物品，我们怎么能说这是一个“越来越统一的世界”？难道我们不是每时每刻都有众多的“选择”吗？如果想象一下 1940 年堪萨斯州一个乡镇农场的物品种类和数量或者墨西哥城郊区塔库巴亚一个体面的资产阶级家庭的物质财富，再与如今呈现的物品相比，我们毫无疑问地会惊叹于第一种情况下单调统一的吊带连体服与第二种情况下或多或少相似的“墨西哥现代的”家具。但当时这两个地方都与芝加哥的中产阶级郊区截然不同。而如今，这三个地方的物质文化会有惊人的相似性。可以肯定的是，冰箱、电视机、汽车或 T 恤衫的**品牌**（brands）不同，但物品的**种类**（categories）却近乎相同。地区性和 [217]
国家性的差异正在消除，被纳入全球模式。

在米却肯州的具体案例中，全球化的资本主义与传统手工艺之间的相互关系逻辑推动了消费领域的双重运动。工匠们自己也不太穿手工制作的衣服了，使用的陶罐、木勺和芦苇椅也少了。这些物品正被“因其设计或现代内涵而更便宜或更有吸引力的”制成品所取代。与此同时，由于墨西

[1] Canclini, *Transforming Modernity*, pp. 40–41.

哥本国城市和国外对不寻常的异国情调的需求，他们自己的手工业生产得到了恢复，甚至蓬勃发展起来。[1]

作为结论

当然，物质文化的实践不是一成不变的，而且从来都不是。一代人的创新就是下一代人的传统。因此，我们现在看到的可乐、皇堡、普雷佩查人（Purépecha）制作的锅等东西，将会被改变、改善，赋予新的含义，也会过时。我们在一开始就看到了人们是如何接受物质文化的新元素的，抵制其中的一些，并改造另一些。早在哥伦布之前，安第斯地区中部的人们就将玉米和外来的美洲驼纳入了他们的农业。后来，数以百万计的人借鉴曾经陌生的基督教强大的新组织整体的仪式，将烟花和节日纳入他们的生活。许多美洲原住民和他们的后代们看到了羊和铁制工具的明显价值，并乐意拥有它们。还有数百万人坚持把几千年来一直存在的玉米饼或奇恰酒作为他们日常饮食的必需品。灵巧的厨师们将亚洲香料与巧克力和当地家禽结合起来，制作出精致的普埃布拉莫莱酱；墨西哥的机械师改造了欧洲的磨坊，用以研磨古老墨西哥的碱化玉米；后现代的牧场歌手们穿着与让·保罗·高缇耶（Jean Paul Gaultier）设计相似的锥形胸罩，高唱着反北美自由贸易协定的歌曲。但是在圣诞节期间的墨西哥，“无论贫富，在整个共和国和移民到美国的人们的家中，女性都会准备几十甚至几百个玉米粽

[1] Canclini, *Transforming Modernity*, p. 41; Guillermoprieto, *Heart*, p. 248.

子，供她们的家人和朋友们食用”。[1]

几千年来，拉丁美洲的人们一直在对混合的物品进行分类，以分辨那些被认为价格较低或者更为时尚、有营养或舒适的物品。有些物品有助于 [218]
创造新的身份或维持旧的身份；人们选择其他物品来“建立和维持社会关系”，或者用于标记他们生活中各种私人和微小的、公共和宏伟的仪式。自16世纪以来，无论是将物品强加于当地的欧洲中心主义的使者，还是寻求这些物品的当地消费者，都将其视为“使物品文明化”的进程。这一切都是一个漫长的、断断续续的、不连续的且充满争议的过程，在第一次自由主义浪潮期间让位于“使物品现代化”，而在20世纪后半叶又被“发展物品”的努力所取代。

如今，拉丁美洲人被卷入了一个不断扩大的世界市场的“全球物品”中，这个市场由资本流动、互联网、媒体构建的需求与他们自己对便利和富足的渴望所驱动。这也要求工薪阶层（至少到目前为止）顺从认命，接受不充分就业和低工资等情况。对今天那些还记得负责任的精英、资产阶级的克制甚至是乡下人的朴素和礼节的人们来说，目前少数高端消费者阶层的过度消费与普通人的贫穷并存，似乎正在经历着一个“不文明的过程”。可以在沃尔玛超市买到按夸脱售卖的法国第戎芥末酱和冷冻的吉米·迪恩公司（Jimmy Dean）生产的香肠的人们，或者购买阿拉伯联合酋长国生产的廉价但时尚的丽诗加邦（Liz Claibourne）品牌衬衫的人们，或者是那些购买超市里的玉米薄饼或通过带孩子去小卡尔餐厅（Carl’s Jr.）（即便偶尔番茄酱会滴到孩子们的鞋子上）而逃避日常家务的处于困境的家庭主妇，可能会对那些喋喋不休地谈论消费主义之庸俗的人感到不耐烦，这是可以理解的。

[1]　Pilcher, *Qué Vivan los Tamales*, p. 161.

从这些崇高的想法转向普通的家庭消费者，我们要再次提及不起眼的玉米饼，它近期的命运生动地说明了全球经济给我们的生活带来了什么。我们最出色的记者问道："是否有人记得，玉米饼曾有在重新加热时不会碎成渣的时候？是否有人记得，玉米饼那时候很少需要重新加热，因为每天的仪式之一就是在本地的玉米饼店排队，这让周围街区的正午空气里都充满了香味？是否有人记得，当时的玉米饼是如此美味，以至于当你从街上带回用厚布包着的热乎乎的玉米饼，一到家后就迫不及待地站在厨房里打
[219] 开了，只放了一点盐就吃了一两个？"20 世纪 90 年代，大型企业化工业磨坊使用脱水玉米生产出了数百万吨的碱化玉米面粉和加工过的玉米饼。"企业对这种混合物进行了修改……对其比例进行了试验，最后给墨西哥人们提供了现在成为该国基本食品的放在烧烤用纸板上的圆形物。"1996 年 7 月 15 日，最重要的工业玉米饼生产商阿兹特克作坊（Molinos Azteca）的总裁登上了《福布斯》杂志的亿万富翁名单。[1]

人们可以对消费文化的全球化、自由市场是否比任何可以想象的替代方案更为公平地分配物品、更高的消费水平是否能在环境上可持续等问题有自己的审美判断，除此以外，我们可以肯定一件事。当我们进入经济组织和消费模式的新周期时，目前似乎已经笼罩在这片土地上的、从索诺拉北部到智利南部的同质化的新自由主义，将会像其他模式一样是暂时性的。

---

[1] Alma Guillermoprieto, "In Search of the Real Tortilla," *New Yorker*, Nov. 29, 1999, pp. 46–47. 该文作者是 19 世纪墨西哥改革时代政治家吉列尔莫·普列托（Guillermo Prieto）的后代，也是《流血的心》（*The Heart That Bleeds*, New York: Knopf, 1994）、《桑巴》（*Samba*, New York: Random House, 1991）等书的作者，曾在《纽约客》和《纽约书评》等杂志上发表了大量关于拉丁美洲的文章。

参考文献

手稿

Archivo general de Indias. Seville.

Charcas, legajos, 244, 344, 623.

Quito, legajos, 172, 211, 403.

Mexico, legajos, 2463, 2791, 2549

Archivo general de la Nación. Mexico City.

Conventos, vol. 18.

图书与文章

Andrews, Jean. "The Peripatetic Chili Pepper." In Nelson Foster and Linda S. Cordell, eds., *Chilies to Chocolate: Food the Americas Gave the World*, pp. 81–93. Tucson: University of Arizona Press, 1992.

Armella de Aspe, Virginia. "Vestido y evolución de la moda en Michoacán." In Rafael Diego Fernández, ed., *Herencia española en la cultura material de las regiones de México*, pp. 291–324. Zamora, Michoacán: El Colegio de Michoacán, 1993.

Barnet, Richard J., and Ronald E. Muller. *Global Reach: The Power of the Multi-national Corporations.* New York: Simon and Schuster, 1974.

Barr-Melij, Patrick. *Between Revolution and Reaction: Cultural Politics, Nationalism and the Rise of the Middle Class in Chile.* Chapel Hill: University of North Carolina Press, 2001.

Bauer, Arnold J. "La cultura material." In Marcello Carmagnini, Alicia Hernández Chávez, and Ruggiero Romano, eds., *Para una historia de América: las estructuras*, pp. 404–497. Mexico City: Fondo de Cultura Económica, 1999.

"La cultura mediterránea en condiciones del nuevo mundo: elementos en la transferencia del trigo a las Indias." *Historia* (Santiago, Chile) 21 (1986): 31–53.

"Industry and the Missing Bourgeoisie: Consumption and Development in Chile, 1850–1950. *Hispanic American Historical Review* 70, no. 2 (May 1970): 227–253.

"Millers and Grinders: Technology and Household Economy in Mesoamerica." *Agricultural History* 64, no. 1 (Winter 1990): 1–17.

La sociedad rural chilena desde la conquista española a nuestros dias. Trans. Paulina Matta from the English. Santiago: Andrés Bello, 1994.

Beezley, William H. *Judas at the Jockey Club.* Lincoln: University of Nebraska Press, 1987.

Borah, Woodrow W. "The Mixing of Populations." In Fredi Chiappelli, ed., *First Images of America*, 2:707–722. Berkeley: University of California Press, 1976.

Price Trends of Royal Tribute in Nueva Galicia, 1557–1598. Ibero-Americana Series, vol. 55. Berkeley: University of California Press, 1991.

Boyd-Bowman, Peter. "Spanish Emigrants to the Indies, 1595–98: A Profile." In Fredi Chiappelli, ed., *First Images of America* 2:723–736. Berkeley: University of California Press, 1976.

Berthe, Jean Pierre, ed. *Las nuevas memorias del Capitán Jean de Monségur.* Mexico City: UNAM, 1994.

Brading, David. "El clero mexicano y el movimiento insurgente de 1810." In Arnold J. Bauer, ed., *La iglesia en la economía de América Latina, siglos xvi al xix*, pp. 129–148. Trans. Paloma Bonfil from the English. Mexico City: INAH, 1986.

Braudel, Fernand. *The Structures of Everyday Life.* Trans. Sian Reynolds from the French. New York: Harper and Row, 1981.

Bruhns, Karen Olsenk. *Ancient South America.* Cambridge: Cambridge University Press, 1994.

Bulmer-Thomas, Victor. "The Latin American Economies, 1929–1939." In Leslie Bethell, ed., *The Cambridge History of Latin America*, 6.1:65–116. Cambridge: Cambridge University Press, 1994.

Burga, Manuel, and Alberto Flores Galindo. *Apogeo y crisis de la república aristocrática.* 2nd ed. Lima: Mosca Azul, 1981.

Burns, Kathyrn. *Colonial Habits: Convents and the Spiritual Economy of Cuzco, Peru.* Durham, N.C.: Duke University Press, 1999.

Cabero, Alberto. *Chile y los chilenos.* Santiago: Editorial Lyceum, 1948.

Cabrera, Luis. *Diccionario de aztequismos.* Mexico City: Oasis, 1980.

Carrasco, Pedro. "Matrimonios hispano-indios en el primer siglo de la colonia." In Alicia Hernández Chávez and Manuel Miño, eds., *Cincuenta años de historia en México*, 1:103–118. Mexico City: Colegio de México, 1991.

Carreño, Manuel Antonio. *Manual de urbanidad y buenas maneras.* 41st ed. Mexico City: Editorial Patria, 1987.

Carrizo de Gandulfo, Petrona. *El libro de doña Petrona.* 7th ed. Buenos Aires: Talleres gráficos, 1980.

Cervantes y Saavedra, Miguel de. *Don Quijote de la Mancha.* Vol. 2. Ed. Martín de Riquer. Barcelona: Editorial Juventud, 1958.

Chambi, Martín. *Photographs, 1920–1950.* Foreword by Mario Vargas Llosa. Introd. Edward Ranney and Publio López Mondéjar. Trans. Margaret Sayers Peden from the Spanish. Washington, D.C.: Smithsonian Institu-tion Press, 1993.

Cieza de León, Pedro. *La crónica del Perú*. Madrid, 1922.

Ciudad hispanoamericana: el sueño de un orden. Madrid: Secretaría de Obras Públicas, 1991.

Cobban, Alfred. *A History of Modern France*. 2 vols. Baltimore: Pelican, 1965.

Cobo, Barnabé. *Obras del P. Barnabé Cobo*. Biblioteca de Autores Españoles, vol. 92. Madrid, 1956.

"Coca-Cola Buys Half of Peru's Inka Kola." *Beverage Industry* 90, no. 4 (April 1999): 13.

Coca-Cola Company. Annual Report. 1998.

"Coca-Cola to Buy Stake in Mexico Firm." *Los Angeles Times*, Apr. 27, 1993, Business section, D2.

La cocina del gaucho. Buenos Aires: Ediciones Gastronómicas, El gato que pesca, 1978.

Coe, Sophie. *America's First Cuisines*. Austin: University of Texas Press, 1994.

Cohen, Leah Hager. *Glass, Paper, Beans: Revelations on the Nature and Value of Ordinary Things*. New York: Doubleday, 1997.

"Coke Taps Maternal Instinct with New Latin American Ads." *Advertising Age* 68, no. 2 (Jan. 1997): 13.

Colburn, Forrest D. "The Malling of Latin America." *Dissent* 43, no. 1 (Winter 1966): 51–54.

Concuera de Mancera, Sonia. *Entre gula y templanza*. Mexico City: Fondo de Cultura Económica, 1990.

El Conquistador Anónimo. *Relación de algunas cosas de la Nueva España y de la gran ciudad de Temestitan*. Mexico City: Editorial América, 1941.

Cook, David Noble. *Born to Die: Disease and the New World Conquest, 1492–1650*. Cambridge: Cambridge University Press, 1998.

Cook, Sherburne F., and Woodrow Borah. "Indian Food Production and Consumption in Central Mexico before and after the Conquest (1550–1650)." In Sherburne Cook and Woodrow Borah, *Essays in Population History: Mexico and California*, 3:129–176. Berkeley: University of California Press, 1979.

Cotes, Manuel. *Régimen alimenticio de los jornaleros de la Sabana de Bogotá*. Bogotá, 1893.

Couturier, Edith. "Micaela Angela Carillo: Widow and Pulque Dealer." In David Sweet and Gary Nash, eds., *Struggle and Survival in Colonial America*, pp. 362–375. Berkeley: University of California Press, 1981.

Crewe, Ryan D. "Unam Fides et una Baptisma: Theological Imperialsm in Granada and Mexico, 1492–1570." Honors thesis. University of California, Davis, 1999.

Cronistas de las culturas precolumbinas. Mexico City: Fondo de Cultura Económica, 1963.

Crosby, Alfred, Jr. *The Columbian Exchange: Biological and Cultural Consequences of 1492*. Westport, Conn.: Greenwood Press, 1972.

Cross, Harry. "Living Standards in Nineteenth Century Mexico." *Journal of Latin American Studies* 10 (1978): 1–19.

D'Altroy, Terrance, and Timothy K. Earle. "Staple Finance, Wealth Finance and Storage in the

Inka Political Economy." In Terry Y. LeVine, ed., *Inka Storage Systems*, pp. 41–72. Norman: University of Oklahoma Press, 1992.

D'Altroy, Terrance, and Cristine Hastorf. "The Architecture and Contents of Inka State Storehouses in the Xauxa Region of Peru." In Terry Y. Le Vine, *Inka Storage Systems*, pp. 259–286. Norman: University of Oklahoma Press, 1992.

David, Elizabeth. *Harvest of the Cold Months: The Social History of Ice and Ices*. London: Michael Joseph, 1994.

Defourneaux, Marcelin. *Daily Life in Spain in the Golden Age*. Stanford, Calif.: Stanford University Press, 1979.

Derby, Lauren. "Gringo Chicken with Worms." In Gilbert Joseph, Catherine LeGrand, and Richard Salvatore, eds., *Close Encounters of Empire*, pp. 451–493. Durham, N.C.: Duke University Press, 1998.

Descola, Jean. *Daily Life in Colonial Peru*. London: George Allen and Unwin, 1968.

Diamond, Jared. *Guns, Germs and Steel: The Fates of Human Societies*. New York: Norton, 1997.

Diaz del Castillo, Bernal. *Historia de la conquista de Nueva España*. Ed. Joaquin Ramirez Cabañas. Mexico City: Editorial Porrua, 1992.

Diccionario de historia de Venezuela. Vol. 3. Caracas: Editorial ExLibris, 1988.

Doughty, Paul. *Huaylas: An Andean District in Search of Progress*. Ithaca, N.Y.: Cornell University Press, 1968.

Douglas, Mary, and Baron Isherwood. *The World of Goods*. New York: Basic Books, 1979.

Durston, Alan. "Un régimen urbanístico en la América hispana colonial: el trazado en damero durante los siglos xvi y xvii." *Historia* (Santiago, Chile) 28 (1994): 59–115.

Eadweard Muybridge in Guatemala: The Photographer as Social Recorder. Photographs by Eadweard Muybridge. Text by E. Bradford Burns. Berkeley: University of California Press, 1986.

Eyzaguirre Lyon, Hernán. *Sabor y saber de la cocina chilena*. 2nd ed. Santiago: Andrés Bello, 1987.

Febvre, Lucien. *A New Kind of History*. Ed. Peter Burke. Trans. K. Folca from the French. New York: Harper and Row, 1973.

Fenochio, Jorge del Arenal. "Ideología y estilo en la architectura de finales del siglo xix." In Rafael Diego Fernández, ed., *Herencia Española en la cultura material de las regiones de México*, pp. 463–76. Zamora, Michoacán: El Colegio de Michoacán, 1993.

Ffrench Davis, Ricardo, Oscar Muñoz, and José Gabriel Palma. "The Latin American Economies." In Leslie Bethell, ed., *The Cambridge History of Latin America*, 6.1:159–252. Cambridge: Cambridge University Press, 1994.

Flandrau, Charles. *Viva Mexico!* Urbana: University of Illinois Press, 1964.

Flores Galindo, Alberto. *Aristocracia y plebe: Lima 1760–1830*. Lima: Mosca Azul, 1984.

Foster, George. *Culture and Conquest: America's Spanish Heritage*. New York: Wenner Gren Foundation for Anthropology, 1960.

Tzintzuntzan: Mexican Peasants in a Changing World. Boston: Little, Brown, 1967.

Foster, Nelson, and Linda Cordell. *Chilies to Chocolate: Food the Americas Gave the World.* Tucson: University of Arizona Press, 1992.

Fraser, Valerie. *The Architecture of Conquest: Building in the Viceroyalty of Peru, 1535–1635.* Cambridge: Cambridge University Press, 1990.

Frezier, Amedée. *Relation du voyage de la mer du Sud aux côtes de Chily et du Perou fait pendant des annés 1712, 1713, & 1714.* Paris: Chez Jean Geoffroy Nyon, 1716.

Garavaglia, Juan Carlos. *Mercado interno y economía colonial.* Mexico City: Grijalbo, 1983.

Garcia Canclini, Néstor. *Transforming Modernity: Popular Culture in Mexico*, ch. 3. Trans. Lidia Lozano from the Spanish. Austin: University of Texas Press, 1993.

García Márquez, Gabriel. *Cien años de soledad.* 9th ed. Buenos Aires: Editorial Sudamericana, 1968.

Garcilaso de la Vega (El Inca). *Obras completas del Inca Garcilaso de la Vega.* Biblioteca de Autores Españoles, vol. 133. Madrid, 1960.

Gay, Claudio. *Historia física y política de Chile: Agricultura.* 2 vols. Paris, 1862–5.

Gereffi, Gary, and Lynn Hempel. "Latin America in the Global Economy." *NACLA. Report on the Americas* 29, no. 4 (Jan.–Feb. 1996): 17–24.

Giai, Eliseo. "Las transnacionales agroalimentarias de la comida rápida: McDonalds en la Argentina." *Realidad Económica* (Buenos Aires) 89 (1989): 104–123.

Gibson, Charles. *The Aztecs under Spanish Rule.* Stanford, Calif.: Stanford University Press, 1964.

Gillis, J. M. *The U.S. Naval Astronomical Expedition to the Southern Hemisphere during the Years 1849–50–51–52.* Vol. 1 (Chile). Washington, D.C., 1855.

Golte, Jurgen. *Repartos y rebeliones.* Lima: Instituto de Estudios Peruanos, 1980.

Gonzalbo Aizpuru, Pilar. "Vestir al desnudo: un acercamiento a la ética y la estética del vestido en el siglo xvi novohispano." In Rafael Diego Fernández, ed., *Herencia española en la cultura material de las regiones de México*, pp. 329–349. Zamora, Michoacán: El Colegio de Michoacán, 1993.

González, Luis. *Pueblo en vilo: microhistoria de San José de Gracia.* Mexico City: El Colegio de Mexico, 1972.

González Obregón, Luis. *La vida en México en 1810.* 1911. Reprint, Mexico City, 1979.

González Stephan, Beatriz. "Escritura y modernización: la domesticación de la barbarie." *Revista Iberoamericana* 60 (Jan.–June 1994): 1–22.

Gopnik, Adam. *New Yorker*, April 26, 1999, p. 22.

Gruzinski, Serge. *Painting the Conquest: The Mexican Indians and the European Renaissance.* Paris: UNESCO, Flamarion, 1992.

Guillermoprieto, Alma. *The Heart That Bleeds*. New York: Alfred A. Knopf, 1994.

Samba. New York: Random House, 1991.

"In Search of the Real Tortilla." *New Yorker*, Nov. 29, 1999, pp. 46–47.

Gutiérrez, Ramón. "La ciudad iberoamericana en el siglo xix." In *La ciudad hispanoamerica: sueño de un orden*, pp. 252–267. Madrid: Secretaría de Obras Públicas, 1991.

Haber, Stephen H. *Industry and Underdevelopment: The Industrialization of Mexico, 1890–1940.* Stanford, Calif.: Stanford University Press, 1989.

Halperín Donghi, Tulio. *The Aftermath of Revolution in Latin America.* Trans. Josephine Bunsen from the Spanish. New York: Harper and Row, 1973.

Handy, Charles, and Suchada Langley. "Food Processing in Mexico Attracts U.S. Investments." *Food Review* 16, no. 1 (Jan.–Apr. 1991): 20–25.

Haring, C. H. *The Spanish Empire in America.* Oxford: Oxford University Press, 1947.

Hartlyn, Jonathan, and Arturo Valenzuela. "Democracy in Latin America since 1930." In Leslie Bethell, ed., *The Cambridge History of Latin America*, 6.2:99–162. Cambridge: Cambridge University Press, 1994.

Hassig, Ross. *Trade, Tribute and Transportation: The Sixteenth Century Political Economy of the Valley of Mexico.* Norman: University of Oklahoma Press, 1985.

Hermitte, Esther, and Herbert Klein. "Crecimiento y estructura de una comunidad provinciana de tejedores de ponchos: Belém, Argentina, 1678–1869." In *Documentos de trabajo*, no. 78. Buenos Aires: Centro de Investigaciones Sociales, Instituto Torcuato di Tella, 1972.

Hicks, Frederick. "Cloth in the Political Economy of the Aztec State." In Mary Hodge and Michael Smith, eds., *Economies and Polities in the Aztec Realm*, pp. 79–100. Austin: University of Texas Press, 1994.

Hobsbawm, Eric. *The Age of Revolution.* New York: World Publishing, 1962.

Huamán Poma de Ayala, Felipe. *El primer nueva corónica* [sic] *y buen gobierno.* Ed. John V. Murra and Rolena Adorno. Mexico City: Siglo XXI, 1980.

Jacobsen, Nils. *Mirages of Transition: The Peruvian Altiplano, 1780–1930.* Berkeley: University of California Press, 1993.

Johnson, David Church. *Santander siglo xix: cambios socioeconómicos.* Bogotá: Carlos Valencia Editores, 1984.

Joseph, Gil, Catherine LeGrande, and Richard Salvatore, eds. *Close Encounters of Empire.* Durham, N.C.: Duke University Press, 1998.

Joseph, Gil, and Mark Szuchman, eds. *I Saw a City Invisible: Urban Portraits of Latin America.* Wilmington, Del.: S & R Books, 1996.

Juan, Jorge, and Antonio Ulloa. *Relación histórica del viaje a la América meridional.* Vol. 1. Introd. and ed. José P. Merino Navarro and Miguel Rodríguez San Vicente. Madrid: Fundación Universitaria Española, 1978.

Kaerger, Karl. *Agricultura y colonización en México en 1900.* Trans. Pedro Lewin and Dudrum Dohrmann from the German. Introd. Roberto Melville. Mexico, 1986.

Katz, Friedrich. *The Ancient American Civilizations.* New York: Praeger, 1972.

Kizca, John. *Colonial Entrepreneurs: Families and Business in Bourbon Mexico City.* Albuquerque: University of New Mexico Press, 1983.

Klor de Alva, Jorge. "Colonialism and Post Colonialism as (Latin) American Mirages." *Colonial Latin*

America Review 1, nos. 1–2 (1992): 3–24.

"*Mestizaje* from New Spain to Aztlán." In *New World Orders: Casta Painting and Colonial Latin America*, pp. 58–72. New York: Americas Society Art Gallery, 1996.

Knight, Alan. "Racism, Revolution and Indigenismo: Mexico, 1910–1940." In Richard Graham, ed., *The Idea of Race in Latin America, 1870–1940*, pp. 71–113. Austin: University of Texas Press, 1990.

Konetzke, Richard. *Colección de documentos para la formación social de Hispanoamerica, 1493–1810.* 3 vols. in 5 ps. Madrid, 1953–62.

Kruggler, Thomas. "Changing Consumption Patterns and Everyday Life in Two Peruvian Regions: Food, Dress and Housing in the Central and Southern Highlands, 1820–1920." In Benjamin Orlove, ed., *The Allure of the Foreign: Imported Goods in Postcolonial Latin America*, pp. 31–66. Ann Arbor: University of Michigan Press, 1997.

Kubler, George. *Mexican Architecture in the Sixteenth Century*. 2 vols. New Haven, Conn.: Yale University Press, 1948.

Ladero Quesada, Miguel Angel. "Spain, circa 1492: Social Values and Structures." In Stuart B. Schwartz, ed., *Implicit Understandings*, pp. 96–133. Cambridge: Cambridge University Press, 1994.

Larson, Brooke. *Colonialism and Agrarian Transformation in Bolivia.* Princeton, N.J.: Princeton University Press, 1988.

León Pinelo, Antonio. *Question* [sic] *moral si el chocolate quebranta el ayuno eclesiástico.* 1636. Prologue by Sonia Concuera de Mancera. Reprint, Mexico City: Condumex, 1994.

LeVine, Terry Y. *Inka Storage Systems*. Norman: University of Oklahoma Press, 1992.

Lewis, Colin M. "Industry in Latin America before 1930." In Leslie Bethell, ed., *The Cambridge History of Latin America*, 4:267–324. Cambridge: Cambridge University Press, 1986.

Lewis, Oscar. "Social and Economic Change in a Mexican Village." *América Indígena* 4, no. 4 (Oct. 1944): 299–316.

Tepoztlan: Village in Mexico. New York: Holt, Rinehart and Winston, 1960.

Life in Mexico: The Letters of Fanny Calderón de la Barca. Ed. Howard T. Fisher and Marion Hall Fisher. New York: Doubleday, 1966.

Lockhart, James. *The Nahuas after the Conquest*. Stanford, Calif.: Stanford University Press, 1992.

"Sightings: Initial Nahua Reactions to Spanish Culture." In Stuart B. Schwartz, ed., *Implicit Understandings*, pp. 218–248. Cambridge: Cambridge University Press, 1994.

Spanish Peru. Madison: University of Wisconsin Press, 1968.

Lockhart, James, and Enrique Otte, eds. *Letters and People of the Spanish Indies*. Cambridge: Cambridge University Press, 1976.

Long, Janet. *La cocina mexicana a través de los siglos*. Mexico City: Clio, 1997.

Louis, J. C., and Harvey Z. Yazijian. *The Cola Wars*. New York: Everest House, 1980.

Love, Joseph. "Economic Ideas and Ideologies in Latin America since 1930." In Leslie Bethell, ed.,

The Cambridge History of Latin America, 6.1:403–448. Cambridge: Cambridge University Press, 1994.

MacLachlan, Colin, and William Beezley. *El Gran Pueblo: A History of Greater Mexico*. Englewood Cliffs, N.J.: Prentice-Hall, 1994.

McNeish, William. "The Origins of New World Civilization." *Scientific American* 211, no. 5 (Nov. 1964): 6–18.

Magraw, Roger. *France, 1815–1914*. Oxford: Oxford University Press, 1986.

Mallon, Florencia. "Indian Communities, Political Cultures and the State in Latin America." *Journal of Latin American Studies* 24 (1992): 35–54.

Mamalakis, Markos. "Income Distribution." In Barbara Tenenbaum, ed., *Encyclopedia of Latin American History and Culture*, 3:251–259. New York: Simon and Schuster Macmillan, 1996.

Martínez, Sonia. "Due South: U.S. Beverage Trends Are Migrating to Mexico." *Beverage Industry* (May 1997): 36–38.

Marx, Karl. "Speech at the Anniversary of the Peoples' Paper." In Robert C. Tucker, ed., *The Marx-Engles Reader*, pp. 577–578. 2nd ed. New York: W. W. Norton, 1978.

Marx, Karl, and Friedrich Engles. "The Manifesto of the Communist Party." In Robert C. Tucker, ed., *The Marx-Engles Reader*, pp. 469–499. 2nd ed. New York: W. W. Norton, 1978.

Mason, J. Alden. *The Ancient Civilizations of Peru*. Rev. ed. New York: Penguin, 1968.

"Matrícula del comercio de Santiago según el rejistro de las patentes tomadas en 1849." In *Repertorio nacional*, vol. 2. Santiago, 1850.

"Memorial, al parecer, de Fray Hernando de Talavera para los moradores del Albaicín." In Antonio Garrido Aranda, ed., *Organización de la iglesia en el reino de Granada y su proyección en Indias*, pp. 307–309. Córdoba: University of Córdoba, 1979.

Metraux, Alfred. "The Revolution of the Ax." *Diogenes*, no. 25 (Spring 1959): 28–40.

Miller, Brad. "Pass the Fruit Loops, Por Favor: U.S. Junk Food Invades Mexico." *Progressive* 55 (Feb. 1991): 30–32.

Miño Grijalva, Manuel. *La protoindustria colonial hispanoamericana*. Mexico City: Fondo de Cultura Económica, 1993.

Mintz, Sidney. *Sweetness and Power*. New York: Viking Penguin, 1991.

Monardes, Nicolás. *Libro que se trata de la nieve y de sus provechos. Biblioteca Monardes*. 1571. Reprint, Seville: Padilla Libros, 1988.

Morris, Craig. "The Wealth of a Native American State: Value, Investment and Mobilization in the Inka Economy." In J. Henderson and Patricia Netherly, eds., *Configurations of Power: Holistic Anthropology in Theory and Practice*, pp. 26–47. Ithaca, N.Y.: Cornell University Press, 1993.

Morse, Richard, ed. *The Urban Development of Latin America, 1750–1920*. Stanford, Calif.: Latin American Center, 1971.

Muñoz, Oscar. *Crecimiento industrial de Chile, 1914–1965*. Santiago, 1968.

Murra, John V. "Cloth and Its Functions in the Inca State." *American Anthropologist* 64, no. 4 (Aug.

1962): 710–728.

"Existieron el tributo y los mercados antes de la invasión europea." In Olivia Harris, Brooke Larson, and Enrique Tandeter, eds., *La participación indígena en los mercados surandinos*, pp. 51–64. La Paz, 1987.

Formaciones económicas y políticas del mundo andino. Lima: Instituto de Estudios Peruanos, 1975.

"Notes on Pre-Columbian Cultivation of Coca Leaf." In Deborah Pacini and Christine Franquemont, eds., *Coca and Cocaine: Effects on People and Policy in Latin America*. Cultural Survival Report, June 23, 1986, pp. 49–52.

"Rite and Crop in the Inca State." In Stanley Diamond, ed., *Culture and History*, pp. 393–407. New York, 1960.

Needell, Jeffrey. *A Tropical Belle Epoque: Elite Culture and Society in Turn-of-Century Rio de Janeiro*. Cambridge: Cambridge University Press, 1987.

Neruda, Pablo. *The Heights of Macchu Picchu*. Trans. Nathaniel Tarn from the Spanish. New York: Farrar, Straus and Giroux, 1974.

Novo, Salvador. *Historia gastronómica de la ciudad de México*. Mexico City: Editorial Porrua, 1997.

O'Brien, Thomas. *The Century of U.S. Capitalism in Latin America*. Albuquerque: University of New Mexico Press, 1999.

Oliveira, Orlandina, and Bryan Roberts. "Urban Growth and Urban Social Structure in Latin America, 1930–1990." In Leslie Bethell, ed., *The Cambridge History of Latin America*, 6.1:253–324. Cambridge: Cambridge Uni-versity Press, 1994.

O'Phelan Godoy, Scarlett. *Rebellions and Revolts in Eighteenth-Century Peru and Upper Peru*. Cologne: Bohlau Verlag, 1985.

Orlove, Benjamin. "Down to Earth: Race and Substance in the Andes." *Bulletin of Latin America Research* 17, no. 2 (1998): 207–222.

"Giving Importance to Imports." With Arnold J. Bauer. In Benjamin Orlove, ed., *The Allure of the Foreign: Imported Goods in Postcolonial Latin America*, pp. 1–30. Ann Arbor: University of Michigan Press, 1997.

Ed. *The Allure of the Foreign: Imported Goods in Postcolonial Latin America*. Ann Arbor: University of Michigan Press, 1997.

Orlove, Benjamin, and Arnold J. Bauer. "Chile in the Belle Epoque: Primitive Producers; Civilized Consumers." In Benjamin Orlove, ed., *The Allure of the Foreign: Imported Goods in Postcolonial Latin America*, pp. 113–150. Ann Arbor: University of Michigan Press, 1997.

Orrego Luco, Luís. *Memorias del viejo tiempo*. Santiago, 1984.

Ortiz, Fernando. *Cuban Counterpoint: Tobacco and Sugar*. Introd. Bronislaw Malinowski. Prologue by Herminio Portell Vilá. Trans. Harriet de Onís from the Spanish. New York: Alfred A. Knopf, 1947.

Pareja Ortiz, María del Carmen. *Presencia de la mujer sevillana en Indias: vida cotidiana*. Seville: Excma. Diputación Provincial, 1994.

Parry, J. H., and Robert Keith. *New Iberian World.* 5 vols. New York: Times Books and Hector and Rose, 1982.

Pendergast, Mark. *For God, Country and Coca-Cola*. New York: Charles Scribner's Sons, 1993.

"Peru's Pride that Refreshes: Kola of a Local Color." *New York Times*, Dec. 26, 1995, A4.

Peterson, Willard. "What to Wear? Observations and Participation by Jesuit Missionaries in Late Ming Society." In Stuart B. Schwartz, ed., *Implicit Understandings*, pp. 403–421. Cambridge: Cambridge University Press, 1994.

Phillips, William D., Jr., and Carla Rahn Phillips. *The Worlds of Christopher Columbus*. Cambridge: Cambridge University Press, 1992.

Pilcher, Jeffrey M. *Qué Vivan los Tamales!* Albuquerque: University of New Mexico Press, 1998.

Pizarro, Pedro. *Descubrimiento y conquista de los reinos del Perú.* Biblioteca de Autores Españoles, vol. 168. Madrid, 1965.

Poppino, Rollie. *Brazil: The Land and the People*. 2nd ed. New York: Oxford University Press, 1973.

Pozo, José del. *Historia del vino chileno.* Santiago: Editorial Universitaria, 1998.

Rabell Jara, René. *La cocina mexicana a través de los siglos*. Vol. 6, *La bella época*. Mexico City: Clio, 1996.

Remmer, Karen. *Party Competition in Argentina and Chile.* Lincoln: University of Nebraska Press, 1984.

Reuss, Alejandro. "Consume and Be Consumed." *Dollars and Sense*, no. 212 (July–Aug. 1997): 7.

Rouse, Irving. *The Tainos: Rise and Decline of the People Who Greeted Columbus*. New Haven, Conn.: Yale University Press, 1992.

Ruiz Zevallos, Augusto. "Dieta popular y conflicto en Lima de principios de siglo." *Histórica* (Lima) 16, no. 2 (Dec. 1992): 201–216.

Rumbold, Horace. *Report by Her Majesty's Secretaries on the Manufactures, Commerce, etc. in Chile.* London, 1876.

Salvucci, Richard J. *Textiles and Capitalism in Mexico: An Economic History of the Obrajes, 1539–1840*. Princeton, N.J.: Princeton University Press, 1987.

Sánchez Albornoz, Nicolás. *The Population of Latin America.* Berkeley: University of California Press, 1974.

Sánchez Flores, Ramón. *Historia de la tecnología y la invención en México.* Mexico City: Fomento Cultural Banamex, 1980.

Sauer, Carl Ortwin. *Agricultural Origins and Dispersals*. Cambridge, Mass.: MIT Press, 1952.

The Early Spanish Main. Berkeley: University of California Press, 1966.

Schivelbusch, Wolfgang. *Tastes of Paradise: A Social History of Spices, Stimulants and Intoxicants.* Trans. David Jacobson from the German. New York: Vintage Books, 1993.

Scott, James. *Seeing Like the State: How Certain Schemes to Improve the Human Condition Have Failed.* New Haven, Conn.: Yale University Press, 1998.

Segal, Morris. "Cultural Change in San Miguel Acatán, Guatemala." *Phylon* 15 (1954): 165–176.

"Resistance to Cultural Change in Western Guatemala." *Sociology and Social Research* 25 (1940–41): 414–430.

Shaw, George Bernard. *Androcles and the Lion*. In *Collected Plays with their Prefaces*. London: Max Reinhardt, 1972.

Smith, Adam. *An Inquiry into the Nature and Causes of the Wealth of Nations*. Ed. Edwin Cannan. Introd. by Max Lerner. New York: Modern Library, 1937.

Soriano, Osvaldo. "Coca-Cola es así." *Debate* (Lima) 11, no. 57 (Sept.–Oct. 1989): 36–43.

"Historia de un símbolo del capitalismo moderno." *Araucaria de Chile* (Pamplona, Spain) 35 (1986): 49–59.

Soustelle, Jacques. *The Daily Life of the Aztecs*. Stanford, Calif.: Stanford University Press, 1970.

Spalding, Karen. *Huarochirí: An Andean Society under Inca and Spanish Rule*. Stanford, Calif.: Stanford University Press, 1984.

Stavig, Ward. *The World of Tupac Amaru: Conflict, Community and Identity in Colonial Peru*. Lincoln: University of Nebraska Press, 1999.

Subercaseaux, Ramón. *Memorias de 50 años*. Santiago, 1908.

Super, John C. *Food, Conquest and Colonialization in Sixteenth-Century Latin America*. Albuquerque: University of New Mexico Press, 1988.

"The Formation of Nutritional Regimes in Colonial Latin America." In John C. Super and Thomas C. Wright, eds., *Food, Politics and Society in Latin America*, pp. 1–23. Lincoln: University of Nebraska Press, 1985.

Taibo, Paco Ignacio. *Breviario del mole poblano*. Mexico City: Editorial Terra Nova, 1981.

Taylor, William. *Drinking, Homicide and Rebellion in Colonial Mexican Villages*. Stanford, Calif.: Stanford University Press, 1979.

Tennenbaum, Barbara. *Encyclopedia of Latin American History and Culture*. 5 vols. New York: Simon and Schuster Macmillian, 1996.

Tenorio, Mauricio. *Mexico at the World's Fairs: Crafting a Modern Nation*. Berkeley: University of California Press, 1996.

Tepaske, John J. *La real hacienda de Nueva España: la real caja de México, 1576–1816*. Mexico City: INAH, 1976.

Thompson, Guy P. C. "The Ceremonial and Political Roles of Village Bands, 1846–1974." In William Beezley, Cheryl Smith, and William French, eds., *Rituals of Rule, Ritual of Resistance*, pp. 307–342. Wilmington, Del.: S & R Books, 1994.

Thorp, Rosemary. "The Latin American Economies, 1939–ca. 1950." In Leslie Bethell, ed., *The Cambridge History of Latin America*, 6.1:117–58. Cambridge: Cambridge University Press, 1994.

Trelles Aréstegui, Efraín. *Lucas Martínez Vegaso: funcionamiento de una encomienda peruana inicial*. Lima: Catholic University Press, 1982.

Tschudi, J. J. *Travels in Peru*. Trans. Thomasina Ross from the German. New York, 1854.

Turrent, Lourdes. *La conquista musical de México*. Mexico City: Fondo de Cultura Económica, 1993.

Ulrich, Laurel Thatcher. "Cloth, Clothing and Early American Social History." *William and Mary Quarterly*, 3rd ser., 53, no. 1 (Jan. 1996): 18–48.

Undurraga Vicuña, Francisco R. *Recuerdos de 80 años*. Santiago, 1876.

Valcárcel, Luís E. *Memorias*. Lima: Instituto de Estudios Peruanos, 1981.

Van Oss, Adriaan C. *Catholic Colonialism: A Parish History of Guatemala, 1524–1821*. Cambridge: Cambridge University Press, 1986.

Inventory of 861 Monuments of Mexican Colonial Architecture. Amsterdam: CEDLA, 1978.

Van Young, Eric. *Hacienda and Market in Eighteenth-Century Mexico*. Berkeley: University of California Press, 1981.

"Material Life." In Louisa Shell, Huberman and Susan Socolow, eds., *The Countryside in Colonial Latin America*, pp. 49–74. Albuquerque: University of New Mexico Press, 1996.

Veblen, Thorstein. *The Theory of the Leisure Class*. 1899. Reprint, New York: Penguin, 1994.

Velázquez de León, Josefina. *Platillos regionales de la República Mexicana*. Mexico City, 1946.

Veliz, Claudio. *The Centralist Tradition in Latin America*. Princeton, N.J.: Princeton University Press, 1980.

Vicens-Vives, J., ed. *Historia de España y América*. 4, *Burguesía, industrialización, obrerismo: Los Borbones. El siglo xviii en América*. Barcelona: Editorial Vicens-Vives, 1961.

Villalobos, Sergio. *Origen y ascenso de la burguesía chilena*. Santiago: Editorial Universitaria, 1987.

Viola, Herman, and Carolyn Margolis, eds. *Seeds of Change: A Quincentennial Celebration*. Washington, D.C.: Smithsonian Institution Press, 1991.

Warren, J. Benedict. *La administración de los negocios de un encomendero en Michoacán*. Morelia, Michoacán: Secretaría de Educación Pública, 1984.

Xerez, Francisco de. *Verdadera relación de la conquista del Perú y la provincia del Cuzco, llamada Nueva Castilla* Seville, 1534. Reprinted in *Cronistas de las culturas precolombinas*. Mexico City: Fondo de Cultura Económica, 1963.

文
景

Horizon

社科新知　文艺新潮

物品、权力与历史：
拉丁美洲的物质文化

［美］阿诺德·鲍尔 著
周燕 译

出 品 人：姚映然
责任编辑：佟雪萌
营销编辑：胡珍珍
装帧设计：安克晨
审 图 号：GS（2024）4996 号

出　　品：北京世纪文景文化传播有限责任公司
（北京朝阳区东土城路 8 号林达大厦 A 座 4A 100013）
出版发行：上海人民出版社
印　　刷：山东临沂新华印刷物流集团有限责任公司
制　　版：北京百朗文化传播有限公司

开 本：700mm × 1020mm 1/16
印 张：17　　字 数：218,000
2025 年 2 月第 1 版　　2025 年 2 月第 1 次印刷
定 价：89.00 元
ISBN：978-7-208-19122-8/K·3413

图书在版编目（CIP）数据

物品、权力与历史：拉丁美洲的物质文化 /（美）阿诺德·鲍尔 (Arnold J. Bauer) 著；周燕译．上海：上海人民出版社，2024. --（地区研究丛书 / 刘东主编）. -- ISBN 978-7-208-19122-8

Ⅰ．K73

中国国家版本馆 CIP 数据核字第 20241A62E1 号

本书如有印装错误，请致电本社更换 010-52187586

This is a Simplified Chinese edition of the following title published by Cambridge University Press:

Goods, Power, History: Latin America's Material Culture

ISBN: 9780521777025

Originally published by the Press Syndicate of the University of Cambridge

---